拍书偶记

我与中国书店拍卖三十年

彭震尧 著

中国书店

图书在版编目（CIP）数据

拍书偶记：我与中国书店拍卖三十年 / 彭震尧著—北京：中国书店，2024.3

ISBN 978-7-5149-3578-3

Ⅰ．①拍… Ⅱ．①彭… Ⅲ．①古籍－拍卖－概况－中国 Ⅳ．①F724.59

中国国家版本馆 CIP 数据核字（2024）第 033801 号

拍书偶记：我与中国书店拍卖三十年

彭震尧 著

责任编辑：陈小莉

出版发行：中国书店

地　　址：北京市西城区琉璃厂东街 115 号

印　　刷：建工社（河北）印刷有限公司

开　　本：710mm×1000mm　1/16

印　　张：18.5

字　　数：200 千字

版　　次：2024 年 3 月第 1 版　2024 年 3 月第 1 次印刷

书　　号：ISBN 978-7-5149-3578-3

定　　价：85.00 元

2013 年 1 月，作者退休之际，国家图书馆副馆长张志清、国家图书馆善本部善本组原组长程有庆代表国家图书馆善本部，向作者赠送中央文史馆馆员程毅中先生墨宝。“古籍纷来拍卖场，琉璃厂甸继书香。唐钞宋刻原无价，彭祖敲槌寿更长。震尧先生雅正。壬辰冬月程毅中”。照片左起：作者夫人张代萍、张志清、作者、程有庆

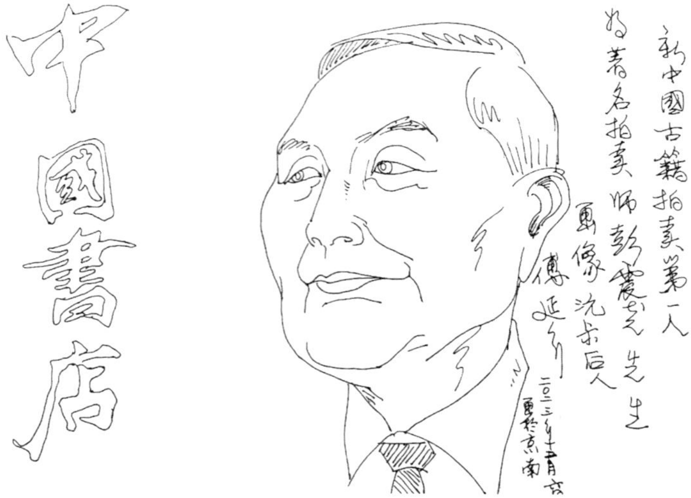

著名藏书家傅增湘孙傅延年先生为作者绘肖像与漫画

序一

韦力

拍卖一词最早见于古希腊希罗多德的《历史》一书，书中谈到，公元前500年的古巴比伦已经有了关于适婚女子的拍卖。在古罗马时期，已经出现了奴隶拍卖，同时还有战利品拍卖，因为战利品中包含了艺术品，故而可以说，早在古希腊古罗马时期就已经诞生了艺术品拍卖市场。而当今已知有确切记载的最古老拍卖行是瑞典斯德哥尔摩拍卖行，该拍卖行成立于1674年。

1744年3月11日，英国书商萨缪尔·贝克在伦敦郊外的花卉市场举行了一场拍卖会，这场拍卖会的拍品是书籍，书籍的来源则是约翰斯坦利爵士的私人收藏。为了能够拍出好价钱，贝克将这些书展示出来，白天人们可以前来翻阅查看，到了晚上就进行书籍拍卖。藏书人第一次见到新颖的竞价交易方式，在十天之内拍出了数百本珍贵的书籍，总成交额有几百英镑之多。

这场书籍拍卖会乃是有记录以来的第一场，在那个时代已经是很成功的交易。贝克去世后，他的财产由合伙人乔治·雷和他的侄子约翰·索斯比分别继承。此后的八十年间，索斯比家族控制了这家公司，于是就有了索斯比拍卖行，该公司又译作苏富比拍卖公司。

1766年，詹姆斯·佳士得在伦敦开设了世界第一家主营艺术品的拍卖公司，随着公司的不断壮大，佳士得和索斯比成为了当今全球艺术品拍卖的两大巨头，而两家公司的起源都是书籍拍卖。

1874年，英国鲁意斯摩洋行在上海开设了远东子公司，随后英国的瑞和洋行、法国的三法洋行、日本的新泰洋行等分别来中国开办子公司，同时开展拍卖业务。清光绪末年，北京崇文门大街有一家鲁麟洋行，主要从事各种生活用品的二手拍卖，此为现有记载的北京最早的拍卖公司。

1993年，北京拍卖市场与中国书店在北京图书节上举办了“北京首届稀见图书拍卖会”，这是改革开放以来第一场书籍专题拍卖会，尽管此时已经有了成熟的拍卖公司，但书籍拍卖还没有成为这些公司的正式大拍项目。同年中国嘉德国际拍卖公司成立，转年举行了第一场分专题拍卖会，由此而诞生了正式的古籍善本专场，直到今日，已经走过了三十年的历程。书籍拍卖，尤其是珍善本的拍卖，逐渐成为了相关部门和爱书人的得书主渠道。

这些年来，我跟不少爱书人聊到1993年举办的那届稀见图书拍卖会，方得知大多数人并没有参加过。在传统的概念中，藏书人总有着特别的清高，基于这种心理，中国嘉德拍卖会的前几年经常买书者大多不是圈内爱书人。但随着拍卖会的成熟，爱书人也只能低头到那里去争善本，渐渐发现拍卖会是更为公平的一种交易方式，既能保证卖家得到最大利益，又能让买家省去很多不必要的人际周折。

在众多从事古籍拍卖的拍卖公司里，北京海王村拍卖有限责任公司（后简称北京海王村拍卖公司）和上海博古斋拍卖有限公司的货源最为充足，因为前者依托于中国书店，后者的大股东是上海图书公司。20世纪50年代，全国兴起公私合营，根据要求，每个大城市保留一家古籍书店，于是北京的一百多家旧书店和上海的两百多家旧书店分别合并为中国书店和上海图书公司，尽管此后的几十年，他们卖出了不少库存，但就实力而言，依然是古旧书界南北两大巨头。

当然，这两家拍卖公司并不只是卖库存，他们有着充足的客户资源，因为几十年经营下来，有哪些主要买家到他们那里买过重要典籍，他们都有相应的记录，几十年来的人事变迁，使得他们能够从原买家或其后人手中征集到当年卖出之书。

在拍卖公司成立之前及之后的几年，大多数爱书人仍然到这些老牌的古旧书店选购自己欲得之书，我也不例外，当年中国书店也是我买古书的主渠道。后来中国书店办起了北京海王村拍卖公司，并由彭震尧先生负责此公司。从他筹备之初我就认识了他，彭先生为人诚恳，说话不紧不慢，全身散发着长年与书打交道的一种气息，使得很多书友都成为了他的朋友。

后来彭震尧先生取得了拍卖师资质证书，海王村拍卖公司的拍卖会基本上都是由他主槌，而他主持拍卖时既不煽情也不高冷，成为了中国整个艺术品拍卖界独具特色的主槌风格。

根据拍卖法，拍卖公司有替买家和卖家保密的义务。彭先生从事此行多年，当然知道不少古籍流通背后的秘辛，然而他口风极严，绝少谈及这些，即便是认识数十年的密切书友向他打听拍品背后的故事，他也只是打着哈哈，如果对方继续追问，他就会直言："这个我真的不能说。"随后是一阵爽朗的笑声。

然而在跟他的交往中，还是能了解到一些无关秘密的故事。比如，中国嘉德拍卖公司在筹备首场古籍拍卖会之初，从中国书店征集去不少拍品，但工作人员少，尤其是拍卖会预展和拍卖时更是有些捉襟见肘，因彭先生曾经参与了 1993 年的那场稀见图书拍卖会，有一些相关经验，所以他被临时借调到嘉德，参与了相应的拍卖工作。可见，彭先生对于中国书籍拍卖有着首创之功，他的经验奠定了中国正式的古籍拍卖会的基础。

然而有意思的是，从中国嘉德拍卖公司举办的第一场正式拍卖会起，就将此专场命名为"古籍善本专场"，此后几乎所有拍卖公司举办的相应专场都沿用了这个名称，但唯有中国书店始终称为"书刊资料专场"。按照中国古籍定级标准，清乾隆六十年（1795）之前的出版物方可称为善本，尽管这种分法不无争议，但始终为业界所本。从各家上拍的书籍年代看，其实大多数拍品都是乾隆六十年之后的出版物，从这个角度来说，中国书店的专场名称更符合实情。

如果换一个角度来看这个问题，古籍善本专场强调的是书籍的文物性，书刊资料则是强调书籍的史料性。彭震尧主政海王村拍卖公司二十余年，该公司始终如一的使用这个名称，这也从侧面说明了彭先生对史料性的看重。

基于彭先生在业界的影响力，他退休后又被海王村拍卖公司返聘多年，在此过程中，我曾向他求证一些书籍背后的故事，他仍然坚持原则，称此刻退而未休，还是不能说。2023 年，彭先生终于既退也休，有时间将这些年所写的相关研究文章收集起来，同时补充了不少相关故事，集成了这本书。他嘱我为此书赘序，使我得以先睹为快。读完这部书稿，我了解到了许多先前不知道的故事，尽管他在下笔时还是对一些关键问题闪烁其词，但毕竟有些书于我而言不仅耳熟，更是亲历者，彭先生文中埋下的草蛇灰线，使我把一些片段串连成了完整的故事，瞬间恍然大悟，快何如哉！

从买卖本质来说，买家和卖家是矛盾的一对，双方相爱相杀，拍卖公司则是一手托两家。作为拍卖公司，当然希望能够将拍品拍出高价，这样不但对卖家有所交代，也为下次征集打下良好基础，从这个角度来说，拍卖公司的人更会站在卖家立场来处理问题，但同时他们也会清醒地意识到，买家才是拍卖公司的衣食父母，因为没有成交就没有佣金，再好的尤物没人赏识，拍卖公司消耗的人力物力就变成了一场空。

因此，拍卖公司也会努力照顾买家利益，如何能做到两者间的最佳平衡呢，如果阅读这本书，就能从中窥得拍卖公司从业者的心态。无论从哪个角度来说，彭震尧先生都是中国书籍拍卖史上绕不过去的一位人物。本书不仅仅是中国书籍拍卖行业的一部从业者手记，同时也会成为研究社会学或者古籍流通史的第一手上佳史料。如果爱书人认真阅读此书，也能总结出拍卖公司人的心路历程，无论卖书者还是买书者，都可将本书视为业界的珍贵资料。

癸卯冬至，韦力于芷兰斋

序二

黄燕生

我与彭震尧先生已相识二十年了，虽说多是工作中的接触，但彭先生宽厚和善的为人与严谨细致的作风，给我留下了很深的印象。2004年和2005年，国家博物馆先后三次从北京海王村拍卖公司征集古籍，都得到彭先生的热心帮助。此后，遇到文献征集中需要鉴定估价诸事，也时常向彭先生请教，都能得到及时回复。2023 年 3 月 26 日，彭震尧先生主持了最后一场拍卖——“孟宪章先生藏碑帖拓片专场拍卖会”，中国书店和北京海王村拍卖公司特意制作了一个题为“古籍拍卖生涯三十年——彭震尧”的短视频，彭先生转发给我，并说：“这既是公司发展成长的过程，也是送给我的最好留念。”彭先生长我两岁，已年届七十，在其工作期间，对经手的一些古籍和近现代文献都有深入研究和详尽考论，大家都希望能将这些文章汇编出版，彭先生果然不负众望， 经过多次修订，完成了这部《拍书偶记》。拜读之际，三十年来文献拍卖的过往历历在目。

彭震尧先生是最早参与古旧书业拍卖的一位资深主持人。1993 年 9 月 22 日下午，在北京市劳动人民文化宫举办首届北京稀见图书拍卖会，彭震尧先生即受命担任主持。1998 年中国书店北京海王村拍卖公司成立后，聘任为经理，并长期担任拍卖师。在其三十年拍卖生涯中，与众多私人藏书家结下友情，也为图书馆、博物馆、纪念馆等国有机构征集到许多珍贵的文物。如周绍良先生旧藏唐代墓志拓片2000多件，分别为国家图书馆和天津市图书馆所收藏；记录1945年重庆谈判的《参政员毛泽东在渝市之动态》，为重庆红岩革命历史博物馆所收藏；记录日军侵华暴行的《镇江沦陷记》，为镇江博物馆所收藏。经彭震尧先生联系，还从境外为国家图书馆购回了宋版《思溪资福藏》中缺失的《大般若波罗蜜多经》313册。彭先生后来以“思溪斋”作为自己的室名，即缘于此。彭震尧先生多次谈到，古籍文献的拍卖，不仅推动了古旧书业市场的活跃与发展，也使大家真正认识到古籍图书是祖国文化的传承，是珍贵的文物，进而推动了文化的普及和文物的保护。2010年10月，我与彭震尧先生一同出席《藏书报》创刊十周年座谈会，彭先生即席谈到，通过拍卖“古旧书业得到了一种新生，并唤醒了国民的收藏意识，使中国的古旧书刊受到了社会各阶层的重视，认识到这些古书既是我们国家的文化瑰宝，也是中国历史的传承，是值得珍藏的，是值得珍惜的”。

经彭震尧先生帮助，国家博物馆也陆续从中国书店及北京海王村拍卖公司征集到一些古籍善本和近现代珍贵文献。最近的一次，是2022年入藏的李大钊早期就读于天津北洋法政专门学校时的资料，计十三件，合订为一册。过去很多研究认为“李钊”是李大钊使用过的一个笔名，彭震尧先生根据这批资料中的《政治经济科毕业学生履历分数表》，查到李大钊自1907年进入学校至1913年6月，使用的姓名始终是李钊，期间发表文章也用此名，直到1913年7月，因为某种缘故更名为李大钊。这一考证对全面了解李大钊早期活动极有意义，而这批有关北洋法政专门学校的文献也成为研究李大钊生平的重要史料。十分庆幸的是，国家博物馆文物征集部闻讯后，马上到拍卖公司查看实物，又经公司与委托人协商，决定不通过公开拍卖的方式转让。2022年12月，这批珍贵文献入藏中国国家博物馆。此前，彭震尧先生还征集并拍出一件《北京大学教员薪俸册》，记录了陈独秀、李大钊、毛泽东等中共创始人早期在北大任职期间的薪资数目。彭震尧先生感叹道，这一年是他任职海王村拍卖公司的最后一年，也是服务于中国书店45年的最后一年，“在这极具特殊的一年里，有幸连续两次接触到与中国共产党创始人李大钊有关的实物，并为它们寻找到了好的归宿。我不知这是天意，还是缘分！”在不久前一次相聚中，彭震尧还津津乐道地向我讲起征集和考订这些珍贵文献的过程。

说到国家博物馆从北京海王村拍卖公司征集文物的缘起，还要追溯到20世纪五六十年代历史博物馆与中国书店的长期合作关系。在计划经济的年代，历史博物馆购入古籍和近现代文献，主要途径就是中国书店和各地的古籍书店。中国书店来薰阁店副经理王雨（子霖）与中国历史博物馆馆长龙潜、保管部副主任史树青过从甚密，1962年被聘为顾问，主要负责为博物馆征集和鉴定古籍文献。国家博物馆现存古籍大部分是那一时期征集而来，那时的书价还很低，经王雨先生筛选，为历史博物馆收进不少古籍善本。如以400元从来薰阁购得宋建安刻本《资治通鉴纲目》残卷19册；以130元从悦雅堂购进元刻本《朱文公校昌黎先生集》50卷10册；以100元从中国书店购得清乾隆五十六年（1791）萃文书屋活字本《红楼梦》（即程甲本）120回24册。1962年以12165元从中国书店购进一部清雍正四年（1726）铜活字开化纸印本《古今图书集成》5016册，全书仅缺4册，在当时已算是巨资了。直到1982年我到历史博物馆通史资料室工作后，中国书店仍是选购图书的主要渠道。在我主持历史博物馆图书馆和国家博物馆图书资料部工作期间，与中国书店总经理于华刚、北京海王村拍卖公司经理彭震尧、来薰阁书店经理杨一岑、隆福寺书店经理陈瑞林、文化遗产书店经理李美琦、古籍书店经理薛胜祥等一直保持着联系。2006年，中国书店还派驻几名古籍修复人员，到馆帮助修复残破古籍。2012年，在中国书店60周年座谈会上，我在发言时谈到：“中国书店是图书馆、博物馆风雨同舟的伙伴，是丰富各馆馆藏的坚强后盾。”

正是由于国家博物馆与中国书店保持着长期合作的关系，在文物市场放开之后，中国书店旗下的北京海王村拍卖公司也成为博物馆征集古籍文献的首选途径，而彭震尧先生细致周到的工作作风更加令我难以忘怀。记得一次到海王村看拍卖预展，见到一部清道光十四年（1834）芸叶庵刻六色套印本《杜工部集》。考虑到我馆曾举办过“中国古代科技展”，其中展示多色套印图书，只有两种五色套印本，分别是明万历四十年（1612）闵绳初刻五色套印本《文心雕龙》和清康熙二十四年（1685）古香斋刻五色套印本《古文渊鉴》，如果征集到六色套印本，不仅能弥补馆藏之缺，还可用于展览，于是向在场的彭震尧先生提出可否参拍。彭先生仔细观看原物后，悄声告诉我，此件书品不是很好，如用于展览，还是要找一部上乘的印本。2004 年 11 月，彭先生打电话给我，说秋拍有一部品相不错的六色套印本《杜工部集》，问我要不要来看一下。我立刻约同文物征集组史希光、海国林前往海王村看书，除了定下这部《杜工部集》，还看中一部元刻本《资治通鉴纲目》，虽只两册残卷，却为馆藏所无。虑及拍卖市场价格波动不定等因素，回到馆里后，与同事协商，又据拍卖图录选取了几种明刻本，商定如果选定的两种古籍价格超出估价，就舍弃其他明刻本。没想到拍卖非常顺利，全部古籍都在预定价格范围内成交。这是国家博物馆首次在海王村拍卖公司征集到古籍文献，共七种古籍入藏。其中元刻本《资治通鉴纲目》和清道光刻六色套印本《杜工部集》后被收入《国家博物馆馆藏文物研究丛书》古籍善本卷。

2005 年 5 月，图书馆徐建霞在北京海王村拍卖公司的图录上看到一部元代福建刻本《音注全文春秋括例始末左传句读直解》，一函五册，经对照，与我馆所藏该书零册竟是同一部书，不仅版本相同，书上还有两方一样的藏书印，分别是“畿辅谭氏藏书印”和“正文斋藏”，为清末民初琉璃厂正文斋主人谭锡庆藏书印。我马上与彭震尧先生取得联系，5 月 13 日和 14 日，我与文物征集组耿东升、海国林连续两天到拍卖公司查阅古籍，确认拍品与馆藏残本为同一部书，馆藏为卷 45 至 48，拍品为卷 17 至 31，除钤有两方谭锡庆藏书印，还钤有“江阴缪荃孙字炎之印”白文方印、“艺风堂藏书”朱文方印，说明此五册曾为艺风堂主人缪荃孙收藏。5 月 15 日，我与征集组三位同志一起参加了古籍拍卖会，彭震尧先生举槌主持，顺利拍下我们所选四种图书。按照规定，征集到的每种古籍，图书馆都要写出说明，上报备案。我至今还保留当年提交文物征集组的说明，内容如下：

征集组：

在上月 15 日举行的中国书店春季拍卖会上，我馆征集组竞买到四部古籍，均为稀见善本，对完善馆藏极为重要。我馆收藏古籍善本近千种，但明初以前刻本、活字本较少。此次所买四种古籍恰可弥补这一缺陷。其中，《资治通鉴》一册，为元兴文署本，是元代最早的官刻本；《音注全文春秋括例始末左传句读直解》一函五册，为元代福建刻本，与我馆所藏该书零册为同一部书（藏书印相同）；《春秋经传集解》四函三十册，为朝鲜铜活字本，而我馆旧藏朝鲜活字本只有残本；《善本留真谱》三册，收集宋元明清刻本散页约50页，对于古代印刷史研究尤为重要。

2005年11月6日，我与耿东升、李靖、徐建霞再次前往海王村拍卖会，拍得朝鲜活字本《资治通鉴纲目》等五种古籍。说起这部《资治通鉴纲目》的购入，既属机缘巧合，还要感念彭震尧先生的热心。2005年春拍预展时，我就关注到这部书，也列入了征集目录，当时标明的估价是11至12万元，大约是因为超出预算的缘故，落入他人之手。这部书的特殊之处在于是用铅活字和铜活字混合排印的，正文大字是朝鲜李朝世宗十八年（1436丙辰，明正统元年）铅铸，称为“丙辰字”，注文小字是世宗十六年（1434甲寅，明宣德九年）铜铸，称为“甲寅字”。尤其是卷末所附三篇跋，记录自明永乐元年（1403）至正统元年（1436）朝鲜三次用金属铸活字的历程，是研究活字印刷的重要史料。拍卖后，我又再次查看了正在打包中的《资治通鉴纲要》，向在场的彭震尧和刘建章先生提出能否帮忙复制书后的三篇跋文，他们爽快地答应了，不久我就收到了这一珍贵资料。没想到不过半年，在秋季拍会上又出现了一部高丽皮纸的《资治通鉴纲目》，部册与上次完全相同，59卷76册。原来是他们知道我们馆很需要这部书后，便与国外的朋友联系，又从境外征集到一部，而且估价还低于春季拍卖的那部，最终以7.5万购得。在办理完所有手续后，11月15日上午，彭震尧、刘建章两位先生亲自将五种古籍送到国家博物馆登记入藏。

客观地讲，文物市场放开，是大势所趋，但也确实给此后包括博物馆、纪念馆、图书馆在内的国有机构征集古籍文物带来一些新的问题。首先是价格的不确定给各公藏单位上报审批带来困扰，一次海王村拍卖会结束时，我就遇见匆匆赶来的北京大学图书馆的一位先生，在那次拍卖会上，因为落槌价超出了上报的预估价，与北大所藏《邓之诚日记》中缺失的零册失之交臂。其次是时间短促，从参加预展到上拍，只有几天的时间，而国有收藏单位确定文物价值，要由相关部门邀请专家鉴定论证，再层层报批，中间是需要有一定时间的。原中国历史博物馆 1997 年在北京瀚海拍卖公司举办的拍卖会上竞买到自海外回流的圆明园文源阁本《四库全书》零册和抄本《唐本草》，是因当时修改《中国通史陈列》的需要，俞伟超馆长召开办公会议决定的；2004 至 2005 年国家博物馆自北京海王村拍卖公司购买古籍，也得到了朱凤瀚常务副馆长及保管一部关双喜主任的大力支持，均属特事特办。但从另一角度看，古籍和近现代文献进入拍卖，也为国有机构征集相关文物文献带来新机遇。由于拍卖公开面向社会，印制的图录上有彩色图片和详细介绍，公藏单位能够更加全面地了解流通于社会的各类文物的状况，寻觅馆藏所缺，或公开参拍，或委托协商，定向征集相关文物文献。再就是一些具有重要历史文物价值的拍品，因为各种宣传介绍，引发社会各界广泛重视，一些有社会责任感的企业家和个人，主动参与竞拍，并将所获拍品捐赠给相关机构。如彭震尧先生在本书中所介绍，由他亲手征集并拍出的《镇江沦陷记》清稿本，在第三次上拍时，就为镇江一位民营企业家重金购得，并将其捐赠给镇江市博物馆。

昔年，古旧书业前辈孙殿起先生和雷梦水先生，积数十年之功，编就《贩书偶记》及其续编，记录《四库全书总目》未载之书，至今已成为查询古籍版本的重要工具书，二人又撰有《琉璃厂三记》和《四记》，记述了清末至公私合营几十年间古旧书业的沧桑变迁，古籍文献的来踪去向；今日，彭震尧先生撰成《拍书偶记》，详细讲述了改革开放后古旧书业的再次振兴，三十年间，通过拍卖，一批又一批珍贵文献不断被发现，其所具史料价值得以揭示，文物价值也得以展现。虽是吉光片羽，却能集腋成裘。在一篇篇娓娓道来的叙述中，我们看到的不仅是人与书的交集过往，还能看到国家文化事业的繁荣和进步。大著出版之际，彭震尧先生希望我作序一篇，我与文物市场接触有限，仅将国家博物馆自中国书店及北京海王村拍卖公司征集古籍和近现代文献的经过附记于此，以为补遗。

2023 年 12 月 7 日

目录

附录

我与书刊资料拍卖的初次结缘

—— 记“北京首届稀见图书拍卖会”

1980 年代，中国的改革开放如同奔波不息的海潮，一浪推着一浪。社会主义市场经济体制的确定，加速了中国经济的发展和繁荣。拍卖，这个近代的“舶来品”也开始复苏，重新出现在中华大地。1992 年在北京市政府和北京市文物局的支持与领导下，北京拍卖市场与多家单位联合成功举办了“北京国际拍卖会”。这是北京恢复拍卖业后举办的第一场包括有青铜器、瓷器、字画、古籍图书等文物艺术品的专场拍卖会。在改革开放之初举办的这场涉及众多文物珍品的拍卖活动，称赞之声有之，反对之声亦有之。但是无可置疑的是，拍卖会的成功举办，震动了中国的文物界、收藏界，当然也包括像我们中国书店这样的国有古旧书店。在经历“文革”后，当时全国的古旧书业正面临着经营不景气、珍稀古籍善本价位不高的境遇，大有“捧着金碗讨饭吃”的味道。尽管争议不断，但是借助邓小平同志 1992 年南方谈话的精神，中国书店决定 1993 年 9 月在北京图书节上，与北京拍卖市场联合举办一场古旧书刊专场拍卖会，以探索新形势下这种全新的经营方式是否会给古旧书市场注入生机与活力。

此时，辞去中国书店原西城分店副经理职务的我，已经调到总店下属新成立的基础部工作，主要负责对外宣传和职工教育。恰巧，中国书店将这次拍卖会的前期筹备工作交给了时任副总经理的恩亚立负责。恩亚立，即“文革”运动中“王亚卓事件”[一]当事人之一，为人正直、憨厚，自内蒙古生产建设兵团返京后分配在中国书店工作。基础部恰恰是他主管的部门之一，于是他便点名让我参加拍卖会的前期筹备工作。由于这次不经意的工作调动，也正是这次极为巧合的一次机遇，不仅让我与古籍拍卖结了缘，也由此拉开了我此后二十余年古籍拍卖生涯的帷幕。

拍卖会筹备办公室设在琉璃厂西街34号古籍书店后边的二楼上。那时古籍书店与后面的房屋还没有连接打通，是两栋独立的建筑。楼下是古籍书店的库房，楼上是基础部的办公室和一间约有50平方米的教室。教室平时用作职工教育或临时会议室，此时便改作拍卖会筹备工作办公室了。此后有关拍卖图录的编写以及其他有关事宜，基本上都是在这里研究决定的。

《北京首届稀见图书拍卖会》图录封面

筹备工作首先要考虑的必然是拍卖会的规模以及上什么样的拍品、上多少件拍品。为这个事大家还讨论了一番。有的同事认为这是一次有影响的活动，而且又是首次举办古旧书专场拍卖会，规模应该搞得大一些，建议应该从库房里多拿出一些好的书来拍卖。也有的同事与此相左，认为正是因为这是第一次拍卖，大家对拍卖并不了解，而且拍卖是否能够成功，谁也没有把握，所以建议拍品还是以普通古籍为好。最终中国书店的领导综合了大家的意见，既考虑到这是一次尝试性的拍卖，也考虑到拍卖的最终目的是要检验社会各界的态度以及探索新的古旧书交易方式，要推动古旧书市场的复苏和繁荣，于是决定拍卖品中既要有各个朝代的古籍，也要有民国期间的出版物，还要有外文旧书、期刊杂志，至于拍卖品的数量，不宜过多，安排在一百五十件左右即可。同时还就拍品的来源做了分配，即古籍图书由总店收购科从库房中挑选，期刊杂志由东城分店负责提供，外文图书由西城分店负责选送。数日后，各个部门就将准备好的拍品送到了筹备办公室，再经过我们挑选，最终确定了167件作为这次拍卖会的拍品。

这167件拍品，可以说涵盖了自古至今的珍本、善本、稀本以及不同时代的出版物、印刷品、拓片等，其中珍善本中包括了南北朝期间至唐朝的写经《敦煌残拾》、唐五代时期杭州雷峰塔内所藏吴越国国王钱俶刻印的《一切如来心秘密全身舍利宝箧印陀罗尼经》（后简称《陀罗尼经》）、南宋绍兴四年（1134）福州寺院刊刻的《大藏经》零册、明万历年间安徽汪廷讷环翠堂刊印的《坐隐先生精订捷径奕谱》、安徽歙县制墨大师程大约滋兰堂辑刻的《程氏墨苑》等。清代雕版印刷的古籍中包括有康熙年间内府刊印的《御制耕织图》、乾隆时期集腋轩刊印的《百美新咏图传》以及光绪后期总理各国事务衙门采用西方石版印刷技术印制的《钦定书经图说》等。此外还有明代泥金写绘本《妙法莲华经观世音菩萨普门品经》，清嘉庆时期彩绘《避暑山庄全图》等。民国期间的出版物有武进董康诵芬室雕版印刷的《盛名杂剧》，印刷品有《周作人著作二十七种》《期刊创刊号五十种》。外文图书有朝鲜刊本《东医宝鉴》、日本刊本《中山传信录》以及1657年日内瓦出版的古希腊文与拉丁文的《希波克拉底传》、1709年威尼斯出版的古拉丁文《宗教法典》等。碑帖拓片虽不多，但也有宋拓本《骊山寺碑》《十七帖》，清拓本《三希堂法帖》等。此外还有印谱、老旧唱片等以及其他各个不同时期、不同年代的不同出版物。可以说，拍品包含了写本、绘本、雕版印刷、石版印刷、珂罗版印刷、铅字印刷、碑拓技艺等各种不同的工艺，涵盖了一部中国出版印刷史。

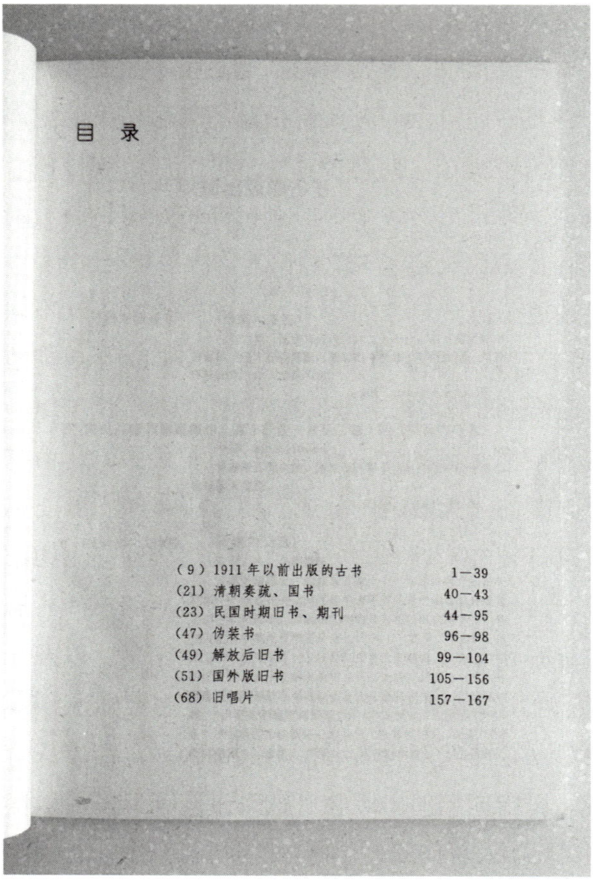
目 录

(9) 1911年以前出版的古书 1—39
(21) 清朝奏疏、国书 40—43
(23) 民国时期旧书、期刊 44—95
(47) 伪装书 96—98
(49) 解放后旧书 99—104
(51) 国外版旧书 105—156
(68) 旧唱片 157—167

《北京首届稀见图书拍卖会》目录，拍品分为七个部分

随后，拍卖图录编写工作开始了。首先，我们将拍品分成七个部分，分别是1911年以前出版的古书，清朝奏疏、国书，民国时期旧书、期刊，伪装书，1949年后旧书，国外版旧书，旧唱片。然后再将每部分拍品分给每个人来书写提要。图录如何编写？提要需要写什么？这无论是我，还是其他同事，都不知如何下笔，尤其是像我这样从来没有编写过书目的人来说，更是不知所措。于是我们就参阅了“北京国际拍卖会”的拍卖图录和台湾地区的有关拍卖资料，归纳出拍卖图录中的文字主要包含以下几项：拍卖品的名称、作者、年代、部册、纸张、尺寸、钤印、内容介绍、人物介绍、参考价，字数不能过多，但要抓住重点，也就是说用最精练的文字将拍卖品的亮点介绍给竞买人。

初出茅庐的我，当时还不能做主角，所以古籍类图书提要的编写都由几位老师傅负责。我的工作是书写民国期间的出版物和老唱片，如第65号拍品，1926年顺天时报社出版的《中国戏曲》；第67号拍品，1948年上海中央书店出版的《戏典》；第85号拍品，1940年中华书局出版的《圆明园图》；第157至167号拍品，百代公司灌唱的梅兰芳、马连良、程砚秋、余叔岩、金少山等戏剧名家的唱片等。其中最让我难忘的是第87号拍品，1939年上海译社出版的《西行访问记》。说起这部书，还有一段故事。那时我在西城分店工作，一天去整理库房，无意之中发现在书架最底层放着这册书。我拿起来随意翻了翻，立即感觉到这本书可能是比较稀见的出版物，于是便让库房的同事保管了起来。工作之余，我从库房中把书调出，仔细阅读了一遍，发现这部书的作者是美国著名记者斯诺的原配夫人尼姆·韦尔斯。她在书中记述了她到苏区后与红军领导人朱德、徐向前、萧克、贺龙、罗炳辉等人的相见与交谈，讲述了这些红军领袖人物的生平传记，还在书中披露了她为什么要在斯诺之后再次去苏区的原因。这是因为“当他（指斯诺）1936年在苏区时，红军第二、第四方面军还没有到达西北的苏区，所以他不曾遇到过朱德及罗炳辉，也没有遇到贺龙、萧克和徐向前，一半为了要得到这些不可捉摸的将领们的自传以及苏维埃妇女与各政治文化领袖们的自传，因此我终于1937年旅行到苏区”。读完全书，我觉得内容与

《续西行漫记》颇为相似，极有可能是《续西行漫记》的最初版本。为了解此书的存世情况，我便去北京图书馆（现国家图书馆）查阅了馆藏书目，发现在他们馆内藏有一部此书，并被列为“新善本”，由此可见其珍贵与存世的稀少。

拍品提要书写完毕后，以下面临的工作就是给拍品评估保留价了。这在今天看来已经不是什么难做的工作，但是在 20 世纪 90 年代初，电脑和互联网还没有普及，古旧书市场还没有完全放开，而且大部分拍品直接出自库房，从来没有在市场上销售过，在完全没有衡量价位标杆的情况下确实是件难事。价格定高了，担心没人买，拍卖失败；价格定低了，担心国有资产流失，事后产生不利的影响。最终，还是请店内雷梦水、张宗绪、郭继森等几位德高望重的老师傅们来决定。即便今天我们回头看当时的估价，不得不佩服老师傅们的业务水平确实不一般。唐五代写本《敦煌残拾》估价 28 万元，五代吴越国国王钱俶刻印的《陀罗尼经》估价 11 万元，宋拓本《十七帖》估价 15 万元，明万历刻本《坐隐先生精订捷径奕谱》估价 4.5 万元。经过拍卖考验后，证实这些价格基本上是贴近当时的市场价位。当然，估价中也有部分拍品存在着偏高或偏低的情况，但不是很多，如清光绪年间总理各国事务衙门大石印本《钦定书经图说》，估价是 5200 元，有些偏低，这也可能与当时普遍看重雕版、轻视石印本有关。偏高的拍品大多是国外印刷品，如 1757 年瑞士出版的《人类形体生理学原理》估价 3 万元，日本明治至大正期间出版的《东洋美术大观》估价 15 万元，最高的就是刻写在贝叶上的梵文《贝叶经》了，估价 80 万元，即便在今天看来，这也属较高的定价了。这种情况的出现，我认为主要当时我们与西方的文化交流基本隔绝，对海外古旧书市场不甚了解，所以老师傅们就本着物以稀为贵的原则，按照“宁高勿低”的标准来估价了。

提要写完了，拍品的估价也做完了，还有一个问题要解决，那就是拍品的出境问题。因为在全部拍品中，按照国家文物保护法的有关规定，有 36 件是不准许出境的。过去，我们只在店内专设的内部门市出售此类古籍，而且还限制须是国内专业人员凭一定级别的介绍信才能购买。而拍卖会则完全

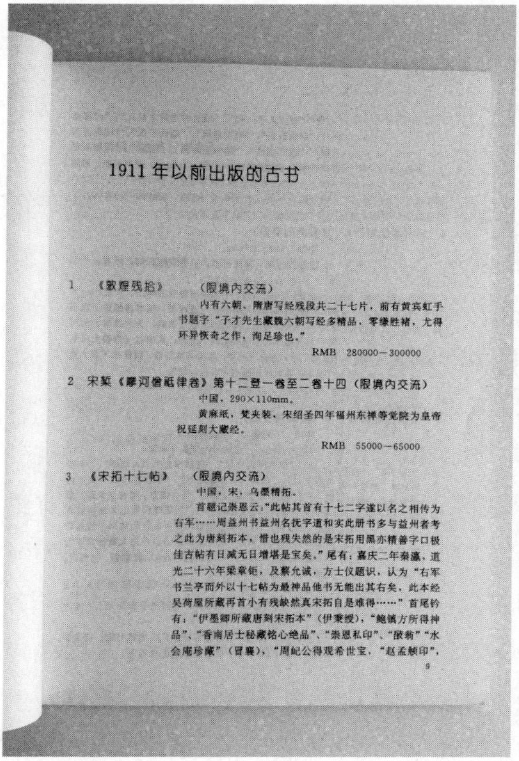

1911 年以前出版的古书

1 《敦煌残拾》 （限境内交流）

内有六朝、隋唐写经残段共二十七片，前有黄宾虹手书题字“子才先生藏魏六朝写经多精品，零缣胜绪，尤得环异恢奇之作，洵足珍也。”

RMB 280000—300000

2 宋椠《摩河僧祇律卷》第十二登一卷至二卷十四（限境内交流）

中国，290×110mm。

黄麻纸，梵夹装，宋绍圣四年福州东禅等觉院为皇帝祝延刻大藏经。

RMB 55000—65000

3 《宋拓十七帖》 （限境内交流）

中国，宋，乌墨精拓。

首题记崇恩云：“此帖其首有十七二字遂以名之相传为右军……周益州书益州名抚字道和实此册书多与益州者考之此为唐刻拓本，惜也残失然的是宋拓用黑亦精善字口极佳古帖有日减无日增堪是宝矣。”尾有：嘉庆二年秦瀛，道光二十六年梁章钜，及綦允诚，方士仪题识，认为“右军书兰亭而外以十七帖为最神品他书无能出其右矣，此本经吴荷屋所藏再首小有残缺然真宋拓自是难得……”首尾钤有：“伊墨卿所藏唐刻宋拓本”（伊秉绶），“鲍镇方所得神品”、“香南居士秘藏铭心绝品”、“崇恩私印”、“酸翁”“水会庵珍藏”（冒襄），“周屺公得观希世宝，“赵孟頫印”，

9

《北京首届稀见图书拍卖会》图录内拍品介绍首页，在相关拍品名称的后面印有“限境内交流”

不同，其不仅是一个完全公开的场地，国内任何人都可以参与，而且境外的人员也可以参加。联想到 1992 年举办的“北京国际拍卖会”，尽管当时也已经过有关主管部门批准，但是一些拍品的出境问题仍引起了社会的广泛关注。就此问题，大家商量了半天，最终在这 36 件拍品的名称后面都加注了“限境内交流”五个字，还在图录内印刷的《规则》中第五条、第十二条再次强调：“本届拍卖会拍卖品分为两个部分，一部分可以向国外发行，另一部分只限于境内交流。”“本次拍卖会的拍卖品除注有‘限境内交流’字样者外均可出关。”这种明确标注拍品是否准许出境的办法后来被政府有关部门认可和借鉴。中国拍卖行业协会在其编著的《中国拍卖 20 年》一

书中对此的评价是："此次拍卖会的最大贡献是出现标有'限境内交流'的 36 件拍品，这为后来制定的有关文物拍卖制度做了重要的铺垫。"

看似一切都准备完了，但拍卖会的名称如何确定？这真让大家费了一番思考。因为当时中国书店的经营范围内还没有拍卖这一项，拍卖会的主办方是北京拍卖市场，所以藏书家韦力先生在《中国古籍拍卖述评》一书中说到此场拍卖会时，认为："从严格意义上来说，这场竞买会与今日的古籍专场拍卖会相比，无论从各方面讲都不能称之为正规。"后来他在《古书之爱》一书中又解释道："这第一场古籍拍卖，并不规范，这时候的中国书店实际上还没有成立自己的拍卖公司，所以严格来说属于一种竞买会的形式，就是还没有取得拍卖资质。"当然，就这个问题我后来向韦力先生做了解释。如果拍卖会以"中国书店古籍拍卖会"冠名，明显不对，因为我们没有拍卖资质；但是用主办方的名称冠名"北京拍卖市场古籍拍卖会"，我们又有些不认可。况且拍卖品中不仅有古籍，还有新中国成立前与成立后的旧书，还有外文书、老唱片等。大家商量来商量去，经过半天思考后，最终确定了用 "北京首届稀见图书拍卖会"来冠名这场拍卖会。"北京"二字，明确地说明了拍卖会是在北京举办的；"稀见"二字代表了拍卖品的珍贵稀少；"图书"二字则涵盖了拍卖品中的古籍、旧书、期刊等诸多不同类别的图书；而"首届"二字，为今后继续举办类似的拍卖会留下了伏笔。

转眼间已经到了临近拍卖的前一天，即 9 月 21 日。这天，恩副总经理突然对我说："明天的拍卖会就你来主持吧，你宣布拍卖会的开始。"我当时一听吓了一大跳，忙推辞道："我可不成，我从没有主持过这么大的活动，还是让别人来主持吧。"说真心话，此前自己确实没有主持过这么重要的活动，而且也没有一点心理准备，万一出点差错，这责任可真是担当不起。"你也别推辞了，就这样定了。"就这样，恩经理的一句话，我就阴差阳错地当上了这场拍卖会的主持人。从留存的当时现场照片上看，那时的我不修边幅，长长的头发，上身穿着一件蓝色的工装西服，下身穿着一条灰色的裤子，脚下则是一双棕色的皮鞋，这身毫不相配的着装在今天看来是多么的不严肃。

作者在拍卖台上宣布北京首届稀见图书拍卖会开始

拍卖会依据图书节组委会的安排，定在9月22日下午1时30分在北京市劳动人民文化宫内的中殿举办。这座大殿始建于明朝永乐十八年（1420），宽九楹，深四楹，颇为宏伟气派。大殿正中北侧是拍卖台，台前略呈弧形地摆放了近一百把座椅。这天的天气特别好，湛蓝的天空飘浮着朵朵白云，呈现出一派天高云淡的初秋景色。下午拍卖时间还未到，很多人就早早来到了，大殿内外熙熙攘攘，既有老客户，也有陌生的面孔，还有媒体记者，谈论的话题自然离不开拍卖会和拍卖品。

时间一到，我走到主席台中间的麦克风前，环视了一下四周，嘈杂的声音瞬间停顿了下来，会场内立刻显得十分安静。我宣布道："北京首届稀见图书拍卖会现在开始。"场内仍是如此的安静，可能大家都有些紧张，以致连祝贺的掌声都没有。随后我邀请中国书店恩亚立副总经理、北京拍卖市场冯家驳经理先后上台致辞。致辞完毕，在我向大家介绍了主持本场拍卖会的拍卖师后，拍卖便开始了。

拍卖师共两位，一位是男士，负责主拍，另一位是女士，作为助手，陪伴在旁边。拍卖师考虑到可能很多人都是第一次参加拍卖会，对竞买中的一些规则恐还有些不太了解，于是他首先详细地介绍了拍卖规则、竞价阶梯、注意事项、佣金的收取比例等拍卖中需注意的细节，在确认无人再有疑问后才宣布第一件拍品开始拍卖。第一件拍卖品并不是图录中排序的第 1 号《敦煌残拾》，而是图录中的第 96 号拍品，一册名为周作人所著《秉烛后谈》的伪装书。伪装书，是新中国成立前中国共产党在国统区秘密发行的出版物。此书封面虽是周作人的著作《秉烛后谈》，但书内所收却是毛泽东主席 1947 年 12 月 25 日在中共中央会议上所作的《目前形势和我们的任务》报告摘录以及中国共产党发布的指示、命令、布告等共 18 篇文章。为什么拍卖不按照拍卖图录顺序进行，而从 96 号拍品开始呢？这是因为，我们在编排图录的时候基本上是按照年代、国内、国外的排序安排，但是第一部分“1911 年以前出版的古书”基本上都是古籍善本，起拍价大多都在数万元以上。而主办方依据他们的拍卖经验，考虑到市场的购买力，认为如果按照图录的排序，很可能一开始就会接连出现流拍的情况，这样可能会对整场拍卖的竞价产生不利的影响，便建议将保留价不高、且具有成交把握的第 96 号至 98 号三部“伪装书”调整到前面，让拍卖一开始就将大家竞买的情绪调动起来，然后再按照排序进行。我们接受了他们的建议，于是拍卖场上出现了少见的“跳号”拍卖。

经过调整，拍卖效果果然不错，第一件拍品从 100 元起拍，价位阶梯 10 元，最终以 230 元落槌。买受人是时任北京市新闻出版局赵东鸣副局长。此后五代吴越国国王钱俶刻印的《陀罗尼经》以 9.9 万元成交，清光绪三十三年（1907）清政府任命伍廷芳为驻秘鲁大使的《大清国书》以 9900 元成交，《周作人先生著作二十七种》以 3520 元成交，民国期间的《期刊创刊号五十种》以 8140 元成交。成交额最高的是第 26 号拍品《菩提叶画册》，这部画册内收彩绘于菩提叶上的佛家十二尊者像，落款处书“衡山文璧”，并钤朱色“徵明”

印记一方，成交价是 13.2 万元。成交额最低的是民国期间出版的胶木唱片《北京童谣》，以 88 元成交。“红色藏品”恰如“小荷才露尖尖角”，除去三部伪装书全部成交外，前面介绍过的《西行访问记》也以 1155 元成交，买受人是中国青年出版社。1994 年中国青年出版社出版了一部名为《西行访问记·红都延安秘录》的书，我估计用的可能就是这个底本。

拍卖会历经近两个小时结束，167 件拍卖品成交 31 件，成交率 18.56%，总成交额 36.1955 万元。其中古籍善本 2 件，成交额 10.34 万元；碑帖拓片 2 件，成交额 2.42 万元；古代写绘本 2 件，成交额 13.992 万元；民国期间出版物 14 件，成交额 2.7423 万元；老照片 2 件，成交额 2090 元；老唱片 2 件，成交额 352 元；国外印刷品 3 件，成交额 4.84 万元；奏折国书 2 件，成交额 1.089 万元；新中国印刷品 2 件，成交额 5280 元。

转瞬间 20 余年过去了，现在书刊资料拍卖会已经在全国多个城市开展，抚今追昔，令人感慨。回过头去追忆这场拍卖会，尽管存在着诸多不足和缺陷，但正是这棵拱出土壤的嫩苗，唤来了今天书刊资料拍卖的春天；正是这只丑小鸭逐渐成熟的翅膀，扇起了古籍图书收藏的大潮；正是这拍卖的清脆槌声，惊醒了中国古籍图书全新的流通渠道；正是这高举的竞价号牌，把古籍图书市场划向了具有中国特色社会主义市场经济的大海；也正是亲身参与了这场拍卖，自己从此与拍卖结下了深深的不解之缘，并一直陪伴我到今天。

初写于 2006 年 6 月 28 日

修订于 2020 年 4 月 10 日

[一] 王亚卓事件，即 1974 年江青集团在教育界利用小学生黄帅的一封信制造的冤假错案。“文革”运动结束后，1977 年 12 月，内蒙古自治区党委为因此案受到牵连的邢卓、王文尧、恩亚立三人彻底平反，恢复名誉。

我的室名“思溪斋”

—— 记宋版《思溪资福藏·大般若波罗蜜多经》的海外回流

我的室名叫“思溪斋”，在客厅内悬挂着小残卷斋主人、藏书家孟宪钧先生，青铜器修复鉴定家贾文忠先生分别用楷书和篆书题写的匾额，还收藏有西安皕明楼主人、碑帖鉴赏家宗鸣安先生行书题写的斋名。经常有朋友问起，你的室名为什么叫思溪斋？是否有什么故事？这可真让您问对了。要说起“思溪斋”这三个字，还确实有段来历与故事。那还要从宋代雕刻的大藏经《思溪藏》与20年前巧遇《思溪资福藏·大般若波罗蜜多经》说起。

大约在公元纪元前后，也就是我国的两汉之际，世界三大宗教之一的佛教从古印度传入中国，后经过三国、两晋、南北朝的发展，到隋唐时期已经达到一个新的高峰，并开始出现了雕版印刷的佛经。进入宋朝后，宋太祖赵匡胤于开宝四年（971）敕命开始雕版印刷第一部汉文大藏经，因其始刻于开宝年间，故称之为《开宝藏》。后又有辽代的《契丹藏》，赵城的《金藏》以及福州的《崇宁万寿藏》《毗卢藏》先后问世。至北宋末年，居住在湖州路（今浙江省湖州市）的王永从、王永锡兄弟决定在自己舍财建筑的思溪圆觉禅院刊刻一部大藏经。刻经自北宋钦宗靖康元年（1126）开始，至南宋高宗绍兴二年（1132）止，历时七年方得以完成。由于经刻于湖州路归安县松亭乡思溪村（今浙江省湖州市南浔区菱湖镇思溪村），故名《思溪圆觉藏》。此部大藏经收经 1435 部，千字文编号自“天”字起，至“合”字止，是我国历史上第一部由私人出资刊刻的大藏经，也是现存最早最全的大藏经。它不仅是南宋初期佛教经典的集大成者，具有承前启后的重要地位，而且也是后世刊印大藏经的蓝本。因此，要想研究大藏经早期的状况，则必然离不开《思溪藏》。

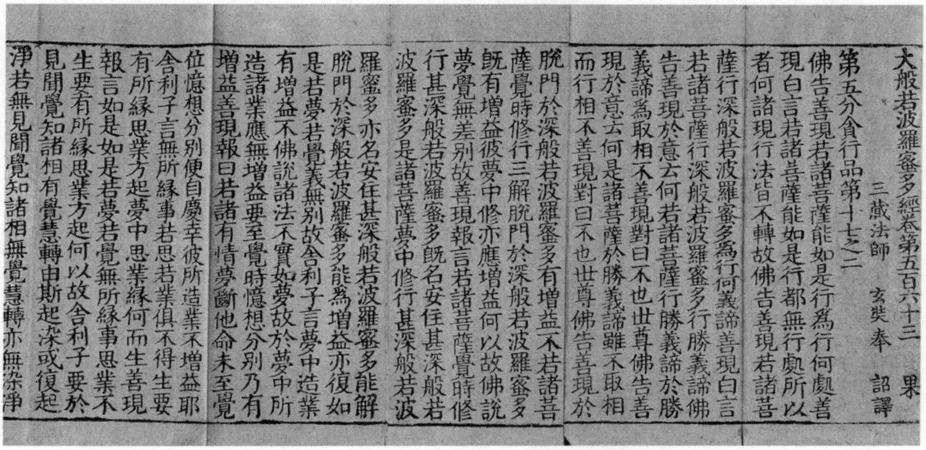
大般若波羅蜜多經卷第五百六十三　果
三藏法師　玄奘奉　詔譯
第五分貪行品第十七之二
佛告善現若諸菩薩能如是行爲行何處善
現白言若諸菩薩能如是行都無行處所以
者何諸現行法皆不轉故佛告善現若諸菩
薩行深般若波羅蜜多爲行何義諦善現白言
若諸菩薩行深般若波羅蜜多行勝義諦佛
告善現於意云何若諸菩薩行勝義諦於勝
義諦爲取相不善現對曰不也世尊佛告善
現於意云何是諸菩薩於勝義諦雖不取相
而行相不善現對曰不也世尊佛告善現於
脫門於深般若波羅蜜多有增益不若諸菩
薩覺時修行三解脫門於深般若波羅蜜多
既有增益彼夢中修亦應增益何以故佛說
夢覺無差別故善現報言若諸菩薩覺時修
行甚深般若波羅蜜多既名安住甚深般若
波羅蜜多是諸菩薩夢中修行甚深般若波
羅蜜多亦名安住甚深般若波羅蜜多能解
脫門於深般若波羅蜜多能爲增益亦復如
是若夢若覺義無別故舍利子言夢中造業
有增益不佛說諸法不實如夢故於夢中所
造諸業應無增益要至覺時憶想分別乃有
增益善現報曰若諸有情夢斷他命未至覺
位憶想分別便自慶幸彼所造業不增益耶
舍利子言無所緣事若思若業俱不得生要
有所緣思業方起夢中思業緣何而生善現
報言如是如是若夢若覺無所緣事思業不
生要有所緣思業方起何以故舍利子要於
見聞覺知諸相有覺慧轉由斯起染或復起
淨若無見聞覺知諸相無覺慧轉亦無染淨

宋版《思溪资福藏·大般若波罗蜜多经》
第五百六十三卷首

如此珍贵的一部大藏经，在历史的长河中却历经坎坷。首先是由于保管不善，经版遭受风吹雨淋、虫蛀鼠咬，损毁严重。其次是在历经近百年后，至南宋嘉熙、淳祐年间（1237—1252），寺院主持见存放的经版大多有损坏，便开始整理并对残缺部分进行补刻。整理完毕后的大藏经比初刊印时多收经 24 部，计 1459 部，千字文编号自“天”字始，至“最”字止。随着历史的变迁，此时的湖州已经改称安吉州，思溪圆觉禅院也升格为思溪法宝资福寺，因此经过整理及补板后再次刷印的大藏经便称之为《思溪资福藏》。后人为区分这部用同一块经版、在不同时期刷印的大藏经，于是便将前者简称为《圆觉藏》或《前思溪藏》，后者简称为《资福藏》或《后思溪藏》，二者统称为《思溪藏》。至南宋度宗咸淳十年（1274），《思溪藏》迎来了最终时刻。那年，蒙古军队在大将伯颜的统率下向南宋发起进攻，在金戈铁马的冲杀中，资福寺也不幸陷于战火，寺院与大藏经板全部被焚毁。因此，我们现在见到的《思溪藏》，不论是《思溪圆觉藏》，还是《思溪资福藏》，均刊印于宋代，至今已有近八九百年的历史。

但是十分遗憾的是，不知因何原因，此经刊印后，我神州大地则一部未存，反而流入日本数部。此前，我们只有依靠日本所藏，才可观此经之原貌。直到清光绪六年（1880），杨守敬[一]应清廷驻日公使何如璋之召出使日本，任驻日公使馆随员。在此期间，他遍访日本旧书肆，搜寻中国古籍。后同为藏书家的黎庶昌接任驻日公使后，他更是如鱼得水。光绪九年（1883），杨守敬在日本书肆发现并购买到一部《思溪资福藏》。此次购书经历记录在他所著的《日本访书志》卷十五中，转录如下。

《大藏经》五千七百四十卷，宋椠本。

宋理宗嘉熙三年，安吉州思溪法宝资福禅寺所刊。是经日本有两部，一藏近江国菅山寺，一藏山城国天安寺，此即天安寺本也。自天字起至最字止，凡五千七百四十卷，间有抄补，系元禄九年以菅山寺本照录重修，不知何时又缺六百余卷。余在日本，有书估为言，欲求售之状，适黎星使方购佛书，即嘱余与议之，价三千元，以七百元作定金立约，期三月付书。及逾期而书不至，星使不能待，以千元购定日本翻明本。久之书至，星使以过期不受，欲索还定金，书估不肯退书，难以口舌争，星使又不欲以购书事起公牍，嘱余受之，而先支薪俸以偿。余以此书宋刻，中土久无传本，明刊南北藏本兵燹后亦十不存一，况明本鲁鱼亥豕不可枚举，得此以订讹谬，不可谓非鸿宝，乃忍痛受之。缺卷非无别本钞补，以费繁而止，且此书之可贵以宋刻故也。书至六七千卷，时至六七百年，安能保其毫无残缺？此在真知笃好者，固不必徇俗人之见以不全为恨也。光绪癸未二月宜都杨守敬记[二]。

清光绪十年（1884），杨守敬携所购之书回国。在此后的三十余年间，他奔波于湖北黄州（今黄冈）、上海、北京等地，但不管身在何处，所聚之书必随身携带，可见其爱惜之深。1919年，杨守敬去世四年后，杨氏后人欲将藏书转让，时任教育总长傅增湘获悉后力荐政府出资收购，最终以七万余金将杨氏藏书全部收归国有，先藏于政事堂，后移至北海公园内的松坡图书馆。1950年，松坡图书馆并入北京图书馆，即现国家图书馆（后文简称"国图"），《思溪资福藏》便也一同入藏，成为馆中所藏珍本。但是杨守敬所购此书时原缺数百卷，其中作为经首的《大般若波罗蜜多经》六百卷全部缺失，故国图所藏为不足本，这也是他们深感遗憾之处。

当历史迈进21世纪，时针指向2001年7月初，我时任北京海王村拍卖公司经理，无意间从客户的交谈中隐约听到境外发现一批中国的佛经，收藏人正欲转让，而且已经有人去国外查看藏品了。这个消息立刻引起了我的注意。这是哪部佛经？是哪个年代刊印的？国内是否有藏？数量有多少？这一连串的问题出现在我的脑海中。于是我便立即致函海外的数位朋友，请他们帮助协查。7月8日，我刚到公司，便接到了一件境外发来的传真，上面写着"大般若"三字，15册经卷名及千字文排序号。这些简单的文字，无法帮助我判断这是哪个年代的刻经，更不清楚这是单刻经还是大藏经中的一部分。于是我立刻回函，是否可邮寄过来一册实物，以便让我们进行鉴定并做出决策。几天后，一封特快邮件送到了我的办公桌上，打开一看，果然是一册折装佛经。细细查看，佛经首行印有"大般若波罗蜜多经"及卷数、千字文排序号等字，第二行印"三藏法师玄奘奉诏译"九字，第三行为经文的品名。经文整版5个折页，每折页6行，行17字，无行界，在每块经版相互连接处，即每版页首可见"般若"二字以及卷数、千字文排序号和刻工名。藏经纸刷印，纸质厚实坚挺，可见约一指半宽帘纹。颜体字上版，字体方正肥厚，墨色浓黑几可透纸。间有经文字体略显偏瘦，明显带有柳体风韵。在同一块经版上同时出现颜、柳二种不同字体的经文亦有不少。翻看佛经的背面，发现凡偏瘦柳体字经文虽然墨色依旧浓黑，但墨不透纸；而字体肥厚的颜体字经文，则基本上均是墨色透纸。明显可看出这是刷印时由于经版新旧程度不同所造成的。因为旧版木质酥松，吃墨多，新版木质坚硬，吃墨少。在刷印过程中，纸张凡遇到吃墨较多的旧版时，必然吸墨多，从而出现透过纸张的情况；反之，新雕刻的经版由于材质坚硬，吃墨少，纸张吸墨也就必然少，因此墨汁无法透过纸张，故可以断定经版是经过修补或补刻的。佛经保存完好，丝毫没有虫蛀的残缺，也没有水湿痕迹的留存，用“触手如新”来形容丝毫不为过。同时，经册中夹有境外朋友的简短留言，告知并询问，这是中国宋朝时刊印的佛经，现在收藏人有意转让，是否可以联系到合适的收藏人？

由于我此前接触到的佛经比较少，有关这方面知识了解的也不太多，再加上这册佛经品相如此之好，完全超出了我的意料，我甚至产生了疑问，这是刊印于宋代的佛经吗？于是，我与同事刘建章马上翻阅工具书，仔细地核对。经过近一个小时的排查、核实、查验、比较，最终我们认为这册佛经极有可能是宋版《思溪藏》。但它是《思溪圆觉藏》，还是《思溪资福藏》这就有些搞不清楚了。为了尽快得到准确的鉴定结果，我立即拨通了国图善本部李际宁老师的电话，告知刚刚收到一册佛经，想请他帮忙鉴定一下，不知是否方便。李老师回复道：“欢迎，欢迎，我下午就在馆内，随时可以过来。”

从我听到有关此批佛经的消息，到今天见到实物，虽然仅有十余天的时间，但与此有关的消息却不断传来。其中，此前去往境外的人已经携带数册佛经返回国内，并且正在寻找专家进行鉴定的消息最让我紧张。时间紧迫，刻不容缓，午饭后我与刘建章立即匆匆前往国图。走进李老师的办公室，顾不得多言，立刻将佛经递上。只见李老师将佛经放在桌上，一边说着：“看看这是件什么宝贝？”一边用手轻轻地打开，目光一扫，便脱口而出：“这是《资福藏》啊！”为了慎重起见，李老师又将佛经从头到尾一页一页地仔细翻看，中间还不时将其举起，透过灯光查看两版页相互粘贴处的刻工名及纸张的质地。经过十余分钟的仔细鉴定，他再次肯定地说道：“没错，这是宋版《思溪资福藏》。”随后李老师立即通知了时任善本部张志清主任、陈红彦副主任，以及善本部程有庆、赵前等人，他们逐一仔细地进行了鉴定后，均认可李老师的看法是准确无误的。有关此次鉴定经过，李际宁老师在所著《佛教大藏经研究论稿》一书中有详细的记述，转录如下。

> 经册一打开，首先进入视线的是端庄、古朴的颜体大字，那种熟悉的纸感、字体，扑面而来。霎时，心里一阵狂跳，似乎呼吸急促了起来，拿着经册的手也不由得微微发起抖来。直觉告诉我，这将是一批重要的资料，可能正是本馆苦苦“等候”了一百多年的思溪藏本《大般若波罗蜜多经》。如果真的如此，那可真是苍天有眼。为了不致出错，自己心里一再提醒着，稳一稳，沉住气，再看清楚些。于是再细细辨察纸张墨色、版式、行款、刻工。每版折为 5 个半页的版式，半页 6 行，行 17 字的行款，刻工也都对，一切一切都那么无可挑剔。现在，终于可以断定这就是思溪藏《大般若波罗蜜经》。……当时参与鉴定的人员包括张志清、陈红彦、程有庆、赵前、李际宁等人。[三]

真没想到，国图苦苦等候百年的《思溪资福藏・大般若波罗蜜多经》竟然就这样突然出现在了眼前，不知这是世间万事中的巧合，还是茫茫沧海中的佛缘？总之，让我感觉到可真有些“踏破铁鞋无觅处，得来全不费工夫”的奇妙。随后李老师介绍了此部佛经的馆藏情况，张志清主任询问了佛经的来历及其他情况，并希望我们尽快搞清楚此批佛经的具体数量并拟出出让价格。当然，我也询问了国图是有购进收藏的意愿。张主任当即表示，立即向馆领导进行汇报。鉴于此，我回到公司后立刻加强了与境外朋友的联系，请他提供更加详细的资料与具体册数。但是，由于他也是一位中间人，对这批佛经的具体情况也并不十分清楚，再加上出让人十分小心谨慎，所以我们获得的消息也是断断续续，十分不清晰。如初次发来的传真告知仅有 15 册，但经过数次沟通后，数量上升到了百册左右；后又传来消息，告知可能还要多些，但具体数目不清楚。尽管所获得的信息并不完全准确，但是我与张志清主任却时刻保持着密切的联系。当然，这种联系与沟通都是在绝对保密的情况下进行的，而且仅限于极小范围内。因为信息一旦泄漏，任何变故随时都有可能发生。随后，国图善本部向馆领导提交了全部购进的报告，经过馆务会研究，最终馆领导做出了全部购进、充实馆藏的决定。张志清主任立即将这个决定通知了我，并同我研究确定下一步的行动方案。对此，李际宁老师在《佛教大藏经研究论稿》一书中也有记述：

> 机会来临，我们也积极地做了进一步的调查论证，我们一致认为，这是一批重要的资料。此经露头，正是天赐良机，可遇而不可求，应该入藏。于是，提交报告，阐述意义，争取入藏。由于这批《大般若波罗蜜多经》数量较多，金额巨大，馆领导在了解情况以后，郑重决定同意收购，并提出，为慎重起见，请中国社会科学院宗教研究所研究员方广锠先生，亲自到中国书店协助鉴定。[四]

按照我与张志清主任商量的结果，国图不方便出面，全权由我进行联系与运作。我随即与境外朋友进行了沟通，很快确定了首批转让的数量、每册的转让价格以及交接时间等。但在具体运输交接方式上，对方提出让我去境外自取并携带回国。但是，那时我们国家的出境政策还没有完全放开，不仅有着十分严格的规定，而且作为国有企业员工的我，办理申请出境手续还要经过层层审查，获得批准后才能成行。而且此批佛经数量较大，并非一次可以全部运回，今后还将需要多次往返才可完成。考虑到即便此次批准我去境外取回佛经，但是今后的一次次出境、一次次的审批，那将需要多少时间啊！在这漫长的等待时间中，谁又能保证在此期间不发生其他意外，谁又能保证佛经不被其他人抢先一步全部拿走呢？而且，我们对境外的情况也不十分了解，如：从对方国家出境时，携带的佛经是否准许出关？运输途中是否安全？北京的海关是否准许入关？这些问题还都是未知数。同时也是为了确保佛经平安地到达北京，我便坚持由对方将佛经送至北京，并在北京办理交接手续。经过数次协商与沟通，对方最终同意了我的意见，由他们分批将佛经送到北京。

2001 年 8 月初，张志清主任代表国图，我代表北京海王村拍卖公司，签订了有关购买宋版《思溪资福藏·大般若波罗蜜多经》的正式合同。合同中规定了双方各自的责任、义务，以及首批交付的册数、每册的价格等。随后我通知境外朋友，按照约定的时间，乘坐指定的航班，将首批佛经送至北京。8月8日，首批29册佛经顺利到达北京首都机场，我与刘建章亲自去机场接机。回到公司后，双方立刻开箱验货。经过仔细鉴定与核对后，确认与事前所谈准确无误。看似这十分顺利的交接即将完成、双方马上就要签订合同书时，却出现了点意外。原因是这时对方突然提出，依据转让人的要求，我们必须要先交纳20万元的保证金，才可将佛经转交给我们。这不仅完全出乎我的预料，而且事前双方根本就没有谈及过。面对这一要求，我虽然一再据理力争，但是对方的态度很坚决，说这是转让人的要求，绝无商量的余地。看来，不答应他们的要求，后续工作就很难继续进行下去了。眼看近在咫尺的佛经，我心中暗暗想，难道就让这"煮熟的鸭子"在自己的眼前飞掉？绝对不可能！但是，现在上哪去拿这20万元现金啊？这可不是一个小数啊！情急之下，我也顾不得多想，立刻闯进了正在开会的中国书店总经理鲁杰民的办公室，请求他的支援。当然，在此之前就此事我也向他进行过汇报，他也明确表示支持。但当我把这个突发的情况汇报给他时，只见他的脸上露出了难色，问道："这么一大笔钱，出了事谁负责？"毫无选择余地的我立刻回答道："如果出了问题，我负全部责任；如果有经济损失，我来赔偿。"可能是我这信誓旦旦的答复让他放下了心，随后他通知总店财务部送过来20万元现金，顺利地解决了这个难题。说实话，当时我担那么大的保票，也是顶着"雷"的。那时我年收入还不足4万元，自己银行的存款总共也不到10万元，可想而知，这种自信满满的担保实在是一次出于无奈的"破釜沉舟"。正是由于我们的诚意，仅隔一天后，首批第二次24册佛经便顺利达到北京。短短三天内，共接收到《思溪资福藏·大般若波罗蜜多经》53册。我随即将接收情况告知了张志清主任。

转至次日，张志清主任、陈红彦副主任同李际宁、程友庆、赵前三位老师来到公司，在中国书店三楼大厅内与我和刘建章二人办理交接。

首先，我们双方对这 53 册佛经逐册过目，并依据日本的著录进行仔细的鉴定，一一核实无误后，张志清主任代表国图书写确认收讫笺条交予我，我将 53 册佛经装箱打包，交付他们。至此，交接手续全部完成，首批宋版《思溪资福藏·大般若波罗蜜多经》正式进入国图善本部，成为国图馆藏珍本中的一部分。

作者与国家图书馆工作人员共同鉴审《思溪资福藏·大般若波罗蜜多经》
左起：刘建章、彭震尧（作者）、张志清、陈红彦、李际宁

有了这第一次良好的开端，后面的运作就非常顺利了。8 月 16 日，第二批 77 册送达北京；8 月 23 日，第三批 64 册送达北京。在不到 20 天内，194 册宋版《思溪资福藏·大般若波罗蜜多经》已然进入到了国图的善本库房。也许这一切都进行得有些太顺利了，超出了国图的准备。当第四批 76 册在 8 月 31 日送达北京后，像往常一样，仍是张志清主任带队，于 9 月 6 日来到公司鉴定查验后便带回了国图。但是十余日过去了，书款却迟迟没有到账，正当我欲打电话询问之际，张主任打来了电话，告知：“实在抱歉，这次

的购书款没有批下来，佛经只好退回给你了。”这真出乎我的意料。他们遇到了什么问题，让这批已经进入国图的佛经又被退了回来呢？后来我才了解到，国图为文化部（现文化和旅游部）下属单位，每年的购书经费由财政部按计划拨发，但不是直接拨发给国图，而是首先拨发给文化部，文化部再依次预算下属各单位年度经费并进行分发。如遇有特殊情况，诸如此次购进《思溪资福藏·大般若波罗蜜多经》，就需要国图给文化部写报告，上报财政部，经审批后，才能追加专项购书经费。但是由于此次佛经购进的总数一直不能确定，又分为多批次购进，因此只好购买一批写一次报告。此次报告送上去之后，不知在哪位领导那卡了壳，钱没有批下来，所以国图只能泪洒江南，忍痛退还了。

退回的佛经全部压在我们手里。按照约定，我们必须要在规定的时间内支付书款，以诚信为基础，一直是我们坚持的经营宗旨。面对这突然发生的事件，怎么办？冷静下来的我首先想到的是中国书店。中国书店善本库中虽然存有大量珍稀古籍善本，但据我所知并没有宋版《思溪资福藏》，如果他们能够购进，既可充实库藏宋版古籍，又可解我所难，这不是一举两得，何乐而不为的好事吗？但是很遗憾，我的这个建议并没有得到书店领导的重视，被拒绝了。无奈之下，我立即联系熟悉的客户，希望通过他们来解燃眉之急。在众多人中，当然少不了藏书家韦力先生，但是当时佛经并不是他收藏的重点，因此他放弃购买。后在其所著《得书记·失书记》中，他对失去这批“不可能再凑齐，流传至今的全部宋刻宋印佛经”的经过进行了详细的记述[五]。好在朋友比较多，转瞬间，这 76 册佛经就被大家购买完了。有关宋版《思溪资福藏·大般若波罗蜜多经》现身民间的消息也瞬间在藏书界传了开来，很多朋友闻讯后纷纷向我提出购买需求。

尽管国图停止了购进，但冥冥之中我仍然相信待有关问题解决后，他们还会继续购买的。于是我便告知境外朋友，停止只是暂时的，所剩佛经先不要动，待时机成熟之时，我还会继续购买。转至 2002 年 5 月，国图又与我进行联系，提出恢复《思溪资福藏》的购买，并询问境外还存有多少册。此时，距上次购进已经过去八个多月了，尽管当时我曾有过嘱托，但是具体情况如何？所余佛经是否还存有？如果存有，还有多少册？这一切都是未知数。我立即与境外朋友进行联系。真没想到，朋友一直遵守着承诺，没有将剩余的佛经转让他人。我立即告知他清点册数，并将详细卷数告我。5月17日，我接到了传真，告知还存有119册，其中包括《大般若波罗蜜多经》第一册卷首。我马上启动购进程序。很快，第五批佛经119册分两次分别于6月16日、6月22日运到北京，并于6月17日、6月23日进入国图库房。至此，国图在整整一年的时间内，通过我们公司共购进宋版《思溪资福藏·大般若波罗蜜多经》313册。这313册均为每册一卷，计三百一十三卷，可以说，六百卷的《思溪资福藏·大般若波罗蜜多经》，国家图书馆的购进已经超过半数，这不仅填补了馆藏空白，而且也弥补了杨守敬百年前的遗憾。

国图的购藏虽然已经结束，但是在此后的两年多时间，陆续又有数十册《思溪资福藏·大般若波罗蜜多经》通过我们回流到国内，并通过公司分别转让给了一些曾经提出过需求的客户。后在各拍卖会上陆续出现的宋版《思溪资福藏·大般若波罗蜜多经》，可以说基本上都是从海外回归而来，而且大多数都是曾经经过我们。

2011年，国图与扬州古籍线装文化有限公司合作，决定仿真影印出版《思溪资福藏》。2012年，国家也将此项目列入2011—2020年国家古籍整理出版规划中。2018年6月23日，宋版《思溪藏》重刊首发式暨《思溪藏》研究国际研讨会在中国浙江湖州举行。国图购进的313册《大般若波罗蜜多经》全部被收入重刊出版的《思溪资福藏》中。

在这期间，还发生过一件十分有趣的插曲。第二批《思溪资福藏》送到后，境外的朋友可能是对买家充满好奇，便向我提出希望能与买家见个面的要求。其实在商界大家都懂得“让财不让道”的道理，也就是说，作为中介人，最不愿意介绍卖家与买家相识，因为这样做很有可能会让自己丢失一条商业渠道。但是我考虑到，此时的交易完全是在保密的情况下进行的，而且国图此时也不能暴露自己的身份；通过见面交谈，或许能够增强双方继续合作的信心，可能是一件有利的事。于是，我便向张志清主任转达了朋友的要求，看看他是否同意。张主任听后很是高兴，说：“见个面很好，我们也想摸摸对方的实际情况，看看还存有多少册。如果600册都在就太好了。”于是我马上安排会面的时间与地点，最终选在了离我单位比较近的前门建国饭店。那天，张志清主任带领着李际宁、程有庆、赵前三位老师光临。落座后，我便介绍说：“这位是张老板，其他三位是公司的人。”这样说，完全是我们事先商量好的，目的就是为了不暴露国图的真实身份。大家把酒言欢，畅谈十分融洽。张主任认真询问了这批《思溪资福藏》在境外的详细情况，我的朋友也亲眼看到了“张老板”的庐山真面目。多年以后，有一次见到张志清副馆长时，我还开玩笑地说道：“别人都称呼你为‘张副馆长’，我还有一个‘专利’，就是可以称呼你为‘张老板’。”他听后哈哈地笑着说道：“哪天有时间请你喝酒。”

转瞬间二十余年过去了，每当我回忆起这件事，内心都颇不平静。您可能要问了，这批从境外回归的《思溪资福藏·大般若波罗蜜多经》具体价值是什么？它为什么如此让你难以忘怀？答案并不难解释，李际宁老师在《国图新入藏思溪版〈大般若波罗蜜经〉的经过及其文物版本价值》一文中，对此批佛经的意义与价值进行了详细的论述，我依据李老师所写，再加之自己的感受，归纳为以下几点，作为此文的结束语吧。

其一，此批《思溪资福藏·大般若波罗蜜多经》的入藏，配补了国图原来馆藏所缺的遗憾。作为一部大藏经，经首的《大般若波罗蜜多经》往往最重要，因为这是最早雕刻的部分，许多重要信息可能记载在这里。可以说，此批《大般若波罗蜜多经》的购入极大地提高了国图馆藏《思溪资福藏》的文物价值。

其二，此批《思溪资福藏·大般若波罗蜜多经》，对《思溪资福藏》版本的研究具有重要参考价值。长期以来，学术界在研究《思溪藏》版本中存有三种不同的观点：一种观点认为，《思溪藏》应该有两部，一部是思溪圆觉禅院所雕，称其为《思溪圆觉藏》，一部是思溪资福禅寺所雕，称其为《思溪资福藏》。另一种观点认为，经版未必有两套，应该是一套经版，先在思溪圆觉禅院雕刻印刷，后经版转至思溪资福寺再印，故而有两部目录。还有一种观点认为，经版只有一副，寺院亦只有一个，只是思溪圆觉禅院后来升格为法宝资福禅寺、湖州也改名为安吉州的原因。经版有所不同的原因是长期印刷，经版多有损坏，后补版所为，并没有形成另外一套经版。通过对此批《大般若波罗蜜多经》研究，再以日本增上寺本为对照，特别是新购进的卷一百三十一与原馆所藏、卷首尾均印有“圆觉藏司自纸版”的《思溪圆觉藏》本卷一百三十一进行比较对照，发现新购进本有大量的补版，其中第七版《圆觉藏》本刻工为“海”，而补版后的刻工为“秀”，字体风格也有极大的差距。由此更进一步证明《思溪资福藏》的确是在《思溪圆觉藏》上补版而成，从而解开了学术界有关此经的版本之谜。

其三，此批《思溪资福藏·大般若波罗蜜多经》品相极佳，超过当年杨守敬所收。杨氏所收《思溪资福藏》虫蛀比较严重，尽管经过“元禄九年丙子（1696，康熙三十五年）二月重修”，但由于保管不善，后又被虫蛀，不少经版的刻工不能辨认。而此次所入藏品则书品较好，对经版的校对及刻工的整理提供了较为清晰、准确的资料，是极为难得的。

其四，此批《思溪资福藏·大般若波罗蜜多经》，可纠正日本所藏《思溪资福藏》著录中的错误。国图用此批新购进的《大般若波罗蜜多经》与日本增上寺本对勘，发现日本整理的目录中亦有丢失刻工、补版刊记以及目录中辨字误认等问题，此对完善有关《思溪资福藏》的著录可起到纠偏改错的作用。

其五，此前《思溪资福藏》以及南宋所刻诸经在民间流传极稀。而此批佛经百余册在民间的流传，不仅充实了民间收藏，而且也丰富了有关南宋刻经知识的传播，让人们不仅从实物上亲手触摸到南宋时期佛家的经典，而且还从纸张、墨色、版风、装帧等多个方面了解到南宋时期的刻经风格与造纸工艺，这无疑也是对古籍版本知识的一次传播。

其六，此批宋版《思溪资福藏·大般若波罗蜜多经》的回流，可以说这是自清末杨守敬从日本携带回此部大藏经百年后的再一次大规模回流，也是自杨守敬之后百余年来宋版古籍数量最多的一次回流。

其七，经有关专家评定，每册宋版《思溪资福藏·大般若波罗蜜多经》均可定为国家一级文物。这不仅使其在学术研究与古籍版本价值上得到了业内专家学者的一致肯定，而且也印证了文物艺术品拍卖为传承祖国优秀传统文化上做出的杰出贡献。

说到此，您明白我为什么要将自己的室名命名为“思溪斋”了吧。因为这是我在中国书店工作数十年中最值得骄傲的一件事，也是我在中国书店亲手经历宋版古籍最多的一次，更是我与同事为国家图书馆馆藏古籍做出的最有贡献的一件事。为了留住这永久的纪念，我便将自己的室名取名为“思溪斋”。

2021 年 7 月 4 日

写于京南思溪斋

[一] 杨守敬（1839—1915），湖北宜都人，历史地理学家、金石文字学家、目录版本学家，著有《楷法溯源》《古泉薮》《水经注疏》《湖北金石志》《日本访书记》等数十部，协助黎庶昌刻印有《古逸丛书》。

[二] 李际宁：《中国版本文化丛书・佛经版本》，江苏古籍出版社，2002 年，第 84 页。

[三] 李际宁：《佛教大藏经研究论稿》，宗教文化出版社，2007 年，第 171 页。

[四] 李际宁：《佛教大藏经研究论稿》，宗教文化出版社，2007 年，第 171 页。

[五] 韦力：《得书记・失书记》，广西师范大学出版社，2015 年，第 181 页。

文渊阁本《钦定四库全书·三鱼堂四书大全》的发现及其他

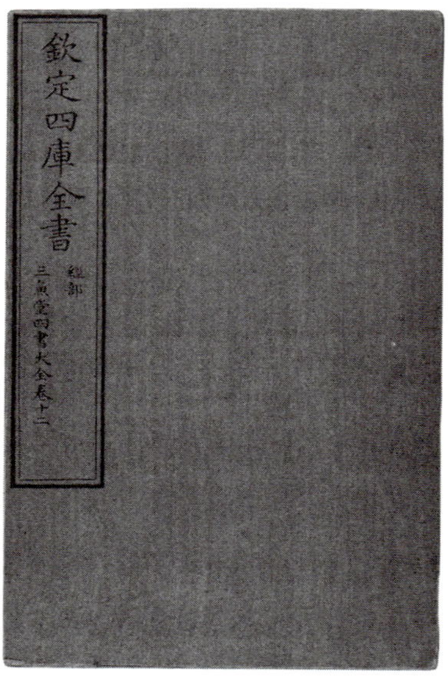

文渊阁本《钦定四库全书·三鱼堂四书大全》封面

《钦定四库全书》简称《四库全书》，是清乾隆帝亲自主持编修的一部我国古代规模最大、卷帙最多的综合性丛书。编修自乾隆三十七年（1772）正月乾隆帝谕令各地征集图书时起，至乾隆四十六年（1781）十二月第一部书告竣，历时十年，可见工程浩繁。随后，第二部、第三部、第四部先后于乾隆四十七年（1782）、乾隆四十八年（1783）、乾隆四十九年（1784）完成，因书分经、史、子、集四部，故名“四库”。

《四库全书》共收书3400余种，近八万卷，内容涵盖了我国自先秦至清乾隆以前的大部分重要著作，是一项极为伟大的文化工程。为了编辑此书，宫内特设四库全书馆，由乾隆帝第六子永瑢负责，任命重臣于敏中为总裁，大学士纪昀、陆锡熊、孙士毅、陆费墀等均参与编撰，前前后后参与编纂的各级官员与学者多达3600余人，抄写人员达2800余人，可见所费人力物力之巨。

书编好后，乾隆帝命人先抄写四部，并仿效宁波天一阁范氏藏书楼，在北京紫禁城内建文渊阁、京郊圆明园内建文源阁、奉天（今沈阳）行宫内建文溯阁、承德避暑山庄内建文津阁而藏之，这就是所谓“北四阁”。后又抄写三部，在镇江金山寺建文宗阁、在扬州大观堂建文汇阁、在杭州孤山圣音寺建文澜阁而藏之，这就是所谓“南三阁”。

2020年9月作者在故宫博物院文渊阁前留影

南北共建七阁，每阁收藏一部，共为七部。但是出于等级等诸多原因“北四阁”所藏与“南三阁”所藏，在本质上存有很大的区别，如：“北四阁”所藏开本阔大，“南三阁”所藏则相对小些；“北四阁”所用纸张为金线榜纸，“南三阁”则用坚白太史连纸；“北四阁”首页钤各阁阁宝，而“南三阁”则一律钤“古稀天子之宝”。

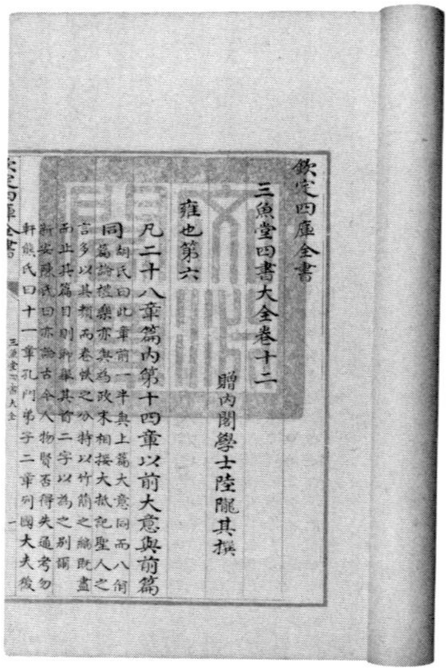
欽定四庫全書
三魚堂四書大全卷十二
贈內閣學士陸隴其撰
雍也第六
凡二十八章篇內第十四章以前大意與前篇同

文渊阁本《钦定四库全书·三鱼堂四书大全》卷十二首页

无论是“北四阁”所藏，还是“南三阁”所存，自书成至今二百余年的历史中无不饱经沧桑，历经战火、受尽劫难，再加上外敌入侵、内乱不断，可谓损失惨重。首当其冲者便是镇江文宗阁、扬州文汇阁所藏，分别于清咸丰三年（1853）、咸丰四年（1854）毁于太平天国运动。随后圆明园文源阁所藏，在咸丰十年（1860）被入侵的英法联军焚毁。紧接着，杭州文澜阁所藏，也在咸丰十一年（1861）随着太平军第二次攻克杭州而大部被毁。至此，七部《四库全书》在不到百年的时间内便损毁过半，剩余的三部半现在分别藏于北京的国家图书馆（文津阁本）、兰州的甘肃省图书馆（文溯阁本）、台北的故宫博物院（文渊阁本）和杭州的浙江省图书馆（文澜阁本及丁氏兄弟补抄修复本）。其中台北故宫博物院所藏文渊阁本，则是在1948年被国民党运送到台湾的。

1999年11月，在北京海王村拍卖公司举办的“中国书店秋季书刊资料拍卖会”上，一册钤盖有“文渊阁宝”的《钦定四库全书·三鱼堂四书大全》突然出现，引起了诸多人关注。随后，在2000年和2002年中国书店春季拍卖会和2001年中国嘉德国际拍卖公司秋季拍卖会上，又相继出现了3册同名不同卷、均钤盖有“文渊阁宝”的《钦定四库全书·三鱼堂四书大全》。这4册《三鱼堂四书大全》是否是文渊阁的旧藏？台北故宫博物院所藏文渊阁本《四库全书》是否有缺失？民间是否还留存有文渊阁本《四库全书》？一时成为人们心中的谜。

虽然此书的拍卖已经过去二十年了，但是时至今日，还时常有人问起它的原委。我作为此书的发现、考证、拍卖主要当事人，现依据回忆，记述如下，以解开大家心中的谜团。

一、《钦定四库全书·三鱼堂四书大全》的发现

《钦定四库全书·三鱼堂四书大全》的发现，纯属我的一次偶遇。那是在1999年，我时任中国书店所属北京海王村拍卖公司经理，主要从事古籍善本、碑帖拓片、旧书资料等的拍卖。每到春、秋两季拍卖时，书店都会从库房中选择一些藏品给我们，虽然数量不多，所占比例不大，但是在整场拍卖会上会有画龙点睛之意，很受藏书人的欢迎与喜爱。记得那年9月下旬，秋季拍卖会的筹备工作已经进入尾声，经中国书店领导批准，在有关人员的带领下，我进入位于琉璃厂西街的中国书店善本库挑选拍品。在挑选过程中，我无意间抬头看到紧靠北墙的书柜顶部放着几册包背装的书，因明版书多用包背装，便随口问道：“这是什么书？是明版书吗？”陪同的人员抬头看看，回答道：“记不清了，你拿下来看看吧。”于是我搬来高凳，爬上去一看，共有6册，便顺手取下一册，只见书的封面不是我们通常所见的磁青纸，而是葵绿色的丝织物，由于年代久远，已经有些发黄褪色。封面左上侧也没有粘贴书签，书名直接用墨笔写在绢面上，自上而下分为两部分，上部大字1行，书“钦定四库全书”6个字，下部小字2行，右侧1行书“经部”2字，左侧1行书“三鱼堂四书大全”及卷数。翻开书，豁然出现在眼前的是一方硕大的钤盖在里面的朱色正方形阳文“文渊阁宝”印，这不禁让我大吃一惊。文渊阁所藏《四库全书》不是已经在1948年全部运往台湾了吗？这里怎么会出现钤盖有“文渊阁宝”印章的《四库全书》

呢？难道现在收藏在台北故宫博物院内的《四库全书》有缺失吗？如果这真是紫禁城内文渊阁所藏《四库全书》，那这6册又是如何散失在民间的呢？是清末民初被太监或宫人偷偷带出皇宫的，还是1933年故宫古物南迁时散失在北京的，或是1948年运往台湾时不慎遗落在民间的？当然还有一种可能，那就是它们根本就与文渊阁没有丝毫的关系，而是书贾的伪造赝品？这一连串的疑问与遐想瞬间出现在我的脑海中。

就这样，钤盖有“文渊阁宝”的《钦定四库全书·三鱼堂四书大全》被我在中国书店善本书库中无意间发现了。

二、对《钦定四库全书·三鱼堂四书大全》的考证

面对这突然发现且钤盖有“文渊阁宝”的6册《三鱼堂四书大全》，我首先要搞清楚的是台北故宫博物院所藏《四库全书》是否有缺失，第二个问题就是它是否是紫禁城内文渊阁所藏《四库全书》。

对于第一个问题，鉴于当时两岸还没有开通往来，我便委托台湾的胡星来先生亲自去台北故宫博物院进行核实。胡先生与我相识于1994年，酷爱收藏，并对古籍颇感兴趣。他的消息很快反馈回来，告知台北故宫所藏文渊阁本《四库全书》完整无缺，而且查《全书目录》，不仅未见著录有《三鱼堂四书大全》，而且《排架图》上也未见任何有关线索，书架上更没有收藏此书的书匣。这说明文渊阁所藏《四库全书》中并不包含《三鱼堂四书大全》。

既然没有被收入文渊阁，但是书内为何又钤盖有“文渊阁宝”，难道这真的是书贾们伪造的赝品？为了解开第二个问题，我便依据善本库中所藏第十一卷本进行了仔细的考证，记述如下。

1. 书衣为葵绿色织锦，书脑处没有丝线穿订，为典型的包背装。
2. 书高31.4厘米，宽20厘米；书内半框高22.3厘米，宽15.4厘米。
3. 四周双边，上单鱼尾，半叶8行，行21字，小字双行同。
4. 边框及丝栏、上单鱼尾均朱色刷印。
5. 文字用标准的馆阁体墨笔书写，极为工整。

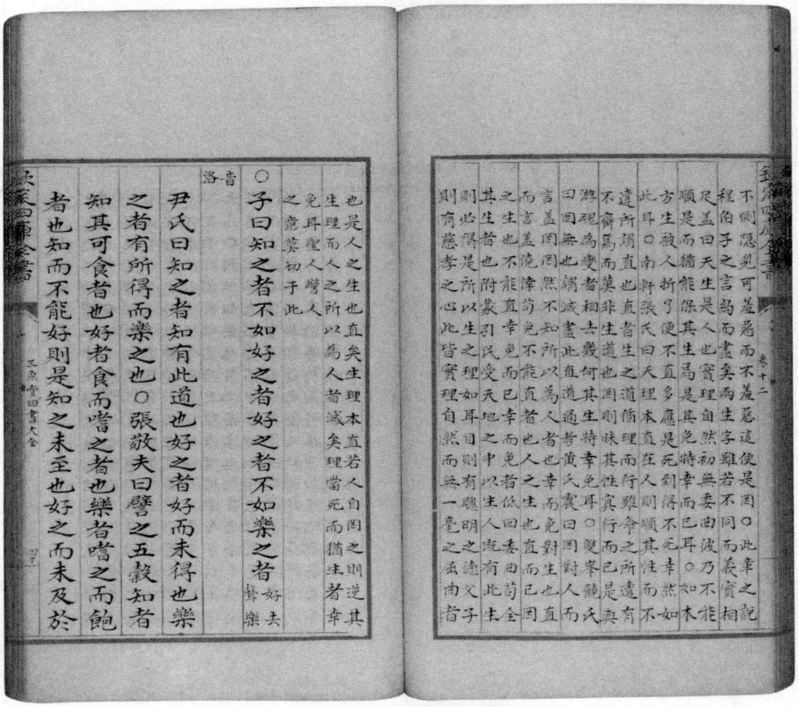

文渊阁本《钦定四库全书·三鱼堂四书大全》内页

6. 首页首行书“钦定四库全书”，第二行书“三鱼堂四书大全卷十一”，第三行书作者“赠内阁学士陆陇其撰”，第四行开始进入正文。

7. 首页正文上部钤盖边长 12.5 厘米朱色正方形阳文“文渊阁宝”印。

8. 末页卷尾上部钤盖高 5.2 厘米、宽 4.9 厘米准正方形朱色阳文“乾隆御览之宝”印。

9. 书末页下部墨笔书写“总校官降调编修臣仓盛脉 / 校对官编修臣钱栻 / 誊录监生臣宋喆”。

10. 所用纸张洁白细腻，厚实坚挺。

通过以上考证，依据自己数十年的工作经历与实践，在加之查阅有关资料和工具书后，我得出了以下结论。

1. 从书衣上看，此册完全符合“书册已分四色装订”[一]之要求，即《四库全书》按春、夏、秋、冬四季来变换书衣，经部为葵绿色，史部为红色，子部为蓝色，集部为灰色。《三鱼堂四书大全》亦属经部，故为葵绿色书衣。

2. 从装帧上看，此册没有进行过任何改动，为初始原装，完全符合《四库全书》最初装帧形式。

3. 从开本大小上看，此册《三鱼堂四书大全》的尺寸明显大于“南三阁”书高27.5厘米、宽17.2厘米，书内半框高20.7厘米、宽14厘米的规制。

4. 从书写格式上看，首页首行书写“钦定四库全书”六字，次行书写书名卷数，再次行书写作者，这完全符合《四库全书》要求，“每卷首行写钦定四库全书卷几万、几千、几百、几十，下注经部、史部字样；次行方写本书名目卷次。但首行卷数，此时难以预定，誊写时暂空数目字样，统俟编辑告成后再行补填”[二]。

5. 从用印上看，首页钤盖“文渊阁宝”，卷末钤盖“乾隆御览之宝”，与《四阁全书及续三分全书用宝情形单》中规定的“文渊阁：前页本阁宝，后页乾隆御览之宝”[三]完全相符。再细细查看，阁印钤盖于文字之上，也符合书写检验完毕后“交懋勤殿用宝”[四]的规则。而且所用印泥均为上好朱砂制作，绝非民间所有。

6. 从文字上看，墨色浓黑，笔画相交之处有明显的重叠感，绝非复制或影印。而且书写极为工整，为标准的馆阁体，符合《四库全书》缮写章程。

7. 从纸张上看，纸质不仅洁白细腻，而且绵厚挺实，明显好于“南三阁”所用坚白太史连纸，为宫内大库所存上好纸张，符合“俱用金线榜纸”[五]之规定。

8. 查中国书店编撰的《中国书店三十年所收善本书目》，在“经部四书类”发现有如下著录：“三鱼堂四书大全存卷七至十六，清陆陇其撰，四库全书本，有‘文渊阁宝’朱印，开花纸六册。”[六]

9. 依据民国间上海商务印书馆按原大影印出版的文渊阁藏《四库全书》样书四种进行核对，发现二者在装帧、尺寸、格式、字数、印章等诸多方面完全一致。

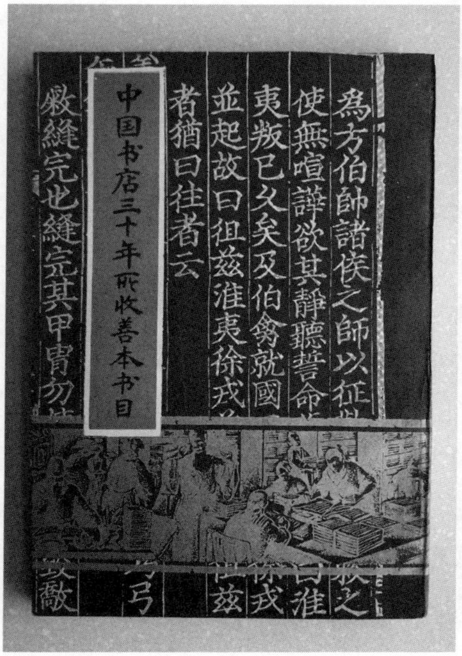

《中国书店三十年所收善本书目》
1982 年中国书店印制

通过以上考证，我基本认定此钤盖有“文渊阁宝”的《三鱼堂四书大全》确为紫禁城内文渊阁所藏真本，并非是书贾们的伪造赝品。此后我又请教故宫博物院研究馆员翁连溪先生，经他鉴定，确认为文渊阁本《四库全书》无疑。至此，《钦定四库全书·三鱼堂四书大全》是否为文渊阁所藏真本的问题已经查清，不再存有任何疑问。

三、《钦定四库全书·三鱼堂四书大全》未能入阁之我见

既然《钦定四库全书·三鱼堂四书大全》不是赝品，确实是文渊阁所藏真本，那它为什么未被收入阁中，而流失在民间呢？对于这个疑问，我又从此书是否属于禁书、未能入阁是否与作者有关以及为何没有被收入文渊阁多个方面进行了考证，所得结论如下。

1.《三鱼堂四书大全》不是禁书。

清乾隆间，自乾隆帝下旨在全国征集善本以编修《四库全书》始，一场史无前例的禁书毁书大幕也由此拉开。据统计，全国仅在清乾隆朝就发生较大的文字狱案130余起[七]，其中乾隆四十年至四十七年（1775—1782），即编修《四库全书》期间，各省被禁毁的图书多达2621种，被四库馆、军机处等禁毁的图书达972种[八]。另据商务印书馆1937年出版的《全毁抽毁书目》以及有关记录统计，全毁图书2456种，抽毁图书403种，销毁书版50种，销毁石刻26种。而《四库全书》总计收书3400多种，被焚毁的图书竟然也多达3000余种，因此后人对编纂《四库全书》的功与过出现了“修书是手段，禁书是目的”[九]的评价也就不足为奇了。但是我查阅《清代禁书总述》，书中所列被禁的3236种图书中未见有《三鱼堂四书大全》。再查纪昀、陆锡熊、孙士毅任总纂官编辑的《钦定四库全书总目》，书中记，收陆陇其著作十三种，其中抄录七种，存目六种，《三鱼堂四书大全》列存目中[十]，可知此书并未列入禁毁书目。

2. 作者陆陇其为清初知名清廉儒臣。

《三鱼堂四书大全》作者陆陇其为明末清初人，出生于明崇祯三年（1630），逝于清康熙三十一年（1692），初名龙其，因避讳改名陇其，字稼书，室名“三鱼堂”，浙江平湖人。康熙九年（1670），在其六十三岁时中二甲进士，历官嘉定、灵寿知县，后官至四川道监察御史，“惠政不可胜记……学崇程朱，得其正宗。著述丰富，有《三鱼堂文集》十二卷、《外集》六卷及《困勉录》《松阳讲义》《读书志疑》《卫滨日钞》《问学录》《读朱随笔》《三鱼堂胜言》《松阳钞存》等，并行于世”[十一]。后因进言过锐，去职归田，并在家乡过世。

陆陇其不仅是清初知名清廉儒臣，而且他还与明末清初学者吕留良为同一时期的浙江人。陆氏居平湖，吕氏居桐乡，两地仅相距百余里，并且二人又都宗程朱理学，可以说既是老乡，又是学道同仁。而“吕留良案”则是清代文字狱之首，乾隆四十七年（1782）二月三十日在闽浙总督陈辉祖上呈的《奏缴应禁书籍折》内所列清单上即有“《四书译注》二部，刊本。

是书王锬辑，系吕、陆讲义。查陆陇其自有《松鹤讲义》，不借此书以传。至吕留良讲义久经查禁，未便存留”[十二]等语。陆陇其是否因此曾受到“吕留良案”的牵连，致使《三鱼堂四书大全》未能被收入《四库全书》？这也是我最初的怀疑。但是翻遍史料，均未见有关记录，而且在其去世三十年后的雍正四年（1726），其被雍正帝诏谕从祀孔庙，至乾隆元年（1736）又被乾隆帝追赠内阁学士兼礼部侍郎，谥清献。可见在雍、乾两朝，他仍受到追封，其身份与影响绝非一般。因此《三鱼堂四书大全》未能正式收入《四库全书》并非与“吕留良案”有关。

3.《三鱼堂四书大全》应是《四库全书》撤出本。

《三鱼堂四书大全》既然不是禁书，也与“吕留良案”无关，那它为什么在钤盖了“文渊阁宝”后而最终没能进入文渊阁呢？这确实是一个令人感到奇怪的问题。查阅有关资料与档案，再经过细细思考，最终我认为此书应是《四库全书》的撤出本。“撤出本”是《四库全书》中一种极为特殊的情况，起因是乾隆五十二年（1787）乾隆帝查看《四库全书》时，发现李清撰著的《诸史同异录》一书有“诋毁”朝廷字句，于是便命对乾隆四十六年（1781）以前编纂完成，且抄写完毕收入文渊阁中的书籍再次进行检查，凡发现有对朝廷不利等的图书，即从书匣中撤出，再换以其他书籍补入。在中国第一历史档案馆编纂的《纂修四库全书档案》中就收有诸多有关编书过程中的撤书奏折，如乾隆五十三年（1788）十月二十四日《军机大臣奏查四库全书内应行撤出销毁各书情形片》所附清单上，就报乾隆帝从文渊阁撤书 9 种，分别是李清著《诸史异同录》《南北史合注》《南唐书合注》《列代不知姓名录》4 种，周公亮著《读画录》《闽小记》《印人撰》3 种，吴其贞著《书画记》和不知名者著《国史考异》[十三]。李清的《诸史异同录》被禁原因是“书内妄称世祖章皇帝有与崇祯相同四事，悖诞不经”，不仅“奉旨将全书销毁，并将李清所撰各书概行查毁。”周亮工所著之书被查的原因仅仅是“因诗内有‘人皆汉魏上，花亦义熙余’，语涉违碍”，不仅此书销毁，“并将周亮工所撰各书一概查毁”。吴其贞所著《书画记》，“因书内所载《春宵秘戏图》语涉猥亵，奏明应毁”。《国史考异》则是因“内多引用钱谦益辩证，奏明应毁”。就《四库全书》编纂过程中撤书事宜，著名学者陈垣先生曾著有《四库撤出书原委》进行过考证，近年故宫博物院研究馆员李士娟亦写有《四库全书撤出本的出现及原因》一文进行了论述。然无论是陈垣先生还是李士娟老师所谈撤出的原因均为书中所用字句或“悖诞不经”，或“语涉违碍”，或“语涉猥亵”，或“内多引用钱谦益辩证”[十四]等。而《三鱼堂四书大全》的撤出，我认为绝不是因为以上诸多因素，而是另有原因。这其中的原因包括两个方面，其一应是源于书的本身编纂，其二应是入阁图书的调整。就此二原因详述如下。

其一，陆陇其所著《三鱼堂四书大全》，是以明朝胡广等人编著的《四书大全》为基础，并附以明朝人蔡清所著《四书蒙引》、林希元所著《四书存疑》、陈琛所著《四书浅说》等书的相关解说而成。而《四库提要》对胡广所著《四书大全》评价并不高，认为“其书因元倪士毅《四书辑释》稍加点窜”而成，因此评曰：“永乐所纂《四书大全》，特小有增删。其详其简，或多不如倪氏。”[十五]尽管陆陇其在编纂《三鱼堂四书大全》时对胡氏所编《四书大全》存有的问题加以修正，但也未能做到十全十美，而且书末所附宋朝王应麟所著《论语孟子考异》实则出自《困学纪闻》一书，再加之陆陇其去世时书并未完工，后由其门人席永恂、侯铨、王前席等整理，至康熙三十七年（1698）才由宝翰楼刊行问世，故四库总纂官纪昀等人认为《三鱼堂四书大全》“终未能尽廓清也”。此评述收入《四库全书总目》，抄录如下。

三鱼堂四书大全四十卷通行本

国朝陆陇其撰。陇其有《古文尚书考》，已著录。初，明永乐间胡广等奉诏撰《四书大全》，阴据倪士毅旧本，潦草成书。而又不善于剽窃，庞杂割裂，痕迹显然。虽有明二百余年悬为功令，然讲章一派从此而开。庸陋相仍，遂似朱子之书专为时文而设，而经义于是遂荒。是编取胡广书，除其烦复，刊其舛谬，又采《蒙引》《存疑》《浅说》诸书之要以附益之，自较原本为差胜。然终未能尽廓清也。其初稿成于康熙辛酉，前有自序，尚歉然以为未定。及晚年辑《困勉录》，复取是书互相参考，别以朱笔点次，乃成定本，然未及重为之序。故其门人席永恂、侯铨、王前席等校刊之时，仍以原序冠卷端。实则序在前而书在后也。《大学》《中庸》并载《或问》，亦仍《大全》之旧。卷末附载王应麟《论语、孟子考异》，不知何人采摭《困学纪闻》为之，非应麟原有是书也。[十六]

其二，《四库全书》在编修过程中不仅多次出现毁书、撤书的情况，而且还存在多次补入的情况，此种情况自乾隆间一直延续到嘉庆年间。如乾隆五十六年（1792）十二月十六日《军机大臣阿桂等奏遵议纪昀文渊阁书籍错误换写分赔折》[十七]、嘉庆八年（1803）五月初九日《军机大臣庆桂等奏查明四库全书空函及应增书籍情形折》[十八]和嘉庆八年（1803）四月初二日《谕内阁四库全书内未缮入高宗诗文及续办方略等书著一体增入庋藏》[十九]谕旨、嘉庆八年（1803）五月初九日《谕〈巴勒布纪略〉〈廓尔喀纪略〉〈安南纪略〉均已颁行著毋庸补入》[二十]谕旨等均为有关增添或不增添图书之事。正是由于这种不断增减的原因，必然会导致在编修过程中出现很多始料不及的情况，如部册的变动，必然会影响到原有书匣是否可以继续使用的问题，而书匣的修改与增减又会影响到书架上排序的变动和是否留有位置的问题。从乾隆五十三年（1788）十一月十七日纪昀所呈奏折中可知，文津阁“改正各书三百五十八匣”，且还有“陆费墀所留空匣二百三十二个，臣未知其为数太少，不敷书成装贮之用，未经办理”。而“文渊阁清查撰卷册函，并将留空各函按书之篇页多少，核定实数，及撤毁、补入、添纂、添缮各书，依次将换之一百余匣”[二十一]。面对这种棘手的问题，颇让总纂官纪昀感到头疼。他经过反复思量后，最终不得不向乾隆帝提出去粗取精的建议，在上呈的奏折中曰：“伏查四库全书，久经合架，借抽衬加衬，分函并函，伸缩增减于数部之间，尚易办理。至于添入多匣，殊费周章，而现在匣少书多，又万万必需添入，致不得已而拆动千函。臣窃思编辑之时，虽采辍群言，全收精粹，亦间有意求赅备，以稍次之书节取备考者。如择次等之书，量撤数部为插入空匣之地，则全书去取益精，亦可省多行拆动，似乎两得。臣因此事现费商酌，谨将管窥之见夹片附奏。是否有当，伏候圣裁。”[二十二]奏折呈上数日过后，军机大臣传下谕旨，诏曰：“此项书匣增改较多，兼有续入之《一统志》《平台纪略》《万寿盛典》《通志》等书，卷帙浩繁，现在办理文渊阁书匣，必须俟此间酌定章程后寄至热河，再将文津阁书匣画一办理，方不致彼此两歧。”[二十三]由此可知，乾隆帝不仅认可了纪昀的建议，并且提出由于增改较多，要制定章程，同时还要求将文津阁所藏之书也要一并办理，即文渊阁、文津阁所藏之书增改要保持一致。

鉴于以上两点，我认为陆陇其所撰《三鱼堂四书大全》虽采集多本而成，但其内容“终未能尽廓清也”，仍存有不足之处。再加之纪昀在编纂《四库全书》时即考虑到了今后可能出现的问题，故采取了“虽采辍群言，全收精粹，亦间有意求赅备，以稍次之书节取备考”的措施。因此我认为，《三鱼堂四书大全》虽已经抄写完毕，并钤盖了文渊阁阁宝印，或正在准备入阁时，或已经入阁后，终在调整中被撤换下来，从而成为存目本中的撤出本。

过去我们一直认为，编修《四库全书》时的撤出本均应是因为内容“悖诞不经”“语涉违碍”“语涉猥亵”等原因而被撤出，从没有关注或发现还有另外一种撤出本，这就是在编纂过程中，由于书目的不断调整，或增加，或减少，由此产生了诸如“书多匣少”等一系列问题；为了解决这个问题，便出现了诸如《三鱼堂四书大全》这种书的撤出本。而此类书的撤出，既不便奏呈乾隆帝，也不好在档案中记载，最终只能以“存目”的方式出现在《四库全书总目》中。

四、《钦定四库全书·三鱼堂四书大全》寻踪

自我在中国书店善本库中发现这 6 册钤盖有“文渊阁宝”的《钦定四库全书·三鱼堂四书大全》后，就一直在想，此书在进入中国书店之前是否曾在社会上出现过？在某个地方是否还存有其他册？如果有的话，还存有多少册？它们又被收藏在什么地方？探寻这部书的踪迹，揭开心中的谜是我梦寐以求的事，哪怕是雪泥鸿爪，也丝毫不敢放过。经过十余年的努力与不懈追踪，我终于厘清以下信息。

1.《钦定四库全书·三鱼堂四书大全》曾出现在袁同礼先生[二十四]案头。

2016年某日，我忽然接到多年好友、时在故宫博物院图书馆工作的翁连溪先生电话，告知在一册名为《日本学人中国访书记》的书中收有与《三鱼堂四书大全》有关的文章。随即网上购得此书，翻开查阅，在日本学者长泽规矩也[二十五]所写《收书遍历》一文中见到如下记述。

就是这一年（1930年），我在北京以三百元从个人手里购得了《钦定四库全书》的散本《三鱼堂四书大全》零本一册（卷一及卷首）。这套《三鱼堂四书大全》本来是残本，大概有十册，据说要价三千元。从外观来看，上有“文渊阁宝”之印，显然是文渊阁本，而非赝品。但《三鱼堂四书大全》并未收进四库，我猜它是存目本，大致应该是待收书目。文库虽已收有文澜阁本，却无内廷的四阁本，所以我打算选择第一册，作为足以与小型的南方三阁本做比较的大型北方四阁的标本，我选择了最薄的第一册，价钱也应该是全套书的十分之一吧，与书主一交涉，果然顺利成交。其余的九册，我在第二年应北平图书馆袁馆长之邀做客时，在袁氏的案头看到了。袁氏向我讨教有关书中的一些疑问，我当即回答了他。袁氏对第一册的缺失感到不解，对此事，我始终保持沉默。[二十六]

由此我们可知，此书于1930年曾出现在北京的一家古旧书店内，此时尚存有10册，长泽规矩也将第一册以300元的价格收入囊中。第二年，即1931年，他在袁同礼处再次见到了其余9册，在回答袁先生的提问时则有意隐瞒了自己曾经见过并买走第一册的经历。这段记述，也是目前我所知有关此书流落民间的最早记录。

2.《钦定四库全书·三鱼堂四书大全》第一册现收藏在日本东京静嘉堂文库[二十七]。

长泽规矩也为日本著名学者，精通中国文化，长期在中国为日本静嘉堂购买中国古籍。在其自述中所说“文库虽已收有文澜阁本，却无内廷的四阁本，所以我打算选择第一册，作为足以与小型的南方三阁本做比较的大型北方四阁的标本”句中，所言“文库”，即应指他所代理的日本静嘉堂文库。2018 年，台湾藏书家潘思源先生[二十八]亲赴日本，并在静嘉堂查看到了至今还完好地保存在文库中的卷首与卷一，即当年长泽规矩也买走的第一册。随即潘先生将这一消息告知了我。

3. 北京大学图书馆藏有两册《钦定四库全书·三鱼堂四书大全》。

2020 年即将年终之际，我忽从朋友处获悉北京大学图书馆可能藏有两册文渊阁本《三鱼堂四书大全》。获此消息后，我便立即联系原任职北京大学图书馆的姚伯岳老师，请代为查核。很快就收到了姚老师的回复，告知学校图书馆确实收藏有两册钤盖有“文渊阁宝”的《三鱼堂四书大全》，并告知图书馆馆藏目录上是这样著录的：

《三鱼堂四书大全》，40 卷，（清）陆陇其撰，清文渊阁，抄本，线装，1 册（1 函），存卷 2，典藏号 SB/096.08/7474。

《三鱼堂四书大全》，（清）陆陇其撰，抄本，线装，1 册（1 函），四库全书，卷内有文渊阁宝、乾隆御览之宝等印，存卷 32-33 卷，典藏号 PC/0856/7174。

同时他还告诉我，由于学校有规定，不准许照相，因此他无法将照片发送与我。即便如此，我已经十分感谢姚老师所提供的信息了。通过馆藏目录，完全可以断定此两册《三鱼堂四书大全》即应与中国书店善本库中所藏《钦定四库全书·三鱼堂四书大全》出于同一部书。通过所存卷三十二至卷三十三，还可推断出此书在清乾隆间应是一部全部抄写完成的足本。

至此，曾于 1930 年面世的 10 册《钦定四库全书·三鱼堂四书大全》已经查寻到 9 册，现还只差 1 册不知所在。我时常在想，这册下落不明的《三鱼堂四书大全》是否在哪天会突然出现在我的面前？但愿这是事实，而不是梦想。

五、《钦定四库全书·三鱼堂四书大全》的拍卖与售出

今天，我们追寻到的9册文渊阁本《三鱼堂四书大全》，其中的两册现藏于北京大学图书馆，1册藏于日本静嘉堂文库，而中国书店所藏的6册则在市场经济大潮的冲击下转让出去了5册，现还存有1册。2012年，这册仅存的《钦定四库全书·三鱼堂四书大全》卷十五、卷十六被收入《中国书店藏珍贵古籍名录》纪念册中[二十九]，成为中国书店所藏诸多珍贵古籍善本中的一分子，也属镇店之宝了。

中国书店转让出去的5册，其中3册经北京海王村拍卖公司拍卖售出，1册经中国嘉德国际拍卖公司拍卖售出，还有1册，即卷十三、卷十四经中国书店文化遗产书店售出。经拍卖公司拍卖售出的4册，自1999年至今共进行过6次拍卖，依据有关资料记述如下。

第一次拍卖：1999年11月，北京海王村拍卖公司秋季拍卖会，拍品170号，1册，卷十一，参考价1.5万元至1.8万元，落槌价2.8万元，被台北故宫博物院买走并收藏。

第二次拍卖：2000年5月，北京海王村拍卖公司春季拍卖会，拍品213号，1册，卷十二，参考价2.5万至3.5万元，落槌价4.5万元，被台湾收藏家潘思源先生买到并收藏。

第三次拍卖：2001年11月，中国嘉德拍卖公司秋季拍卖会，拍品1515号，1册，卷九、卷十，参考价5万至5.2万元，落槌价5.5万元，亦被台湾收藏家潘思源先生买到并收藏。

第四次拍卖：2002年4月，北京海王村拍卖公司春季拍卖会，拍品119号，1册，卷七、卷八，参考价4.5万至5万元，落槌价4.8万元，被一位私人收藏家买到并收藏。

第五次拍卖：2012年6月，北京保利拍卖公司春季拍卖会，拍品634号，亦为2002年4月北京海王村拍卖公司春季拍卖会上拍卖过的卷七、卷八，参考价28万元至30万元，落槌价205万元，再加之佣金，成交价高达235.75万元，被一位私人收藏家买到并收藏。

第六次拍卖：2022年8月，北京海王村拍卖公司春季拍卖会，拍品

25 号，亦为 2000 年 5 月在北京海王村拍卖公司春季拍卖会上拍卖过的卷十二，时隔二十二年再次回到海王村，参考价已经上升到了 280 万元至 380 万元，落槌价 285 万元，再加上佣金，成交价高达 327.75 万元，被北京的一位私人收藏家买到并收藏。

六、结束语

综上所述，文渊阁本《钦定四库全书·三鱼堂四书大全》的出现，给我们带来了诸多遐想与谜团，尽管经过剥茧抽丝，但是仍有诸多待解之谜，如：这部书是如何从皇宫流入民间的？最初流入民间时共有多少册？它是如何进入到北京大学图书馆的？它又是如何从袁同礼的书桌上进入到中国书店的？尽管这些谜团还未完全解开，尽管《三鱼堂四书大全》最终未能正式进入文渊阁，但是观其装帧、书写、行款、格式、用印、纸张，处处都与文渊阁所藏完全一致，可以说窥其一斑，可见文渊阁本《四库全书》之全貌。这不仅是我们研究文渊阁本《四库全书》的最好资料，也是中国大陆内仅存的数册文渊阁本《四库全书》原物，更是唯一散失在民间的文渊阁本《四库全书》实物，如用“凤毛麟角”来进行比喻，我想是一点都不为过的。而它本身所固有的文物价值、文献价值、学术价值则更值得学者进行研究，其社会作用绝对不可低估。

初写于 2015 年 3 月 13 日

修订于 2022 年 11 月 3 日

[一] 中国第一历史档案馆：《纂修四库全书档案》，上海古籍出版社，1997 年，第 78 页。

[二] 中国第一历史档案馆：《纂修四库全书档案》，上海古籍出版社，1997 年，第 75 页。

[三] 中国第一历史档案馆：《纂修四库全书档案》，上海古籍出版社，1997 年，第 2386 页。

[四] 中国第一历史档案馆：《纂修四库全书档案》，上海古籍出版社，1997 年，第 2385 页。

[五] 中国第一历史档案馆：《纂修四库全书档案》，上海古籍出版社，1997 年，第 1616 页。

[六] 中国书店：《中国书店三十年所收善本书目》，中国书店，1982 年，第 16 页。

[七] 王彤：《清代禁书总述》，中国书店，1999 年，第 10 页。

[八] 王彤：《清代禁书总述》，中国书店，1999 年，第 13 页。

[九] 王彤：《清代禁书总述》，中国书店，1999 年，第 15 页。

[十]〔清〕纪昀、陆锡熊、孙士毅总纂，四库全书研究所整理：《钦定四库全书总目（整理本）》，中华书局，1997 年，"著者姓名笔画索引"第 390 至 391 页。

[十一] 谭正璧：《中国文学家大辞典》，上海书店，1985 年，第 1379 页。

[十二] 中国第一历史档案馆：《纂修四库全书档案》，上海书店，1985 年，第 1522 页。

[十三] 中国第一历史档案馆：《纂修四库全书档案》，上海书店，1985 年，第 2144 页。

[十四] 中国第一历史档案馆：《纂修四库全书档案》，上海书店，1985 年，第 2144 页。

[十五] 四库全书研究所：《钦定四库全书总目（整理本）》，上海书店，1985 年，第 473 页。

[十六] 四库全书研究所：《钦定四库全书总目（整理本）》，上海书店，1985 年，第 492 页。

[十七] 中国第一历史档案馆：《纂修四库全书档案》，上海书店，1985 年，第 2279 页。

[十八] 中国第一历史档案馆：《纂修四库全书档案》，上海书店，1985 年，第 2382 页。

[十九] 中国第一历史档案馆：《纂修四库全书档案》，上海书店，1985 年，第 2375 页。

[二十] 中国第一历史档案馆：《纂修四库全书档案》，上海书店，1985 年，第 2384 页。

[二十一] 中国第一历史档案馆：《纂修四库全书档案》，上海书店，1985 年，第 2149 页。

[二十二] 中国第一历史档案馆：《纂修四库全书档案》，上海书店，1985 年，第 2150 页。

[二十三] 中国第一历史档案馆：《纂修四库全书档案》，上海书店，1985 年，第 2151 页。

[二十四] 袁同礼（1895—1965），字守和，祖籍河北徐水，生于北京。图书馆学家，目录学家。曾任清华大学、岭南大学、北京大学图书馆馆长，北平图书馆馆长，后任美国斯坦福大学研究院编纂主任、美国国会图书馆中国文献顾问等职。

[二十五] 长泽规矩也（1902—1980），日本京都人。大学教授，精通汉古籍文化，自 1923 年至 1932 年共七次到中国访书旅行，为静嘉堂等日本文库收进大量中国古籍。

[二十六]〔日〕内藤湖南、长泽规矩也等著，钱婉约、宋炎译：《日本学人中国访书记》，中华书局，2006 年，第 248 页。

[二十七] 静嘉堂文库，位于日本东京都，创始人岩崎弥之助。自日本明治二十五年（1892）前后开始搜集中国和日本古籍，至今存书多达 20 万册，其中中国古籍 12 万册，日本古籍 8 万册，现为日本收藏中国古籍和日本古籍的专门图书馆。中国清末藏书家陆心源皕宋楼所藏宋元珍善本及大部分古籍均被其所购。

[二十八] 潘思源，祖籍福建福州，台湾拆船大王潘孝锐长子，古籍收藏家，现任美国泛太平洋集团董事长。在美国旧金山、中国台北、香港、上海、西安等城市投资商业房地产、酒店、文物、钢铁、平面媒体等，个人净资产达百亿元以上，自称"上海滩上的最大个体户"。

[二十九] 于华刚等编：《中国书店藏珍贵古籍图录》，中国书店，2012 年，第 288 页。

“焚板煮茶”说可以休矣

—— 谈毛氏汲古阁刻《四唐人集》书版

毛晋（1599—1659），原名凤苞，字子晋，江苏常熟人。因其藏书室名汲古阁，故别号汲古主人，是明末清初著名藏书家、出版家、刻书家、文学家、经学家。其一生无意仕途，只以藏书、刻书、出版为乐。为了收到好的版本，他甚至在门上张贴告示，言：“有以宋椠本至者，门内主人计叶酬钱，每叶出二百。有以旧抄本至者，每叶出四十。有以时下善本至者，别家出一千，主人出一千二百。”[一]以至民间传有“三百六十行生意，不如鬻书于毛氏”之说。[二]

刻书为毛晋一大爱好。他生平所刻之书多达600余种，代表作有《十三经注疏》《十七史》《津逮秘书》，以及《宋六十名家集》《六十种曲》等诸多唐宋元人别集、词曲等，可称为自中国雕版问世以来私家刻书最多者。毛氏所刻之书版心大多刻有“绿君亭”“汲古阁”“毛氏子晋”“虞山毛氏”“毛氏正本”等字。

毛晋晚年恰逢朝代更迭，时局动荡，所刻十万书版不免受到水火兵燹的威胁，部分版片或损或失。在清顺治十六年（1659）毛晋故后，书版随家产析分与当时在世的毛褒、毛表、毛扆三个儿子。其后毛扆及毛表之子毛绥万虽克绍箕裘，然财力已与毛晋盛年时不可同日而语，为维系汲古阁刻书事业，后也不得不变卖田产，但仍难以为继，最终只能依靠抵押、转让所继承的藏书、刻版来维持生计。其余子嗣分得之书版更是不断流散，甚至在坊间还相传有“焚板煮茶”说。

“焚板煮茶”说，讲的是毛晋的后人为了喝茶，将书版劈了做柴煮茶事。此说最初见载于清人郑德懋[三]所著《汲古阁刻板存亡考》中，书中记：

《四唐人集》，板已作薪煮茶。相传毛子晋有一孙，性嗜茗饮，购得洞庭山碧萝春茶，虞山玉蟹泉[四]水，独患无美薪。因顾《四唐人集》板而叹曰：“以此作薪煮茶，其味当倍佳也。”遂按日劈烧之。

国家图书馆所藏清抄本《汲古阁书板存亡考》中也有记述，但与上引顾氏小石山房刻本则有数字之差，亦抄录如下：

《四唐人集》，其板已作薪煮茶。相传毛子晋有一孙，性嗜茗饮，购得洞庭山薜萝春茶叶，虞山玉蟹泉水，独患无美薪。因顾《四唐人集》木板而叹曰：“以此作薪煮茶，其味当倍佳也。”遂逐日劈以烧之。

近人版本学家叶德辉在所著《书林清话卷七·明毛晋汲古阁刻书之二》[五]中亦将郑氏所述全文抄录。此外，清代学者叶昌炽也有诗云“只因玉蟹泉香洌，满架石材煮石铫”[六]，亦指毛氏后人“焚板煮茶”之说。

由于“焚板煮茶”之说颇具神奇色彩，再经《书林清话》传播，故流传极广。在我们的工作中也时常从老师傅那里听到这个传说，我就是在1982年参加“全国古旧书发行业务学习班”时听老师傅们谈及，至今记忆犹新。

《四唐人集》又名《唐人四集》《唐四名家集》，为毛晋所编，书中收唐中期诗人李贺、晚唐诗人吴融、唐末诗人杜荀鹤及唐代窦氏五兄弟所撰《李长吉集》《吴子华集》《杜荀鹤集》《窦氏联珠集》四种。查《中国古籍善本总目》集部总集类，著录如下：

《唐人四集》十二卷，明毛晋编，明崇祯毛氏汲古阁刻本，十二行二十字，细黑口，左右双边，版心镌汲古阁。《歌诗编》四卷、《集外诗》一卷，唐李贺撰；《唐英歌诗》三卷，唐吴融撰；《唐风集》三卷，唐杜荀鹤撰；《窦氏联珠集》一卷，唐窦常等撰。[七]

《四唐人集》不仅选诗上乘，而且版刻极精，为毛氏精刊精印本之一，且传世不多见。郑德懋赞曰："《四唐人集》内唯《唐英歌诗》一种最为善本……然则汲古此本真秘宝也。"[八]今人杨成凯先生亦赞曰："汲古阁刻过很多唐、宋、元人诗文集，版本大抵精善，一般汇为丛刻行世，今日都不多见，故老相传《四唐人集》独为难得"[九]，可见存世之稀。

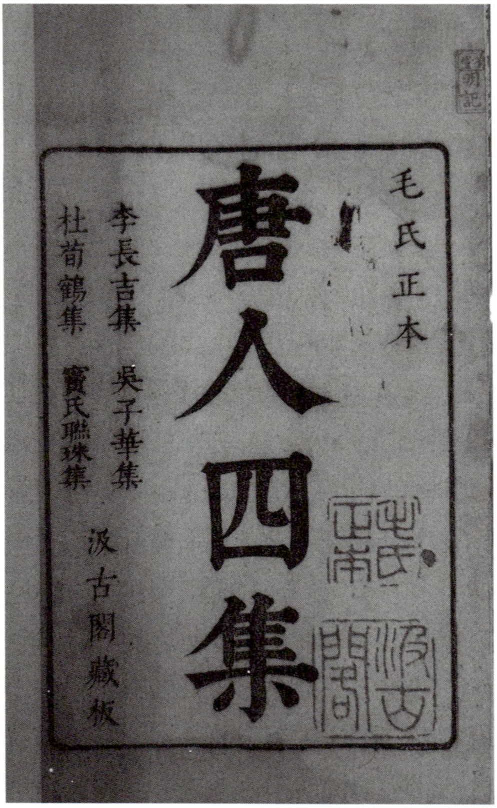

《唐人四集》
明毛氏汲古阁刊本

近日，我在中国书店来薰阁店见一金镶玉本《唐人四集》，牌记上刻印有“毛氏正本”“汲古阁藏板”等字样，为汲古阁刻印本；又在北京海王村拍卖公司见一线装本《唐四名家集》，牌记上刻印有“汲古阁正本”“吴门寒松堂藏板”等字样。前者牌记自上而下为三列，右侧刊印“毛氏正本”四字，中间为大字“唐人四集”，左侧上部双行印“李长吉集、吴子华集、杜荀鹤集、窦氏联珠集”，下部单行印“汲古阁藏板”五字，并钤盖朱色阳文“毛氏正本”“汲古阁”印章各一方；后者牌记自上而下为四列，右侧刊印“汲古阁正本”五字，中间大字印“唐四名家集”，左侧双行印“窦群联珠集、李贺歌诗集、杜荀鹤唐风集、吴融唐英歌集”，再左侧印“吴门寒松堂藏板”七字（“板”字已残缺），并钤盖朱色阴文“寒松堂藏书记”印一方。

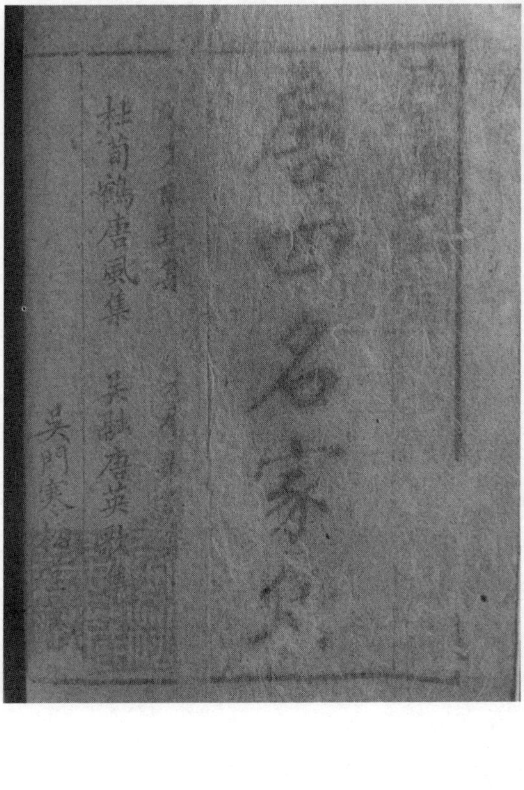

《唐四名家集》
明毛氏汲古阁刊吴门寒松堂印本

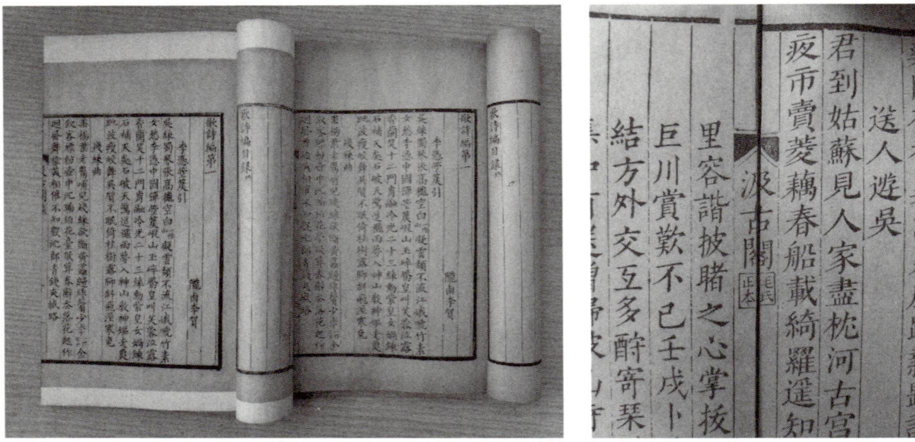

左侧为明毛氏汲古阁刊本，右侧为吴门寒松堂印本，两者对照书版完全一致

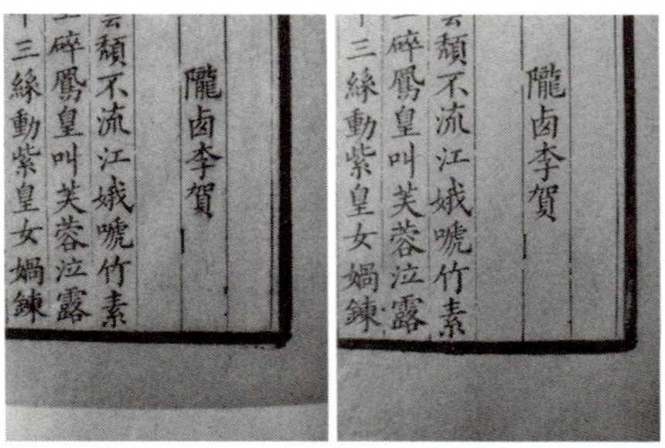

《歌诗编第一》局部
左侧为毛氏汲古阁刊本
右侧为吴门寒松堂印本

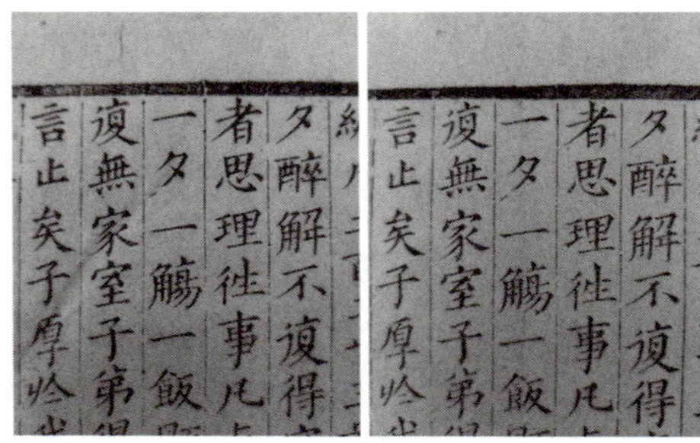

《李贺歌诗集序》局部
左侧为毛氏汲古阁刊本
右侧为吴门寒松堂印本

我将两部书放在一起逐页比对，发现不仅版框尺寸一致，行格、字数、边框也相同，而且版心中刻印的象鼻及“汲古阁”“毛氏正本”等字也完全一致。再细细查看文中字体，勘比细微之处，发现两部书不仅字体完全一致，就连细微之处所留痕迹也完全相同。在此略举例一二，以物证之。如汲古阁刻本中的《歌诗编第一》首叶第 2 行下部 “陇西李贺”的“贺”字左下侧行格细线处，有一明显断开痕迹以及约近 1 厘米的粗线；而吴门

寒松堂本亦相同。再如汲古阁刻本中《李贺歌诗集序》首叶第九行上部“一夕一觞一饭”中的“夕”字撇笔下部，有隐约可见断开痕迹；吴门寒松堂本中的“夕”字也完全相同。这一切都说明这两部书是完全出于一套书版，即使用的是明崇祯年间毛氏汲古阁所刻书版刷印而成。由此可知，毛晋所刻《唐人四集》书版并未劈薪煮茶，而是不知在何时已归吴门寒松堂所有。而寒松堂主人在得到汲古阁所刻书版后，将原牌记撤出，换上刻有“吴门寒松堂藏板”款识的牌记，并将书名更改为《唐四名家集》后继续刷印发行。而书中的文字，包括版心中刊刻的“汲古阁”“毛氏正本”等字，以及每集后毛晋所写跋文等均未修改或铲除，仍保留了汲古阁刻本的原貌。

查阅公藏目录，检得国家图书馆藏有清因树楼印本《四唐人集》中《歌诗编》，书首牌记自上而下三列，右侧刊印“毛氏原本”四字，中间为大字“李昌谷诗”，左侧下部印“因树楼藏板”五字，右下侧钤盖阴文“紫霞山人洪曲豁校勘”印。通过比对细微断裂痕迹，发现此所用书版亦为汲古阁所刻书版，只不过是比寒松堂本更晚些的印本。我又检得苏州图书馆、辽宁省图书馆分别藏有因树楼印本《四唐人集》中《唐风集》《唐英歌诗》两部书，书首均镌有独立牌记，唯中间书名不同。可知洪氏在得到这部书版后，又将每种增刻独立牌记，作为单刻本独立印行。另外，国家图书馆所藏因树楼印本《松陵集》也有相同制式的牌记，当是同时所为。

因树楼主人洪振珂，号曲溪，安徽歙县人，寓居扬州，大约生活在清康熙中期至乾隆前期。与兄振玉、弟振瑛共同辑有《因树楼赠言》。洪振珂似乎对汲古阁书版情有独钟，除了上面提到的《唐人四集》和《松陵集》外，我还发现他以“因树楼”之名所印汲古阁刻本还有《词苑英华》（吉林省图书馆、湖南省图书馆等藏），《唐人六集（唐六名家集）》（辽宁省图书馆藏），《唐三高僧诗》（山东图书馆藏）等，其中《词苑英华》书首有乾隆十七年（1752）修版重印自序，曰“去年冬，购得毛氏汲古阁《词苑英华》原版，喜其字画尚无漫漶”云云。由此可见，毛氏所刻书版在漫长的历史岁月中曾几度转换主人，而并非寒松堂一家。

至于吴门寒松堂主人具体是何人名号，我无从查考，只能推知为清初苏州地区购得汲古阁部分版片并整理刷印者。有人将之与清初的刑部尚书魏象枢联系起来，魏氏虽斋号寒松堂，但其是河北蔚县人，且一生轨迹与苏州无涉。另有明季诸生费誓，字仲雪，堂号亦为寒松，著有《寒松樵传》《寒松亭稿》，且是明末清初吴江人。《苏州府志》载其“不遇，弃儒冠，服野服。年五十卒”，这显然与斥巨资购买书版并印书的寒松堂主人大相径庭。而且寒松堂用汲古阁书版所印之书除《四唐人集》外，还有《松陵集》《诗词杂俎》《中州集》《唐人六集（唐六名家集）》等。这些书的书首也均有统一制式的牌记，并钤“吴门寒松堂藏板”印。后《松陵集》《唐人六集（唐六名家集）》书版转归因树楼，我认为应与《四唐人集》书版同时。

“焚板煮茶”之说能流传数百年，且影响极广，其原因我以为约略有四：

其一，“焚板作薪”乃是书版常有之厄运。自宋元以来，便有无数书版毁于战火或动乱。入清后，在“文字狱”中更是不乏其事，如乾隆四十一年（1776）档案中记载，禁书版片需要销毁，先交武英殿查验，对于两面刻字的书版，因为铲去字后过薄而无法再利用，故而“照本殿废板之例劈碎，交琉璃厂作为硬木烧柴之用”[十]。我 1977 年进入中国书店工作时，也曾亲眼见到店内的木匠师傅将书版劈薪作柴。可见书版被焚自古至今都有发生。

其二，因信息闭塞而产生误传。过去信息交流极为不畅，而文人大多碍于情面，又不愿意让自己变卖祖业之事为外人所知，故使得各种猜测与不实绯闻流传于民间。如毛晋曾为明末官员、学者王象晋刻印《诗余图谱》三卷、《秦张两先生诗余合璧》二卷，并将其收入丛书《词苑英华》。但到清康熙间，王象晋孙王士禛在其所著《分甘余话》中言及此书“今版皆毁于兵燹”。但实际上整套《词苑英华》版片都保存在世，并在乾隆年间为洪振珂购得，经过修版后重印流传于世。我认为，王士禛既是作者的后人，又与刻版者子辈为同时代人，怎会不知书版存亡的真实情况？无论他是有意避讳，还是当真不知，结果都使人们从《分甘余话》中得到了错误的信息。由此可见，百余年后迁居常熟的“外人”郑德懋想获取汲古阁旧版存亡的真实情况是一件多么难的事。

其三，“相传”二字被疏忽。郑德懋所著《汲古阁刻板存亡考》，为研究毛氏汲古阁刻版的重要参考书。书中记载了汲古阁二十五种刻版的流转、存亡情况，且大多清晰具体，这些无疑都增加了其可信度[十一]，故后人常以此为据。而针对“焚板煮茶”说，查看原文就会发现郑氏在解释此说来历时特冠以“相传”二字，可见他当时也是从道听途说中获悉此说。只可惜后人谈及此说时，往往将“相传”二字省略，只津津乐道于“焚板煮茶”，从而一误再误，让这个错误的传说延续了数百年。

其四，众人的误引误导起到了极大的作用。近人叶德辉所著《书林清话》被业内视为“国内第一部有系统的书籍史”，可见其影响之大。书中转载郑德懋有关汲古阁书版的流向及存亡本无过错，但是后人凡讲书林掌故趣闻，或谈汲古阁刻书史，或论藏书聚散以及子孙不能守祖业等，则必提“焚板煮茶”，似乎这已经成为了板上钉钉的事实。近代词人况周颐在《餐樱庑随笔》中，便将“焚板煮茶”写进了“藏书家败德佹行记”篇中，并评论其比前文所举的三人“为犹愈矣”[十二]。又如，民国版本目录学家陈登原在其所著《古今典籍聚散考》卷三“汲古阁子孙”一条下，引载了郑德懋的原文，并由此生发了一番议论和感慨[十三]。再如本文前面所举叶昌炽诗句。由此可见，众人误引误导的宣传力度，终致“焚板煮茶”说成为整个藏书界无人不知无人不晓的负面案例。

此前，也曾有研究者指出“焚板煮茶”说为误传。如杨成凯先生在多年前就指出“过去有一些误传也有待纠正，例如书林盛传《四唐人集》书版为毛晋的孙子劈为薪材煮茗，其实纯系讹传，此版与《诗词杂俎》后归吴门寒松堂，今有寒松堂印本为证。”[十四]但是杨先生的论述在藏书界似乎并未引起更多人的重视。今写此文，并配以汲古阁本、寒松堂本二书图影再次加以说明，则更可从感知上给诸位留下印象，从而加深对此误传的了解与更正。

2023 年 12 月 8 日，《唐四名家集》在北京海王村拍卖公司举办的中国书店秋季拍卖会上以 3 万元底价进行拍卖，最终以 14.5 万元落槌，再加上佣金，成交价高达 16.675 万元。

［一］〔清〕郑德懋：《汲古阁主人小传》（附于《汲古阁校刻书目》卷前），清道光顾湘刻同治补刻小石山房丛书本，第1页。

［二］〔清〕郑德懋：《汲古阁主人小传》（附于《汲古阁校刻书目》卷前），清道光顾湘刻同治补刻小石山房丛书本，第1页。

［三］〔清〕郑德懋（1767—1852），原名希乔，字应云，号枚和、闻筝道人，晚号荥阳悔道人。原籍荥阳（今属河南），后迁居昭文张墅（今属江苏常熟）。清代藏书家、版本学家，诸生。平生藏书万卷，博学强记，著有《汲古阁刻板存亡考》等。

［四］玉蟹泉，位于虞山西北麓老石洞前，秦坡涧上。黄廷鉴（1762—1842）辑《虞山续记》载："秦坡涧上山之自西折北处，穴如罂口，喷沫如蟹口状，故名玉蟹泉。"现泉水已枯，尚有残迹留存。

［五］〔清〕叶德辉：《书林清话》，复旦大学出版社，2008年，第169页。

［六］〔清〕叶昌炽：《藏书纪事诗》，古籍文学出版社，1958年，第179页。

［七］翁连溪：《中国古籍善本总目》，线装书局，2005年，第1689页。

［八］〔清〕郑德懋：《汲古阁主人小传》，清道光顾湘刻同治补刻小石山房丛书本，第2页。

［九］杨成凯：《古籍版本十讲》，中华书局，2023年，第208页。

［十］朱赛虹：《武英殿修书处藏书考略——兼探四库"存目"等书的存放地点》，《文献》2000年第2期，174页。

［十一］国图所藏抄本《汲古阁刻板存亡考》载有二十七种书版的存亡情况，无《梵本翻宋板华严经》《指月录》；而《五唐人集》《六唐人集》《唐三高僧诗》《吴郡志》四种为刻本所无。

［十二］〔清〕况周颐：《民国笔记小说大观》第1辑《餐樱庑随笔》，山西古籍出版社，1995年，第129页。

［十三］陈登原：《古今典籍聚散考》，商务印书馆，1936年，第429页。

［十四］杨成凯：《古籍版本十讲》，中华书局，2023年，第208页。

初写于2023年11月7日

修订于2024年2月15日

说明：本文与中国书店李泽明共同撰写。

明版《元本出相点板琵琶记》拍卖随笔

唐诗、宋词、元曲，分别为我国唐、宋、元三代优秀传统文化的代表之一。元末高明创作的《琵琶记》，是中国戏曲史上影响极大的杰作之一，后人往往把它与王实甫的《西厢记》相提并论，将二者视为南、北剧的代表作。它的诞生，振兴了一度由于北曲杂剧南移而衰落的南戏，使其走向成熟与完善，并为南戏逐渐发展到明清传奇奠定了基础。因此，它被明人尊崇为“南曲之首”“传奇之祖”。

由于《琵琶记》代表着南戏的极高成就，它的出现使南戏获得了堪与元杂剧媲美的地位。因此，自其成书以来，不断地被传抄、翻刻，由此产生了各种不同的版本，而这些刻本之间又往往出入很大，在内容、语言、曲律、行当角色等方面都有差异。既有接近高氏原貌的，被称之为“原本”或“元本”“古本”，还有具有明显传奇化新特征的，被称之为“时本”或“通行本”。其卷次分合亦各不相同，通常所见为二卷本和四卷本，三卷本传世较少。查《中国古籍善本总目·集部》第1884页，著录有明万历二十五年（1597）汪光华（即汪云鹏）玩虎轩刻本、明刻附《释义》本及明刻本三种，行款版式均同，皆出自玩虎轩本。

2014年夏末，公司从民间征得明刻三卷本《琵琶记》一部。开卷观览，此书半叶10行，行22字，注小字双行，行低一格21字。白口，四周单边，单鱼尾。首刊《新校琵琶记始末凡例》，次目录，题《元本出相点板琵琶记》。

全曲分四十二出，并附双面连式故事情节版画三十六幅。版画雕刻无论是人物线条，还是景物设计，均风格遒劲，刀刻极富变化，给人以飘逸潇洒、栩栩如生的感觉。但是这巧夺天工的刻手是何人？书中并未留有刻工的姓名。与明万历玩虎轩刻本相比对，发现插图几无二致，因此疑此书为汪氏原版归其他书肆后所印，而并非翻刻。郑振铎先生在其所著《中国古代木刻画史略》一书中不仅赞玩虎轩刻本的插图“极精妙而多有变化，线条已是粗细并用，不再是纤细的一线到底了”的同时，亦推测“其刻工不知为何人，可能也是黄氏伯仲辈，至少其为徽派木刻画家之一则无可疑”。

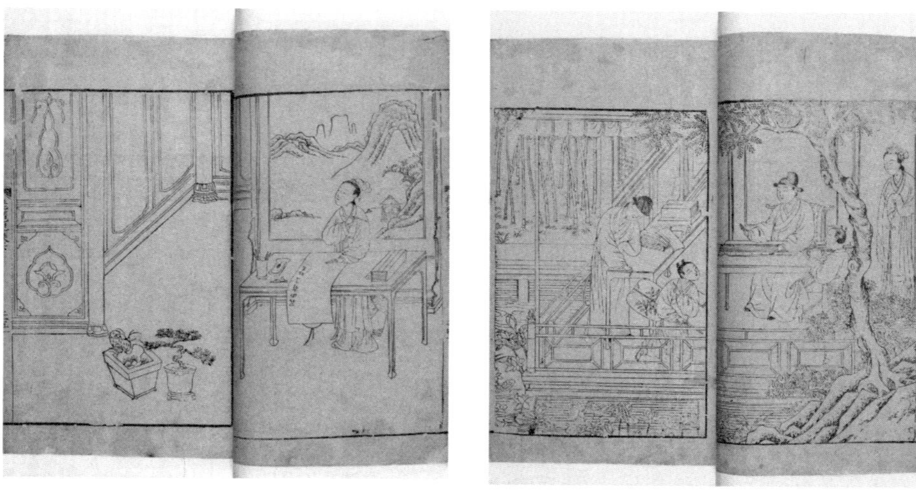

明刊本《元本出相点板琵琶记》插图

玩虎轩为明万历间徽州名肆汪云鹏斋号，所刻《养正图解》《琵琶记》《西厢记》《有像列仙传》等书皆以版画精美传神而脍炙艺林。参与雕版者黄一楷、黄一凤、黄一彬等均为当时徽州著名的刻工。郑振铎先生曾对这些明代徽州地区的刻工做过如下高度评价：“他们是中国木刻画史里的‘天之骄子’，是成为万历的黄金时代的支柱。”“他们像彗星似的突然出现于木刻画坛上。”“他们的出现，使久负盛名的金陵派、建安派的前辈先生们为之黯然失色。”正如郑先生所评，书中的每一幅版画均可称得上是中国古代戏曲版画插图中的艺术瑰宝。如《南浦嘱别图》不仅构图完美，留白精妙，动静相宜，而且用纯熟的涩刀技法及不多的笔墨使整个场面情景交融，对主人公的离愁别绪，伤春悲秋之情刻画得无不入微，游刃之间，生动婉丽，意境缠绵悠远。即使在黄氏刻工纵横版画艺苑的黄金时代，类似的作品也是不多见的，真可谓是徽派版画史上最负盛名的杰作之一。

明刊本《元本出相点板琵琶记》插图

至于此书在《琵琶记》历代版本流传中是属于“古本”之列，还是属于“时本”，为了搞清楚这个问题，我将此本与明末汲古阁所刻《绣像琵琶记定本》进行对比，发现每出剧目的标题十分接近，仅第二出汲古阁本作《高堂称寿》，此本为《高堂称庆》；第十出汲古阁本作《杏园春宴》，此本为《春宴杏园》；第十九出汲古阁本作《强就鸾凤》，此本为《强就鸾凰》，其他则毫无区别。而汲古阁刻本为其《六十种曲本》，是《琵琶记》各种版本中通行最广、影响最大的本子。它经过了明人改动，与“古本”系统的版本有很大的不同，故学术界把它作为通行本即“时本”的代表。此次征集到的这个刻本，早于汲古阁本，但又与汲古阁本没有太大的不同。因此我认为这个刻本应是《琵琶记》从“古本”逐渐演变为“时本”流传过程中的一个过渡本子。再联想到，此本是否应是汲古阁本的祖本呢？我不敢断定，还期待着学者对它展开更深的探讨与研究。此外书中自始至终天头上写满古人墨笔批校，文中间有朱笔圈点。细读之，注释之精雅，文词之深奥，绝非我辈所能，也颇值得有关专家研究考据。

此书列入中国书店2014年秋季拍卖会第695号，参考价50万元至60万元。拍卖时自45万元起拍，经过十次竞价后，最终以55万元落槌，也昭显了它在收藏家心中的地位。

（此文的撰写得到上海藏书家王德先生大力协助，在此深表感谢！）

初写于2014年10月

修订于2016年2月

众里寻他千百度

—— 记明崇祯写本《花史》

《花史》一书为明崇祯时吴彦匡所著，《钦定四库全书总目》卷一百十六子部二十六谱录类存目中有著录，然至今确从未见过原本。时任北京农业大学图书馆馆长王毓瑚先生在他所著的《中国农学书录》中写道："其书不曾见到，不能断言是否纯属品花之作。因书名也作《花史》，附记于此，不另著录。"中国农业博物馆研究员闵宗殿先生在其所著《明清农书待访录》中亦言，吴彦匡著《花史》目前还存佚未卜，需要做进一步的查访和核实。

明崇祯写本《花史》

2016年6月，我们“1983年全国古旧书业务培训班”部分同学聚会成都青城山。活动结束后，我独自一人前往成都古旧市场，看望古旧书业的朋友。步入一家书店，老板见我颇为惊喜，言道：“已经多年未到北京，想不到您还来看望我。”为表谢意，即拿出善本数部，让我一饱眼福。其中一部名为《花史》的书便在其中，令我颇为好奇。两个月后，书到案头，细细观看，记述如下：

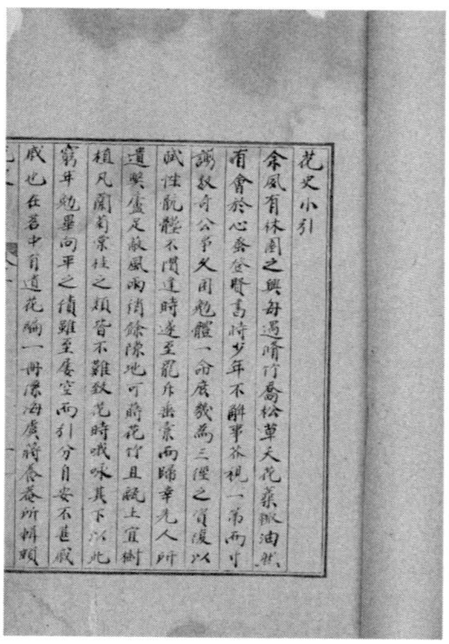

明崇祯写本《花史》
内《花史小引》页

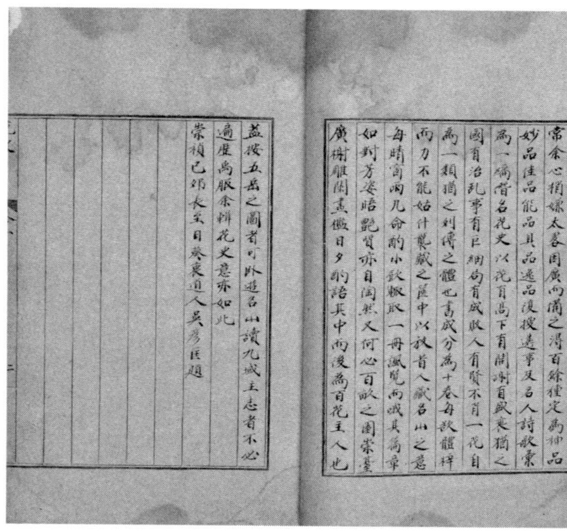

明崇祯写本《花史》
内写有“崇祯乙卯厂至日葵衷道人吴彦匡题”款识页

《花史》十卷，吴彦匡撰（以下简称“吴本”），按天干分为10册，墨笔楷体书写，字体工整。书高27.8厘米，宽18厘米；书内半框高18.6厘米，宽13.5厘米。半叶9行，行20字，四周双边，上单鱼尾。首收《花史小引》，落款书“崇祯己卯长至日葵衷道人吴彦匡题”，再收《花史凡例》，后为《花史目录》，分为十卷。卷一、卷二为神品，卷三为妙品，卷四、卷五为佳品，卷六、卷七为能品，卷八为具品，卷九为逸品，卷十为百花总汇。每卷开始均署有“明永嘉吴彦匡葵衷著”九字落款。吴氏在《凡例》中言：“此史实权舆于海虞蒋养庵之《花编》与云间曹介人之《花品》。蒋先释名次、故事，又次吟咏、体裁，颇当。但太略耳。《花品》止有品目，亦觉廖寂。若陈四可之《灌园史》，吕恒吉之《花政》亦各有短长，兹或录其数段，或摘其精语，皆此史之前茅也。”在《小引》中又言：“海虞蒋养庵所辑颇常，余心稍嫌太略，因广而备之。得百余种，定为神品、妙品、佳品、能品、具品、逸品，复搜遴事及名人诗歌，汇为一编，僭名《花史》。以花有高下，有开谢，有盛衰，犹之国有治乱，事有巨细，局有成败，人有贤不肖。一花自为一类，犹之列传之体也。”

据以上所记，考据如下：

其一，《小引》落款“崇祯己卯”年，为明崇祯十二年，即公元1639年，也就是说此书完成于明朝灭亡前5年。

其二，吴彦匡，字子范，号葵衷，永嘉（今属浙江温州）人。明万历十九年（1591）举人。《温州历史年表》中仅有此记载，其他生平不详。

其三，书中内容正如作者所言，不仅介绍百余种植物的品种、种植、产地，还介绍与其有关的著述、轶闻、药用等，并征引《本草纲目》《遵生八笺》《酉阳杂俎》等诸书以及唐宋元明多位大家题咏。考据之详，引用之广，前所未见。

其四，此书写成之后，吴氏因“每欲体梓，而力不能，姑什袭藏之箧中，以放昔人藏名山之意”，故未有刻本传世。

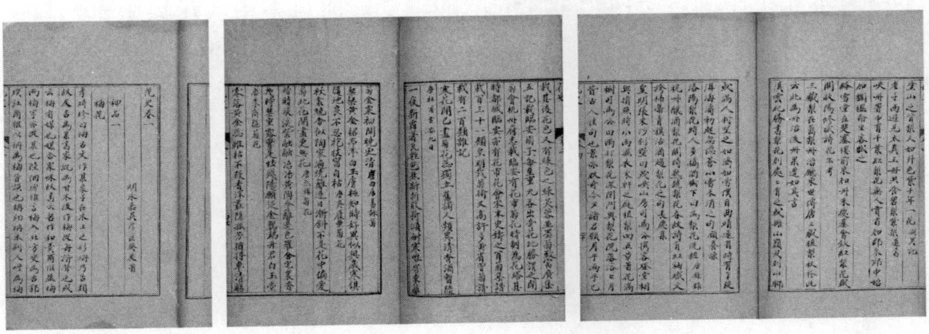

明崇祯写本《花史》首页及内页

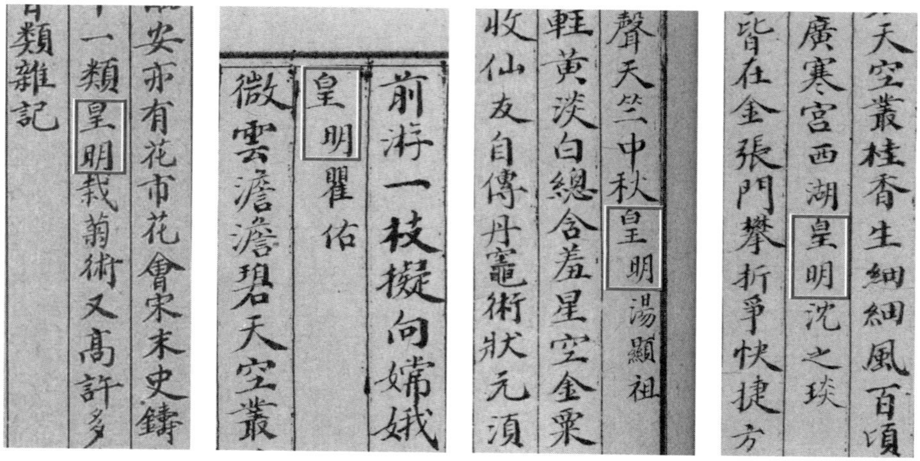
安亦有花市花會宋末史鑄
一類皇明栽菊術又高許多
類雜記

前游一枝擬向嫦娥
皇明瞿佑
微雲澹澹碧天空叢

聲天竺中秋皇明湯顯祖
軽黄淡白總含羞星空金粟
收仙友自傳丹竈術狀元須

天空叢桂香生細細風百頃
廣寒宮西湖皇明沈之琰
皆在金張門攀折爭快捷方

明崇祯写本《花史》中写有大量“皇明”二字的部分篇章局部

其五，书中“贞”“慎”“弘”字均未避讳，可证其书写时间早于清康熙、雍正年间。而大量“皇明”二字的存在，更可证书写时间应在入清之前。

其六，国家图书馆藏有《花史》两部，我前往调阅，一为明万历间浓淡两色墨套印本，全书按春、夏、秋、冬分为四卷，缺首卷。二为清代写本，每卷目下属“南昌黄文星子威著”款识（以下简称“黄本”），上有长乐西谛藏书印，为郑振铎先生捐赠之物。经核对，明万历间浓淡两色墨套印本与吴本完全不同，是两个毫无关联的本子；而黄本内《花史小引》与吴本完全一致，仅“花竹且瓯上宜树”句中的“上”字黄本误写为“土”字，“每欲体梓”中的“体（體）”字黄本写为“礼（禮）”字。但是署名“黄文星自题”5个字不仅有着明显的挖改后写痕迹，而且墨色也与抄文不同，一看就知必有问题，此书到底为何人所作，还有待进一步考证。

其七，此前有人认为黄本是依据吴本抄写而成，但是经我仔细核对，发现二书并不相同。仅举以下几例说明：卷二“兰”章，吴本记“而短玉干名秋兰。云都梁有山，山下有水清浅，其中生兰草，因名都梁香。都梁，今之武冈州也，又临淮盱眙县。亦有都梁山产此香兰，乃春草能不祥”。

而黄本仅有“而短玉干名秋兰，最香。又有一干数花，纯紫，花不香，此种可不蓄也”。又如“菊”章，吴本开始语是“李时珍曰：菊，本作菊，菊穷也”句；而黄本则增加“《尔雅》云： 蘜治蘠，郭璞注云，今之秋华，菊也”等字，然后再加入“李时珍曰”句。除此以外黄本还增加“种法”“附方”等内容，同时删除了吴本中“唐末贼黄巢五岁时其祖父赏菊作诗……”句，及“宋末史铸之《百菊集谱》再百三十一类，皇明栽菊术又高许多，黄省曾《菊谱》载有二百类”句。再如“桂”章，黄本增加选自《吕氏春秋》《拾遗记》《东坡诗注》《列仙传》《神仙传》《庐山记》《天宝遗事》《洞冥记》《晋史》《世说新语》《传灯传》《艳异编》等书的咏桂花文章，同时将写有“皇明”汤显祖、瞿祐、沈之琰等人咏桂花的诗文全部删除。此外黄本在所记各种花卉后更多地增加了医疗药用的介绍，这是吴本中所没有的。鉴于此，我认为黄本应是入清后在吴本的基础上进行了大量增删而写成的又一部不同本子的《花史》。

其八，查《钦定四库全书总目》，书内著录：“《花史》十卷。内府藏本。明吴彦匡撰。彦匡爵里未详。是书盖本常熟蒋养庵《花编》、松江曹介人《花品》二书，推而广之，得百有余种。每花为一类，各加神品、妙品、佳品、能品、具品、逸品标目，附以前人遗事及咏花诗歌。大都以意为之，所品第不必皆确也。”即《花史》是依据蒋养庵所著《花编》及曹介人所撰《花品》为基础编辑而成。但是吴本中吴彦匡在“凡例”中还提到此书也参阅了陈四可所著《灌园史》与吕恒吉所著《花政》二书，并“或录其数段，或摘其精语”，可见《钦定四库全书总目》对《花史》所作著录亦有不足，极有可能是因仅见《凡例》而未见《小引》所误，也有可能并未见到吴本，而据其他本所记。

其九，鉴于书中《小引》落款“崇祯己卯”（1639）年，作者吴彦匡为明万历十九年（1591）举人，故应是吴氏晚年所作。且书中“贞”“慎”“弘”均未避讳，同时存有大量“皇明”二字以及多处引用明朝学者文章实例，更可证明此书完成于明朝末年。由此联想到入清后“文字狱”兴起，此书即使不被禁毁也难逃大量删改，因此持有者便深藏而不面世，故一直以来成为迷踪。更为有趣的是书店老板介绍道，他初见此书时为9册，缺第三册第三卷，当时甚为遗憾。但是三年后无意之间在其他同行书店内巧遇到第三册第三卷，买回后与所存9册相比对，发现竟然是同一部书，其中巧合可真是应了辛弃疾词中那句“众里寻他千百度，蓦然回首，那人却在、灯火阑珊处”。

我将《花史》一书安排在2016年秋季拍卖会上进行拍卖，起拍价38万元，经过竞价，最终以46万元落槌。但是不知何故买，买受人却迟迟未付款提货，最后竟然违约了。后公司与委托人协商，又将此书安排在2018年春季拍卖会上再次拍卖，起拍价改为40万元。不知是提高了起拍价的原因，还是受到上次违约的影响，最终没有成交。即便如此，但我仍认为此书的发现不仅揭开了诸多学者多年来对此书是否存世的疑惑，也证实了国家图书馆所藏署名黄文星者《花史》与此吴彦匡本《花史》是两个不同的版本。总之，此书不仅是有关中国古代植物栽培学、花卉种植学的重要文献资料，也是中国古籍版本中新发现的一枝奇葩，更是目前所知存世的唯一孤本，因此具有十分重要的研究价值与收藏价值。

初写于2016年10月10日

修订于2020年4月12日

杨氏族谱

—— 一部杨开慧家族的族谱

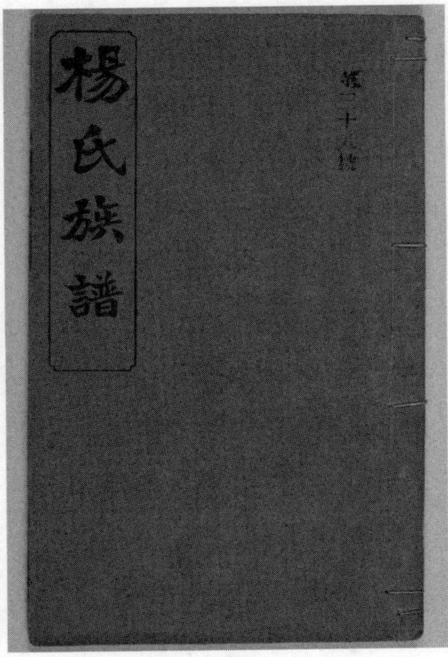

《杨氏族谱》
民国二十四年（1935）铜铃堂木活字印本

2006年，我去江南一带征集拍品。当来到杭州时，清末民初著名金石学家、藏书家吴士鑑（1868—1934）的故居则是必到之处，因为这里已经被改造为一个古玩市场了。1940年代藏书家严子厚创办，后传业给其子严宝善的宝贻斋书店就开办在此处。严宝善先生去世后，由其孙严晨继续维持着太祖创立的这块招牌，继承着家业。

严晨身材不高，虽年纪不是很大，但身材已经略显发福。宝贻斋店堂并不是很大，书架上摆放着一些古旧书及文房四宝类的杂项。稍许相互问候后，便聊起最近见到什么好书，他起身从书柜中拿出厚厚的一捆上下用木夹板包裹的线装书，说：“你看看这部书吧。”打开一看，是一部《杨氏族谱》。由于此前曾经见过几部有关杨氏的族谱或家谱，所以当时并未在意。严晨似乎看出了我的想法，说道：“这可不是一般的族谱，这是杨开慧家族的族谱，里面还记有毛主席呢。”我顿时来了精神，赶紧打开翻看，果然见到了记有杨开慧与毛泽东的那页。但是由于时间有限，不能安下心来仔细阅读，在征得他的同意后，我便将这套《族谱》携带回北京，细细阅读。

《杨氏族谱》扉页

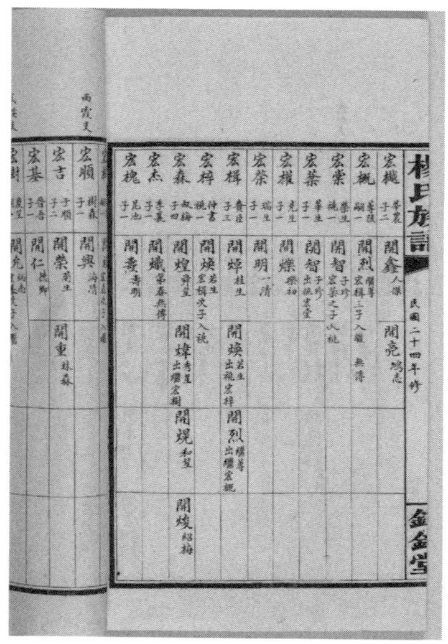

《杨氏族谱》内页

《杨氏族谱》共计三十二册四十二卷，上下木夹板包裹，麻绳捆绑。木夹板上刻有隶书“杨氏族谱”四字，并涂以石绿颜色。书高 28 厘米，宽 17.4 厘米，为中国传统线装书六眼装订法装订。每册书均用赭黄色纸做书皮，封面左侧自上向下印有魏碑体“杨氏族谱”四字。翻开书细细查看，发现文字是用木活字排版刷印，四周文武双栏，单鱼尾，半框高 20.8 厘米，宽 14.6 厘米。半叶 13 行，扣除世袭关系与名字外，人员简历处每行 21 字。版心上部印“杨氏族谱”四字，中部印有卷数、家族支系、页码及“民国二十四年修”等字，下部印“铜铃堂”三字，应为当时的排版印刷书肆。《族谱》从卷一第一世“始迁祖”杨文斌生于明“洪武九年（1376）丙辰十月初一酉时”记起，至第四十二卷“伏滆裔仲莲东溪支”止，共记 121 支系五百余年杨氏家族变迁历史。

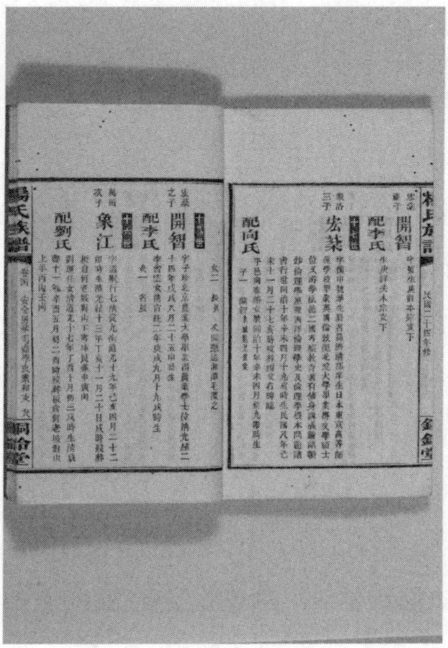

《杨氏族谱》第 77、78 页，记有杨开慧父、母及杨开慧的内容

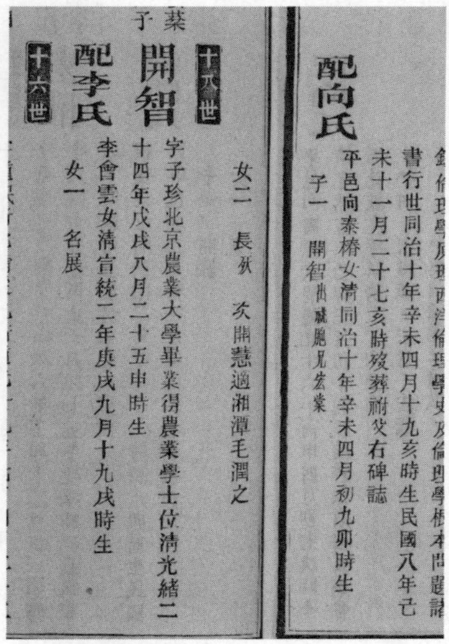

十六世 開智 字子珍北京農業大學畢業得農業學士位清光緒二十四年戊戌八月二十五申時生
女二 長 次開慧適湘潭毛潤之
十六世 配李氏 李會雲女清宣統二年庚戌九月十九戌時生
女一 名展

《杨氏族谱》第 78 页局部，记有毛泽东、杨开慧

翻看至第三十四卷“安全房化名裔学衷素和支”第 76 页，只见这里记有杨开慧曾祖杨万田，万田为杨延泰次子，字巨源，号育吾，庠名万英，清邑庠生。生于嘉庆十五年（1810），卒于咸丰十一年（1861）。配黄氏，生四子六女。第 76、77 页记杨开慧祖父杨象洛为曾祖长子，字书翔，号麓庵，一号书樵，行五，清例贡生。生于道光十五年（1835），卒于光绪十年（1884）。

配向氏，生四子一女，其三子宏棻，即为杨开慧之父杨昌济。第77、78页记杨开慧的父亲杨昌济，谱中书："十七世，象洛三子宏棻，字怀中，号华生，册名昌济，清郡庠生。日本东京高等师范学校毕业，英国伦敦厄（注：族谱中"厄"字左侧加有三点水部首，查字典未见有此字）北淀大学毕业，得文学硕士位，又游学法、德二国，考察教育。著有修身讲义《论语类钞》《伦理学原理》《西洋伦理学史》及《伦理学根本问题》诸书行世。同治十年辛未（1871）四月十九亥时生，民国八年己未（1919）十一月二十七亥时殁。配向氏，平邑向泰椿女，清同治十年辛未（1871）四月初九卯时生，子一开智，女二，长殀，次开慧，适湘潭毛润之。"

从《族谱》中我们可以得知杨开慧曾祖杨万田为"邑庠生"，即清代秀才；祖父杨象洛为长子，以纳捐取得贡生；父亲杨昌济为第三子，亦为清代秀才，并曾留学日本、英国，还到法国、德国进行过考察，是一位受过西方高等教育、追求革命的文化奇人。通过网上搜索，得知杨先生是在清光绪二十九年（1903）东渡日本留学的，至光绪三十四年（1908）肄业后在章士钊等人推荐下，由清政府派往欧洲的留学生总督蒯光典调去英国继续深造。到达英国的杨昌济是在英国五所古典大学之一、位于苏格兰北部的阿伯丁大学（University of Aberdeen）学习的。在此期间他主攻哲学、伦理学和心理学，在度过将近四年的留学生活后，至民国元年（1912）回到国内，开始了教书育人的生活。他支持新文化运动，提倡民主与科学，关心进步青年，促成新民学会的成立。1918年，应蔡元培先生之聘，杨先生任职北京大学伦理学教授。同年，他推荐毛泽东到北大图书馆工作，不仅成为了毛泽东的老师，并促成了爱女杨开慧与毛泽东的婚恋关系，成了毛泽东的岳父。杨氏与妻向氏育有一子二女。子即杨开智，长女即杨琼，不幸在6岁时夭折，次女便是杨开慧。"适湘潭毛润之"，即嫁与湘潭人毛润之，"润之"即毛泽东字。而杨开慧的母亲向振熙亦生于诗书世家，为平邑向泰椿的第二个女儿。

《杨氏族谱》中虽对毛泽东与杨开慧的记述不多，仅有"次开慧，适湘潭毛润之"9个字，但翔实记述了杨开慧的家庭成员以及家族历史的变迁，还有杨开慧嫁与毛泽东的事实。同时我们还可以看到，杨昌济先生不仅博才多学，而且无论是在学识、教育上，还是在思想、行动上，对毛泽东与杨开慧都有重要的影响。此外，谱中还记录有杨开明、杨展等革命英烈及杨德麟、杨毓麟等志士英才的踪迹史料。

《杨氏族谱》印刷于民国二十四年（1935），而杨开慧则已经在五年前的1930年11月14日，在长沙浏阳门外识字岭被军阀何健残忍杀害。而此时国民党对苏区的第五次“围剿”已经结束，中央红军正在被迫实行战略性转移，开始了艰难的长征，可以说此时毛泽东的生与死都是一个未知数。在这样一片白色恐怖笼罩之下，能将毛泽东、杨开慧收入族谱中，不得不说已经是一个十分不易的壮举了。

查《中国家谱综合目录》，里面著录有数十部《杨氏族谱》《杨氏家谱》，但是“铜铃堂”木活字印本则未见著录，而且其他族谱、年谱与此本《杨氏族谱》的出版年代也不相符，可以说，此《杨氏族谱》非彼《杨氏族谱》，更不是《杨氏家谱》。此谱采用木活字刷印，可见印数肯定不多，再加上数十年的历史，应该说目前存世并不多见。

2019年，见到家谱收藏家励双杰先生所写《名人家谱》一文，内记他收藏有民国十八年（1929）绍美堂木活字本《蒲塘杨氏六修族谱》六十卷，为湖南长沙杨开迪等纂修的另一部杨开慧家族族谱。经他鉴定，认为自己所藏为“蒲塘支独修”本，而宝贻斋所藏铜铃堂本则为“三支合修”本。但我认为不论是励先生所藏早于铜铃堂本六年的绍美堂本也好，还是宝贻斋所藏晚于绍美堂本六年的铜铃堂本也罢，二者均是有关杨开慧家族的族谱，因此对于研究杨开慧烈士及其家族的历史具有同样最原始、最翔实的资料，这无疑也为我们研究毛泽东主席的成长、婚姻提供了一定的辅助资料，因此都具有十分重要的意义。所以铜铃堂本《杨氏族谱》仍不失为我所见过众多族谱、家谱中最为珍贵的一部族谱，故写此文以为不忘。

初写于2006年4月28日

修订于2022年3月25日

钓鱼岛是我国固有领土的有力证据

—— 明版《筹海图编》拍卖记

明朝后期，“倭寇猖獗，东南半壁几无宁土”。嘉靖帝派大将胡宗宪镇守江浙，总督浙江、南直隶和福建等处的兵务，以抗击倭寇入侵。胡宗宪（1512—1565），字汝贞，号梅林，南直隶徽州府绩溪（今安徽绩溪）人。嘉靖十七年（1538）进士，历任益都（今属山东）、余姚（今属浙江）知县，后官至湖广道御史、浙江巡按御史、都察院左佥都御史、兵部右侍郎兼佥都御史等职。在主政浙江期间，广招人才，善于用人。在抗击倭寇时，冲锋陷阵，冒死报国。沈明臣、文徵明、徐渭等一大批文人墨客投其麾下，组成了他的智囊团。骁勇善战的俞大猷、戚继光等宿将列其帐下，成为军事主力。历经“小大数十百战”，擒王直、杀徐海，取得两浙抗倭胜利。在此期间，胡宗宪发现了颇有才能的郑若曾，并将其征聘入军中为幕僚，辅佐平倭事宜。郑若曾（1503—1570），字伯鲁，号开阳，江苏昆山人。出身书香之家，自幼受到良好教育，嘉靖十四年（1535）考取进士，凡天文、地理、地图、军事和政治等无不认真研究，但其一生注重实学，对做官丝毫不感兴趣，对朝廷封予官爵坚决不受，晚年潜心于著述，《筹海图编》即为其一。

《筹海图编》，成书于明嘉靖四十一年（1562），凡例中言“是编为筹海而作，必冠以舆地全图者，示一统之盛也”，清楚地表明，这虽然是一

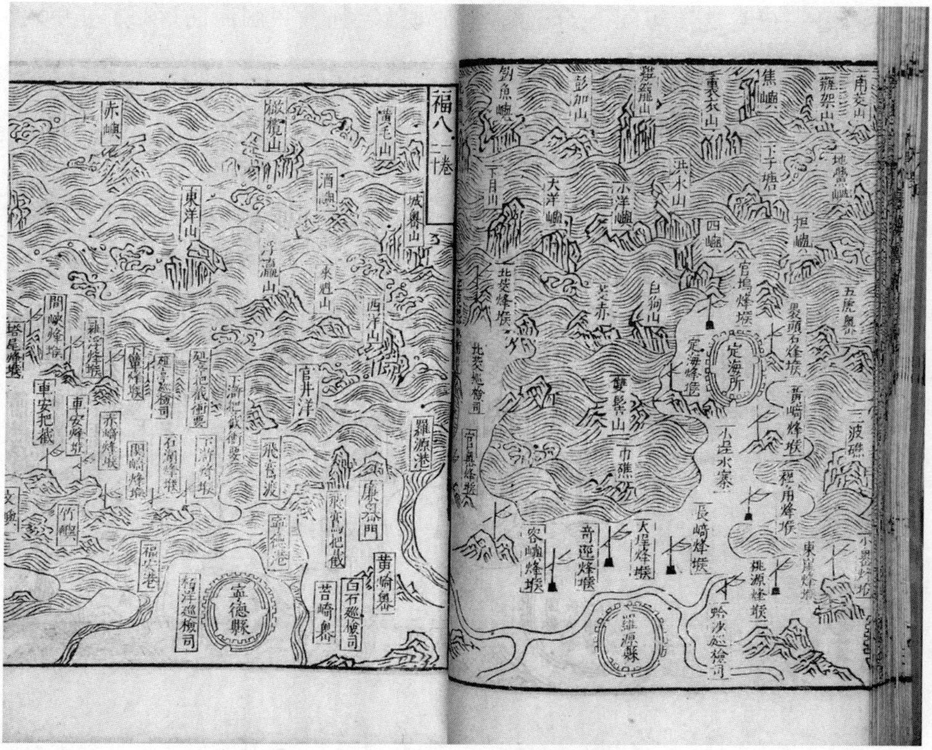

明天启刊本《筹海图编》绘有钓鱼岛页

部全面论述中国海防的专著，但是仍以舆地全图而冠名，其意就是为了昭示书中所谈海洋与陆地是分离不开的，乃是在大明政权统治之下。全书计13卷，记录“海边自粤抵辽，延袤八千五百余里”的倭寇入侵及抗倭计谋，并详细绘制了明朝政府管辖下的沿海岛屿图，钓鱼岛即在其中。书中有关钓鱼岛的记述有两处，其一，位于卷一之“沿海山沙图”中“福建界”第七版图中。图中收“长乐县”“福建省城”“定海所”“罗源县”等福建沿海陆地重地。海中岛屿收“日屿”“月屿”“五虎门”“瓶架山”“鸡笼山”“彭夹山”“钓鱼屿”“化瓶山”“赤屿”等众多岛屿。“钓鱼屿”即钓鱼岛，位于此版图的左上角，左临化瓶山岛，右临彭加山岛。图中清楚地标记，在明嘉靖年间，钓鱼岛等岛屿已经列入中国海防区域，并规划在福建管辖之下。其二，位于卷二《王官使倭事略》一文中“太仓驶往日本针路”段，文中记述了自江苏太仓起航驶往日本的路线及操作。书中文字上部依次刻印途经的“茶山”“大小七山”“滩山”“霍山”“茅山”“升罗屿”“双屿港”“乱礁洋”“九山”“陈钱山”“小琉球”“彭嘉山”“钓鱼山”“黄麻屿”“赤坎屿”“谷米山”“马岛山”“大琉球”等直至日本“大门山”，共计 27 岛屿图。图下文字就行程操作进行了详细的描述，其中小琉球至大琉球的记述为：“小琉球套北过船，见鸡笼屿及梅花瓶、彭嘉山。彭嘉山北边过船遇正南风，用乙卯针或用单卯针或用单乙针，西南风用单卯针，东南风用乙卯针，十更船取钓鱼屿。钓鱼屿北边过十更船，南风用单卯针，

明天启刊本《筹海图编》绘有钓鱼岛页局部

东南风用单卯针或用乙卯针。四更船至黄麻屿，黄麻屿北边过船便是赤屿。五更船南风用甲卯针，东南风用单卯针，西南风用单甲针或用单乙针，十更船至赤坎屿。赤坎屿北边过船南风用单卯及甲寅针，西南风用艮寅针，东南风用甲卯针，十五更船至古米山。古米山北边过船有礁，宜知畏避，南风用单卯针及甲寅针，五更船至马岛山。马岛山南风用甲卯或甲寅针，五更船至大琉球。”书中所绘及所言“钓鱼山”“钓鱼屿”及“黄麻屿”“赤坎屿”，即今所称的钓鱼岛和黄尾岛、赤尾屿。如此详细的记载，雄辩地证明，早在 450 年前中国人就发现、管理了钓鱼岛及其附属岛屿，并将其详细地描述在中国的航海记录中。

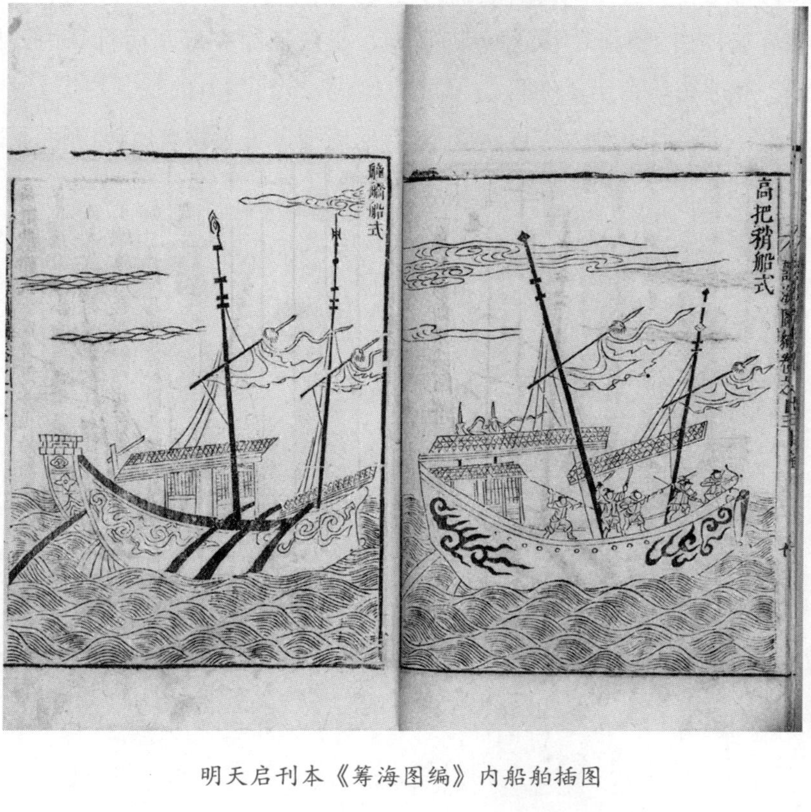

明天启刊本《筹海图编》内船舶插图

明清两朝，鉴于防倭入侵的必要及海防的重要，《筹海图编》一经问世就受到了高度重视。明隆庆六年（1572）、天启四年（1624），清康熙三十二年（1693），皆以明嘉靖四十一年（1562）本为底本进行过翻刻。2012年9月25日，国务院新闻办发表的《钓鱼岛是中国的固有领土》白皮书中亦写道："早在明朝初期，为防御东南沿海的倭寇，中国就将钓鱼岛列入防区。1561年（明嘉靖四十年），明朝驻防东南沿海的最高将领胡宗宪主持、郑若曾编纂的《筹海图编》一书，明确将钓鱼岛等岛屿编入'沿海山沙图'，纳入明朝的海防范围内。" 可见，此书对于中国海防尤其是对于钓鱼岛及其附属岛屿的归属，有着极为重要的历史意义，是钓鱼岛及其附属岛屿自古就是中国领土的重要历史事实依据。

2014年8月，公司从民间征集到明天启四年（1624）刻本《筹海图编》，全书共8册，白纸刷印，历经近四百年，不仅保存完好，而且书内舆图、兵器图、舰船图等皆历历在目。在同年11月29日举办的秋季拍卖会上以3万元起拍，竞买者十余人，最终以16万元落槌，可见物有所值，特记之。

初写于2014年9月30日

修订于2016年除夕前

钓鱼岛是我国固有领土的铁证

——拍卖《琉球国全图·琉球三省并三十六岛之图》记

《琉球国全图》
日本天明五年（1785）印制

《琉球国全图》是日本人林子平所著《三国通览图说》一书中的附图，是目前在中、日史籍中留存下来有关钓鱼岛及其附属岛屿属于中国的重要文献。2012年9月25日，我国国务院新闻办公室发表的《钓鱼岛是中国的固有领土》白皮书中明确写道："日本最早记载钓鱼岛的文献为1785年林子平所著《三国通览图说》的附图'琉球三省并三十六岛之图'，该图将钓鱼岛列在琉球三十六岛之外，并与中国大陆绘成同色，意指钓鱼岛为中国领土的一部分。"可见此图在有关钓鱼岛归属问题上的重要性。

《琉球国全图》出版于日本天明五年秋，即 1785 年秋季，相当于我国清乾隆五十年。2014 年初秋，有藏家将从日本带回的此图送到公司，委托我们拍卖。我细细观看，记录如下：图为长方形，上下高 52 厘米，左右宽 78 厘米，标识方位为上东下西，左北右南。全图先采用雕版刷印，然后分别以肉黄色、黄苔色、黄古铜色、粉色描绘不同国家与地区。琉球国主岛及附属 36 岛屿，包括最南端的八重山群岛、宫古群岛，最北端的奇界岛，西南端的姑米山等绘于全图上部中心及右侧主要部位，以肉黄色标识。中国台湾岛及附属小琉球岛、鸡笼山岛位于舆图右下方，以黄古铜色标识。中国大陆广东省、福建省、浙江省、南京省（即江苏省）、山东省的沿海地区及澎湖三十六屿等位于全图下方，用粉色标识。钓鱼岛及附属赤尾山、

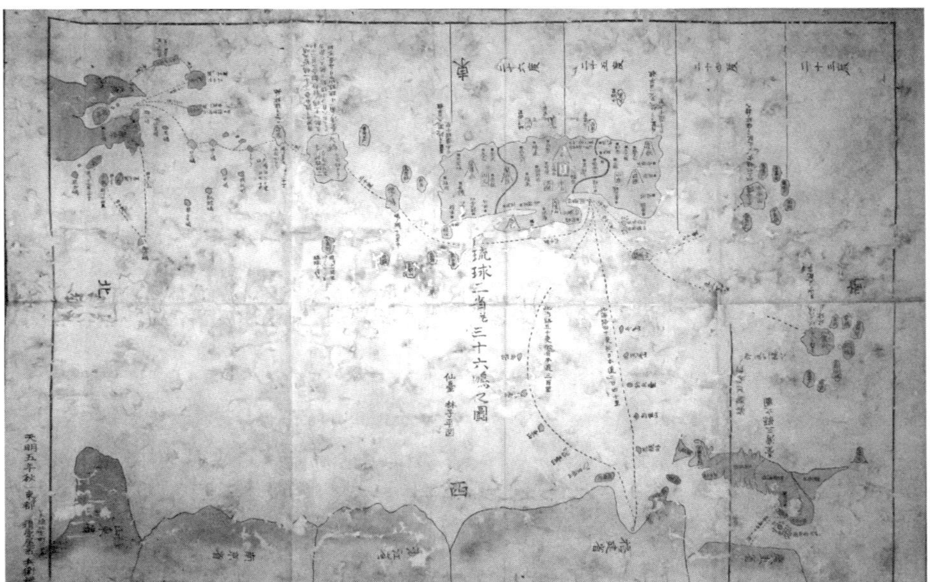

《琉球国全图》
日本天明五年（1785）印制

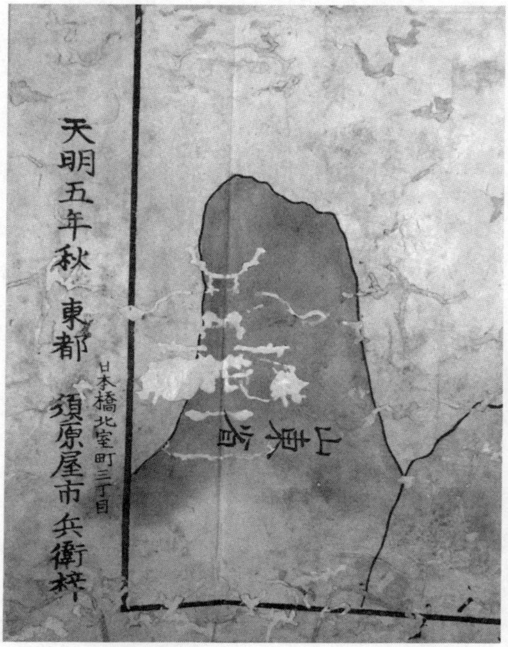

《琉球国全图》局部
日本天明五年（1785）印制

黄尾山等岛屿亦同以粉色标识。日本国的萨摩国（现日本鹿儿岛县西部）及附属岛屿位于图左上方，用黄苔色标识。舆图正中间大字刊印副标题《琉球三省并三十六岛之图》，亦有绘图人“仙台林子平图”款识。出版地为“东都须原屋市”（即现在东京都中心千代田区），详细地址位于“日本桥北室町三丁目”，雕版人署名“兵卫梓”。图上标绘有北纬23度至26度纬线，亦标绘有从中国福建福州至琉球国那霸港的两条海上航道，其一经花瓶屿、彭佳山、钓鱼台、黄尾山、赤尾山航道，图上标识“此海路四十更船日本道二百四十里”。另条经定海所、里麻山、台山、鱼山、凤尾山、南杞山航道，图上标识“此海路五十更船日本道三百里”。

此图的绘制者林子平（はやし　しへい），名友直，字子平，号六无斋主人。日本人。生于日本元文三年（1738），逝于日本宽政五年（1793）。为日本江户时代后期著名政治学者，与高山彦九郎、蒲生君平合称为“宽政三奇人”。其家族世代为德川氏幕臣，父良通（半次郎），通称源五兵卫，在幕府做官，通晓日本历史，著述颇多，后因故被削除藩籍，改姓为林氏，称摩诘。子平自幼在父亲的影响下，喜读历史、地理、兵学、经济等书。自青年时代起四处游学，不畏艰难险阻，视察各处地形，尤重视海防。著有《三国通览图说》《海国兵谈》等。后《三国通览图说》由荷兰人传至欧洲，并被翻译成多国文字出版。林子平逝后葬于日本本州岛仙台市青叶区龙云院，墓地前竖有其全身站立铜像。

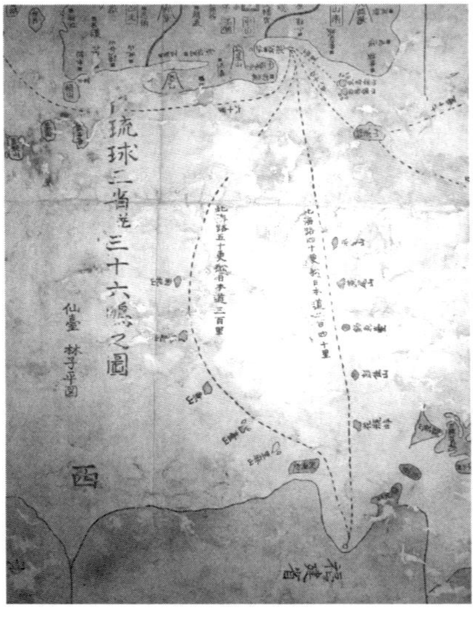

《琉球国全图》局部
日本天明五年（1785）印制
图中标明福建至日本的两条航线
以及钓鱼岛等岛屿的位置

这张由日本著名学者绘图并正式出版的舆图清楚地标明钓鱼岛是属于中国管辖的岛屿，其证据主要体现在以下四个方面。

1. 图中副标题明确、清晰地说明在历史上琉球国附属岛屿为 36 个，钓鱼岛及其附属岛屿不在琉球国所属 36 个岛屿之内。

2. 图中位于中国福建与琉球那霸港之间的花瓶屿、彭佳山、钓鱼台、黄尾山、赤尾山诸岛屿，皆用与中国大陆本土相同的粉色标识，其领土归属十分明确，一目了然。

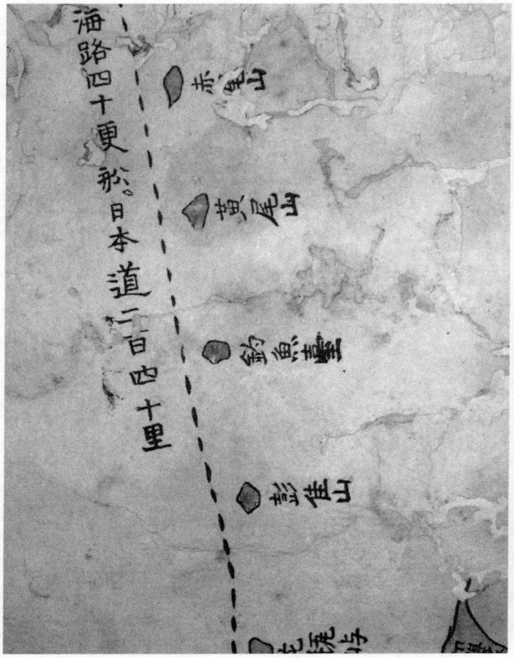

《琉球国全图》局部
日本天明五年（1785）印制
图中钓鱼岛等岛屿绘有与中国大陆相同的颜色

3. 图中钓鱼岛标注的名称为“钓鱼台”，与现在中国台湾、香港、澳门地区对其称呼完全一致。

4. 图中钓鱼岛及附属黄尾山、赤尾山等岛屿的名称与我国现在的标注基本一致，根本不是日本所称谓的“鱼钓岛”以及后来所谓的“尖阁诸岛”。

查 1997 年由北京图书馆出版、北京图书馆善本特藏部舆图组编写的《舆图要录》一书，未收录此图。网上搜索国内各大图书馆，均未见有藏。于是我将此图安排在 2014 年秋季拍卖会上拍，序号 1120，参考价人民币 2 万元至 3 万元，经 10 余轮竞价后，最终以 6.2 万元落槌，买受人为吉林长春的收藏家李海东先生。事后李先生表示，这张图可以表明了钓鱼岛的归属问题，因为它是一个最直接的证据，证明钓鱼岛属于中国。国家图书馆立法和决策服务部张曙光副研究馆员评价说，这张图的价值在于它是一张年代很早的由日本人自己绘制的承认钓鱼岛属于中国的地图，图里标绘的琉球 36 个岛屿中不包含钓鱼岛。中国国际问题研究所研究员杨希雨明确表示，搜集积累各种历史文献，不仅对于外交斗争本身，而且对于我们国家周边的长治久安、和平解决有关纠纷问题，是具有特殊意义的。

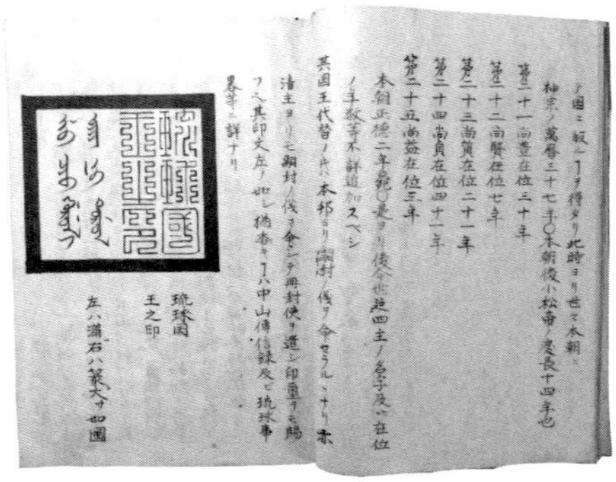

《三国通览图说》
日本写绘本
书内绘有满汉文“琉球国王之印”

自拍卖《琉球国全图·琉球三省并三十六岛之图》始，我就一直在想，林子平所著的《三国通览图说》是一部什么样的书呢？我是否有幸能够看到这部书呢？查阅多家馆藏书目，均未见著录。2020 年初，一个偶然的机会，我突然发现在“孔夫子旧书网”上出现了一册林子平所著《三国通览图说》，不禁大喜，立即购买了下来。数日后书邮寄到手，打开一看，为墨笔日文书写，高 24.5 厘米，宽 17.2 厘米，磁青纸封面，里面则为日本皮纸，共计 50 页。

书首收林子平所写序言，落款时间为“天明五年乙巳秋九月”。书中第一部分题为《朝鲜八道国图》，又名《朝鲜略说》，以介绍朝鲜为主。第二部分题为《琉球三省三十六岛》，又名《琉球略说》，以介绍琉球国本岛、所属三十六岛及琉球国历代君王更替为主，并绘有清政府所赐满汉文“琉球国王之印”御玺图案。依据文内所记，琉球分为三省，中山为中头省，下辖府十四；山南为岛窟省，下辖府十二；山北为国头省，下辖府十。三省下辖府相加，即为三十六府，与《琉球国全图·琉球三省并三十六岛之图》

相符，即钓鱼岛及其附属赤尾山、黄尾山等岛屿均不属琉球国，更印证了这些岛屿在历史上就属于中国的事实。《虾夷国图》，又名《虾夷略说》，内记虾夷国地理位置、风土人情、物产民俗等，后附虾夷国部长、男夷、女夷、儿童、船舟、服饰、刀剑、器物等图三十余幅。虾夷国所在位置即现在的日本北海道，而书中被称之为“虾夷”的人则就是生活在此的原住民阿伊努人。书的最后还附有《无人岛》，又名《无人岛略说》，即现在的日本小笠原群岛，内收地理位置、物产等。书尾写有“右总计五图四说”“天明五年乙巳秋”“仙台林子平图并说”等字，以及林子平所作跋文。

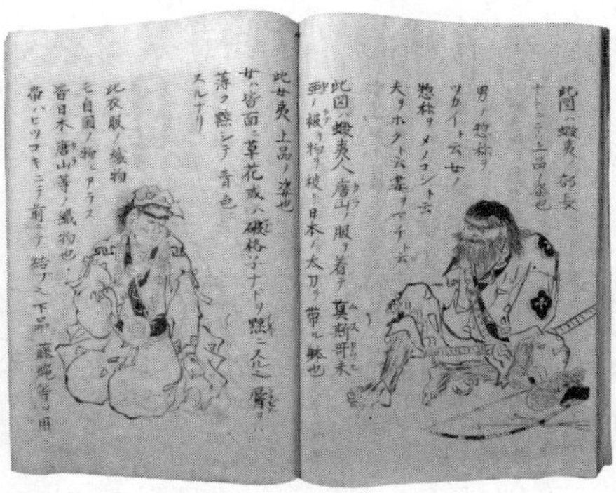

《三国通览图说》
日本写绘本
书内有关虾夷国人的绘图与记述

从“右总计五图四说”中可知此书存有“四说”，而“五图”除去《琉球国全图·琉球三省并三十六岛之图》外，另四幅图应是《三国通览与地路程全国》《朝鲜八道之图》《虾夷国全图》《无人岛大小八十余之图》。我还获知，林子平后来因抨击幕府的锁国政策等而遭受镇压，被押解在江户监禁，后忧愤而死。其所著书籍也全部被没收销毁，其中也包括《三国通览图说》与所附之图，故这是一部今日在日本也很难再寻找到的书了。

初写于 2014 年 12 月 5 日

修订于 2020 年 3 月 15 日

黄金有价书无价

——记《钱梅溪手稿》的拍卖

2010年12月20日，北京建国门外的一家宾馆里，一场拍卖会正在进行。在众多拍品中，一部与钓鱼岛有关的手写稿本《钱梅溪手稿》颇引人注意。最终，经过数次竞价后，以1325万元落槌，再加上买家应支付的佣金，成交价高达1400万元，开创了拍卖以来清人手稿的最高成交价。如果让历史倒退四年，回到2006年的春季，我们就会发现这件拍品曾经以10万元的保留价进行过拍卖，那时此书名为《记事珠》，但是因无人竞买而流拍了。而主持那场拍卖会的正是我，这也是我拍卖生涯中一次难忘的“走麦城”经历。

2006年初春，自称为“小书贩”的彭令[一]来到我的办公室。他从书包中拿出一部装订不是很好的书稿交给我，说这是他在江苏南京朝天宫古玩市场上淘到的，经他研究，是清人钱泳的手稿。我一听，立刻感到十分震惊。钱泳（1759—1844），字立群，号台仙，一号梅溪，江苏金匮（今属无锡）人，清代著名学者。他工诗词，精镌碑版，善书画，著有《履园丛话》《履园谭诗》《兰林集》《梅溪诗钞》等。我细细翻看手稿，全书一册，毛装，共计160余页，高25.2厘米，宽15.8厘米。手稿的封面上墨笔书写着“记事珠”三字，书内衬页上剪贴有同样书写在古色封皮纸上的“记

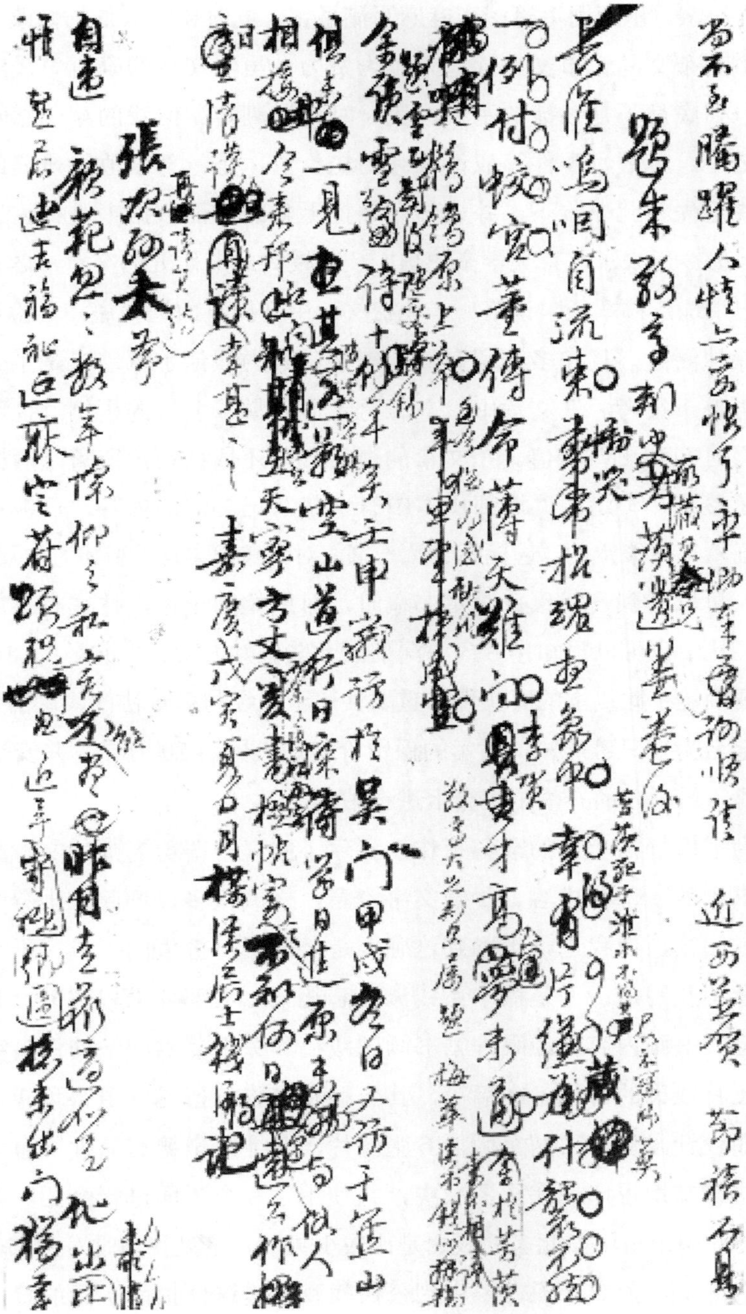

清写本《钱梅溪手稿》

事珠”三字。里面用毛笔密密麻麻写满了字，同时还有大量的修改与涂抹。文章多为杂文与记事文，读起来颇为费力。虽然文字间确有“钱泳”的落款，但到底是不是钱泳的手稿，我一时难以判定。但我的第一感觉是，书内的记事、典故、事件等应该很有历史价值，是一部很值得研究的书。于是我决定先将此书收下，并让彭令寻找更多的考证依据来进行佐证。没过几日，彭令送来了北京大学辛德勇[二]教授对此书研究的文章，题目是《钱泳〈记事珠〉稿本经眼识略》。他在文章中开门见山地写道：“检视此书，满纸涂抹圈改，且在多处留有钱氏署名，其为钱泳手稿，自是了无疑义，毋庸再赘予征考。”文章中，辛德勇老师列举了大量的事例，说明了此书的书写时间和史料价值。在文章的最后，他还依据钱泳所著《履园丛话》进行了鉴定，写道：“这部稿本中有一些杂记见闻的内容，已被钱泳编入道光五六年间编定的《履园丛话》一书。对比《记事珠》稿本与《履园丛话》刊本，可以看到，钱氏在写定书稿时，对原始的记述，往往有不同程度的修改，从中也可以窥知作者内心深处的一些微妙波动。”并举例加以说明。这无疑确定了此稿本的真实性与重要性。于是经与彭令协商，这部手稿的名称就定名为《记事珠》，拍卖的保留价定在人民币 10 万元，并安排在 2006 年 6 月 4 日举办的春季拍卖会上进行拍卖。

为了做好拍卖前的准备工作，我除了阅读辛德勇老师的文章外，还阅读了书中的一部分内容。尽管文字潦草，修改极多，读起来十分吃力，但是通过阅读，使我进一步感到这确实是一部很有价值的手稿。于是在拍卖图录介绍我写道：“是稿本系钱泳备忘札记，大部分未曾刊刻，其中涉及诸多金石书画内容及经眼碑帖书画题跋稿和关于复刻碑帖的许多细节和内幕，还有钱氏的诗稿、文稿等，其史料和文物价值尤其值得珍重。”同时在版面设计上安排了两个版面 6 张图片，在征得辛德勇老师同意后，又将他的这篇文章也印刷在了图录中，共使用了 3 个版面进行介绍。在当时拍卖品的介绍中占用如此多的版面是比较少见的，足见我当时对此书的重视。

临近拍卖前的一天，彭令到公司找我，说这件拍品实际的价值要远远高于 10 万元，看似有些悔意。我立刻猜想他是否有撤拍的打算，如果有，那我前期的准备工作可就都要付之东流了。于是我对他说，我做了这么多工作，付出了这么多劳动，你可不能反悔啊。他一看我是认真的，马上说道，不会的，不会的。拍卖这天，彭令早早地就来到了拍卖现场。当拍卖到这件拍品时，原本坐在后面的他立刻站了起来，颇有几分紧张地环视着整个拍卖场。我站在拍卖台上报出了 10 万元的起拍价，环视全场，无人响应；再次报价，仍无人应答；待报出“10 万元，最后一次”时，全场仍无人应价。只见此时的彭令似乎松了一口气，脸上露出了微笑，转身离去。拍卖会未结束，书就被他取走了。我当时还有些奇怪，他干吗那么着急。谁知拍卖结束后的第三天，我就接到了一个电话，问我流拍的《记事珠》是否可以继续出售，当我告诉他委托人已经将书取走的消息时，他说道：“我刚刚得到你们拍卖的消息，看来晚了一步。”没想时隔两天，这位客户又打来了电话，与我说：“请你问问委托人，我在 10 万的基础上再加些钱，看他是否同意转让。”我立即与彭令进行了联系，他没有同意。数日后这位客户再次打来电话，报出了愿花 30 万元求购此书的意愿，彭令还是没有同意，直至上升到 60 万元，仍被彭令拒绝了。此后不久，即传出此书中有记述钓鱼岛归属中国证据的消息。我打电话询问彭令，他确认了消息的正确性，并告诉我是台湾“中华保钓协会”告知他的。

此后我再次见到这本书时，仔细阅读了这段有关钓鱼岛的描述，它在书内《册封琉球国记略》一文中，记述道：“十三日辰刻，见钓鱼台，形如笔架。遥祭黑水沟，遂叩祷于天后。忽见白燕大如鸥，绕樯而飞，是日即转风。十四日早，隐隐见姑米山，入琉球界矣。”虽然文字不多，但是清楚地记录了沈复等人于嘉庆十三年五月十三日（1808 年 6 月 11 日）辰刻见到钓鱼台（即钓鱼岛），随后祭天后（妈祖），顺利过了黑水沟（即中流海沟），于十四日早晨隐隐看见姑米山，这才算进入琉球国界。换言之，也就是说钓鱼岛并未在琉球界内。这字字有力的记述，是中国拥有钓鱼岛主权的铁证。而日本主张对钓鱼岛拥有主权的理由之一，是日本人古贺辰四郎在 1884 年“发现”该岛的记录，而《记事珠》中所记有关钓鱼岛的时间是 1808 年，比日本人古贺辰四郎所记整整早了 76 年。这其中的历史价值不言而喻。

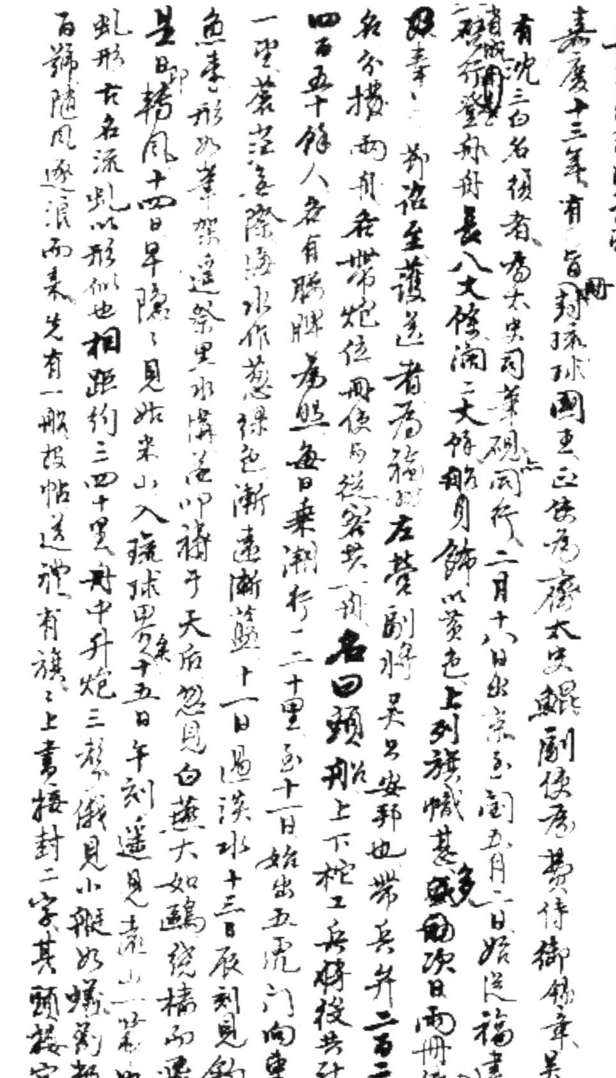

册封琉球国记略

嘉庆十三年，有旨册封琉球国王，正使为齐太史鲲，副使为费侍御锡章，其门人有沈三白名复者，为太史司笔砚，同行。二月十八日出京，至闰五月一日始从福建二号船同行，皆坐册封舟，舟长八丈余，阔二丈余，船身饰以黄色，上列旗帜甚多，两册使奉节诏至，护送者为福州左营副将吴安邦，也带兵弁二百二十名，分拨两船，各带炮位，册使所坐共一船，名曰头号船，上下舵工兵役共计四百五十余人，各有腰牌为照。每日乘潮行一二十里，至十一日始出五虎门，向东一望，苍茫无际，海水作葱绿色，渐远渐蓝。十一日过淡水，十三日辰刻见钓鱼台，形如笔架。遥祭黑水沟，遂叩祷于天后，忽见白燕大如鸥，绕樯而飞，是日即转风，十四日早隐隐见姑米山，入琉球界。十五日午刻，遥见琉球山，一路如虬形，古名流虬，以形似也。相距约三四十里，舟中升炮三声，俄见小艇如蚁，约数百，归随风逐浪而来。先有一艇投帖迎，帖有旗，旗上书“接封”二字，其头接官

清写本《钱梅溪手稿》内有关钓鱼岛的记述

此后，这部手稿引起了众多人的关注，甚至一度传说彭令将它出售给了日本人，还真有朋友发来短信让我询问。看到这么多的消息，我内心也有些着急，便打电话询问彭令。他告诉我是有日本人与他联系过，但是书还保存在他的手中。他十分清楚此书的史料价值，绝不会卖给日本人。

再后来，彭令又对这部手稿进行了改装，由原来最初的毛装本改为了折装本，并在进一步的研究中又发现了新的秘密，书中《册封琉球国记略〈海国记〉》极有可能是失传已久的清代名著《浮生六记》中遗失的卷五《中山记历》的初稿。《浮生六记》是清代文学家沈复[三]所作，是一部被誉为"小红楼梦"的著作。可惜的是与《红楼梦》一样，被发现时也是一部残书，最后两记《中山记历》和《养生记道》已经遗失，但篇目在列。多年来，史学界一直在寻找这两卷的内容。

2008年6月17、18、21、24、25日的香港《文汇报》，连载了彭令撰写的《沈复〈浮生六记〉卷五佚文的发现及初步研究》一文，得到了很多专家的认同。人民文学出版社2010年4月出版了彭令整理的《浮生六记（新增补本）》一书，《册封琉球国记略〈海国记〉》被收入其中。2011年8月，该书荣获2010年度全国优秀古籍图书奖普及读物奖。

《钱梅溪手稿》拍卖结束后三月有余，本应早已落幕的此事突然又成为了新闻热点，传出了此书将要重新拍卖的消息。我一询问，原来是拍卖结束后，买受人迟迟没有付款，最后竟然离奇地"失踪"了，因此这部书无法进行最后的交割。然而，在确定重新拍卖前的几天，又出现了戏剧般的变化，买受人突然出现，他不仅交纳了700万元的首付款，而且与拍卖公司约定余款将在2个月内付清。至于买受人由初期的不付款到付清全款的转变，彭令向我透露是买受人请教了冯骥才先生，冯先生认为此书物有所值，故坚定了买受人付款的决心。中国嘉德国际拍卖公司古籍部原经理拓晓堂先生亦有相同的看法，他在与书友交流时说道："这本书是手稿本，手稿本的价值是多少？《浮生六记》不仅国人很熟悉，日本人也非常了解。除此之外，林语堂先生还曾经把它翻译为英文版本《中国两个女人》，在全球都非常有影响力。而我们知道苏富比曾经拍卖过达·芬奇的一个零散稿本，在十年前的成交价就是3000万人民币。相比而言，中国的藏品书价格跟国际水准还差得很多。”

《钱梅溪手稿》，原名《记事珠》，这册曾流落地摊、看似极为普通的书，没想到里面竟深藏着这么多惊天的秘密，如果从最初彭令从地摊上买到时的价钱算起，短短五年间，这部书的经济价值增长了15000倍，这不仅震惊了收藏界，也似乎印证了“黄金有价书无价”这句古旧书行内俗语的“真理”性，因此有人称彭令为“点纸成金”的人。

事后我还得知，彭令在收到拍卖款后，将一部分钱款捐赠给了中国扶贫开发协会，帮助那些还在贫困线上的人们，兑现了他拍卖前的承诺。有一次我悄悄地问他：“是否可以给我透露点你捐款的具体数额？”他只是笑笑，说道：“这是应该做的，这是应该做的。”但我相信应该是个不小的数额。

初写于2016年11月23日

修订于2020年4月11日

［一］彭令，字光耀，以“小书贩”自称，祖籍山西太原，1970年出生于湖南长沙。现任中国扶贫开发协会常务理事、中国人民大学国际关系学院中国对外战略研究中心历史文献荣誉研究员、中国政协文史馆文史资料研究员、中国收藏家协会常务理事、中国收藏家协会书报刊收藏委员会主任等职。

［二］辛德勇，1959年8月出生于辽宁铁岭。历史学博士。曾任北京大学中国古代史研究中心教授，主要从事中国历史地理学、历史文献学研究，兼事地理学史研究。著有《隋唐两京丛考》《古代交通与地理文献研究》《历史的空间与空间的历史》等。

［三］〔清〕沈复（1763—约1825），字三白，号梅逸，江苏苏州人。文学家。工诗画、散文，著有自传体作品《浮生六记》。清嘉庆十三年（1808），朝廷下旨册封琉球国王，派遣太史齐鲲为正使、侍御费锡章为副使，沈复作为太史的“司笔砚”也一同前往，并写有《中山记历》。

冥冥宇宙有知音

—— 记泥活字与活字泥版古籍的拍卖

活字印刷术，是我国古代四大发明之一，是世界印刷史上的一次伟大技术革命，对世界文明进程和人类文化发展都产生了重大影响。北宋科学家沈括在其所著的《梦溪笔谈》一书中，对毕昇发明的泥活字印刷术有着详细记载：“版印书籍，唐人尚未盛为之，自冯瀛王始印五经，已后典籍，皆为版本。庆历中，有布衣毕昇，又为活版。其法用胶泥刻字，薄如钱唇，每字为一印，火烧令坚。”毕昇有此等制作方法以及摆版印刷全部过程，是目前我们所知最早的泥活字、活字印刷人，因此世人尊称他为活字印刷术的鼻祖。

虽然早在近两千年前的《梦溪笔谈》中就有关于泥活字制作与印刷的记载，但是长期以来考古学界没有发现过早期的实物。直至1989年，甘肃武威博物馆在对亥母洞寺遗址进行再次清理时，发现了西夏文《维摩诘所说经》。经过专家考证，确认此经是用泥活字排印的，而且印刷时间约在公元十二世纪前期，与《梦溪笔谈》书中所记毕昇发明泥活字印刷术的时间仅晚百余年，这应是目前世界上最早的泥活字印刷实物了。

可能是由于泥活字印刷术工艺复杂、成本高昂、不易制作等诸多原因，古人也没有大范围采用这个工艺，而是仍以雕版印刷为主。所以我们今天能见到的泥活字印刷品实物并不多，但是在我的拍卖生涯中，却曾经数次与其相遇，而且不仅有泥活字印本，还有活字泥版印本以及泥活字实物，可谓是三生有幸。今天细细归纳，简述如下。

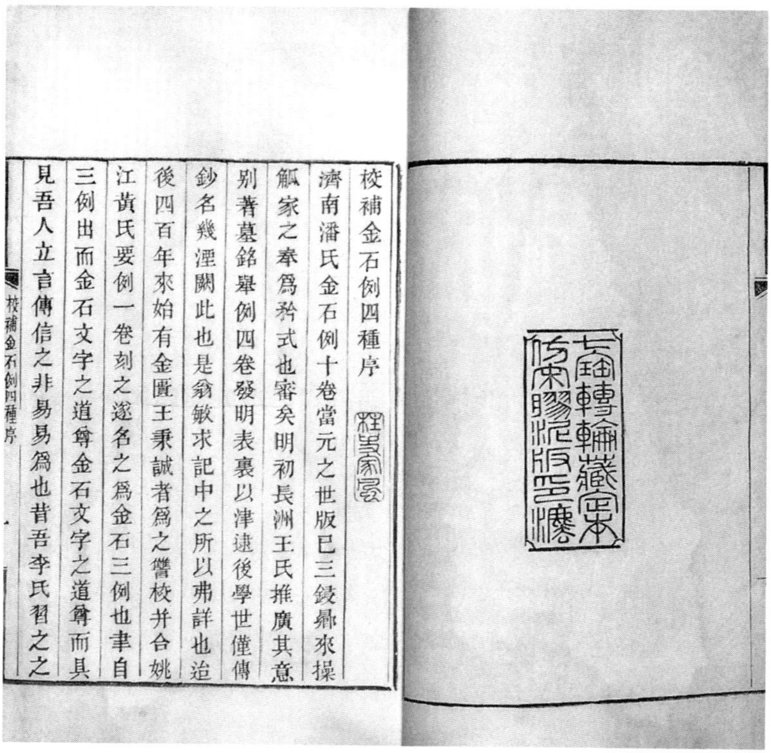
校補金石例四種序

濟南潘氏金石例十卷當元之世版巳三鋟鼎來操
觚家之奉爲矜式也審矣明初長洲王氏推廣其意
别著墓銘舉例四卷發明表裏以津逮後學世僅傳
鈔名幾湮闕此也是翁敏求記中之所以弗詳也迨
後四百年來始有金匱王秉誠者爲之讐校并合姚
江黄氏要例一卷刻之遂名之爲金石三例也聿自
三例出而金石文字之道尊金石文字之道尊而具
見吾人立言傳信之非易易爲也昔吾李氏習之之

校補金石例四種序

七寶轉輪藏定本
仿宋膠泥版印法

《校补金石例四种》
清道光十二年至十三年（1832—1833）李瑶泥活字印本

第一次与泥活字相遇，是1998年秋季，拍品是清道光十二年至十三年（1832—1833）李瑶用泥活字印刷的《校补金石例四种》。此书共6册，白纸印刷，上下木夹板包装，左右双边，上下黑口，半框高21.2厘米，宽15厘米，半叶9行，行20字。书内收元朝人潘昂霄著《金石例》十卷，明朝人王行撰《墓铭举例》四卷，清朝人黄宗羲作《金石要例》一卷及郭麐著《金石例补》二卷。书首牌记上印有“七宝转轮藏定本仿宋胶泥印法”13字，序言中亦有“自治（制）胶泥统作平字捭之”等句。编纂印刷人李瑶，字子玉，江苏苏州人。史书中记，此人“负才多艺，好故而好游，游倦辄拥书坐，虽客中，亦至忘寝食事”。晚年客居杭州，并在此倾注一生心血，分别于清道光十年（1830）和十二年（1832）完成了《南疆绎史勘本》和《校补金石例四种》两部泥活字版图书的印制。但是印制过程并不顺利，可以说是历尽艰辛，饱尝甘苦，其自序中言及印制此书时的窘迫：“楮本不足，则罄我行装，投诸质库。又不足，乞贳市侩，耐尽诽嘲。”再加之此时的李瑶已“抱疴既久”，重病在身，其“凡雠校事命吾子辛生参之”。正是凭借着对事业的执着与追求，李瑶才在生活极端艰辛、病痛不断加重，并在其子辛生的协助下完成了这部书的印刷与出版。

对于这件拍品，我是非常看重的，不仅以它作为1998年秋季拍卖图录的封面，而且还在图录内安排了2个版面5张照片进行宣传。提要中介绍道：“泥活字印刷始于我国宋代，但宋、元、明三朝均未留下实物。此书内封牌记上印有篆书‘七宝转轮藏定本仿宋胶泥印法’二行十四字，在序中亦有‘自治胶泥统作平字捭之’等句，应为泥活字无疑。泥活字印本存世不多，弥足珍贵。”参考价虽然定在4万至6万元，但我内心估计成交价应该在10万元以上。然而自4万元起拍，至7.5万元便戛然而止，再加上买受人应支付的佣金，最终以8.25万元成交。买受人是以收藏宋元版、明清内府古籍为主的收藏家潘思源先生，而且此书还不属于他的收藏范围，只是在我的一再推荐之下他才买的。所以拍卖结束后他对我说：“彭老师，你说这书好，建议我买，今天我就给你捧捧场，把它给买下来了。”听到此话，我连连向他道谢。也正是有了他的这句话，为此书的再次拍卖留下了伏笔。

第二次与泥活字相遇，是2005年的春季，拍品仍是我七年前亲手卖出去的《校补金石例四种》。此时古籍图书的收藏已经有了很大的发展，群体也在不断扩大，依据当时的市场行情，我估计此书会有较大的升值空间。于是我便联系潘先生的联系人岳先生，请他代为询问《校补金石例四种》是否有转让的意向。数日后岳先生打来电话，说潘先生询问转让的最低保留价是多少。我略做思考后回复到：“可以考虑定在人民币30万元。”数日过后，这部经我拍卖出去的泥活字印本《校补金石例四种》，又重新回到了我的办公桌上。所不同的是，此书进行了重新装订，由原来的6册改为了8册，并配上了蓝布函套。

在书送回来的同时，岳先生还告知，潘先生的意见是，如果有人要买的话，也可以通过你们公司在底下转让，并非一定要上拍卖会。遵照潘先生的意见，我立刻联系了数位收藏家，问他们是否有意以30万元的价格购藏此书。但是所有人一听说要以高出当年2.5倍的价钱接受转让，都纷纷摇头，表示不能接受。我感到很奇怪，难道是我对市场行情估计有误？还是收藏家们还一时接受不了这个价位？于是我便直接与潘先生联系，提出保留价是否可以适当下调一些。经过协商，潘先生同意将保留价下调到20万元，但是提出此价格就不在底下转让了，还是上拍卖会吧。遵照潘先生的要求，我将这件拍品安排在了春季的拍卖会上，参考价定在20万至25万元。谁知拍卖场上数位藏家钟情此书，自20万元起拍后，竞价一路飙升，直到49万元我才落下手中的拍卖槌，再加上公司应收的佣金，成交价已经达到53.9万元。这个价格已经是最初30万元的1.8倍，更是七年前成交价的6.5倍，可见拍卖场上的风云变幻是如此不可揣摩。

第三次与泥活字相遇，是2007年秋季，拍品是李瑶在清道光十年（1830）用泥活字印刷的《绎史摭遗》和《绎史恤谥考》。此两部书的印刷时间早《校补金石例四种》两年，也是李瑶用泥活字印刷的最早本子之一。据资料记载，清道光间李瑶访书至浙江，居住吴山，见到温睿临记南明政权期间人物传记的抄本《南疆绎史》，为使其传世，便用“毕昇活字法排印成编”，名《南疆绎史勘本》，同时又将自己纂辑的《绎史摭遗》《绎史恤谥考》也一同印刷，附于《南疆绎史勘本》书后一并发行。

《绎史摭遗》十八卷，七册，书内半框高20.8厘米，宽15.2厘米，左右双边，上下黑口，半叶9行，行20字。书首牌记上印有“道光庚寅闰月古高易氏补勘于萧山蔡氏之城南草堂”22字，“卷目”末印有“道光十年重午七宝生并记”字样。《绎史恤谥考》八卷，两册，版式、半框尺寸、行款字数均与《绎史摭遗》相同，书首印有“古高易氏辑”牌记。两部书署名均是“吴郡李瑶子玉氏辑”。将此两部书与《校补金石例四种》相比较，发现纸张、版式、行款、字迹如出一辙，堪称姊妹书，也印证了李瑶用泥活字印刷完《南疆绎史》《绎史摭遗》《绎史恤谥考》后，又用此三部书的泥活字印刷了《校补金石例四种》。

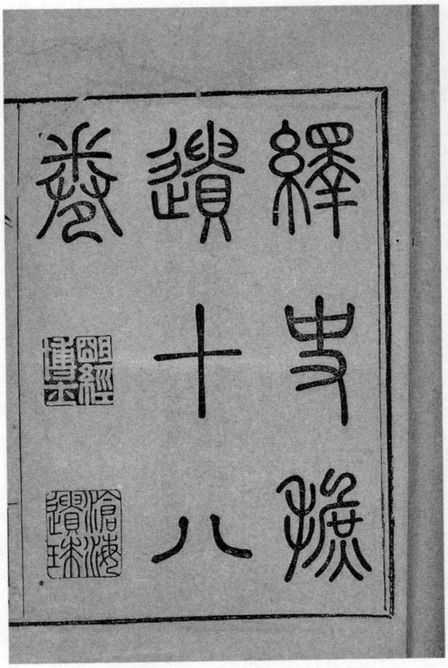

《绎史摭遗》牌记
清道光十年（1830）李瑶泥活字印本

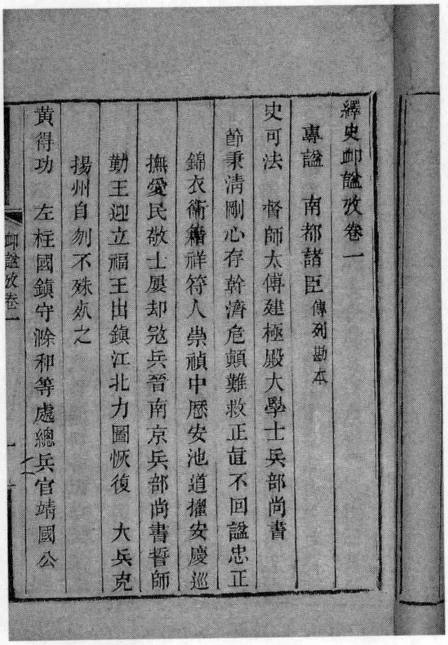
繹史卹謚攷卷一
專謚 南都諸臣 傳列勘本
史可法 督師太傅建極殿大學士兵部尚書
節秉清剛心存幹濟危顛難救正直不回謚忠正
錦衣衛籍祥符人崇禎中歷安池道擢安慶巡
撫愛民敬士屢却寇兵晉南京兵部尚書督師
勤王迎立福王出鎮江北力圖恢復 大兵克
揚州自刎不殊死之
黃得功 左柱國鎮守滁和等處總兵官靖國公

《绎史恤谥考》首叶
清道光十年（1830）李瑶泥活字印本

《绎史摭遗》《绎史恤谥考》虽然是《南疆绎史勘本》所附之书，但都是独立成章，并不影响其独立性与资料性，而且当时仅印刷了80部，查国家图书馆馆藏书目，所存为不足本，可见历经百余年，保存至今，已实属稀有珍品。拍卖参考价为12万元至15万元，最终以50.05万元成交。

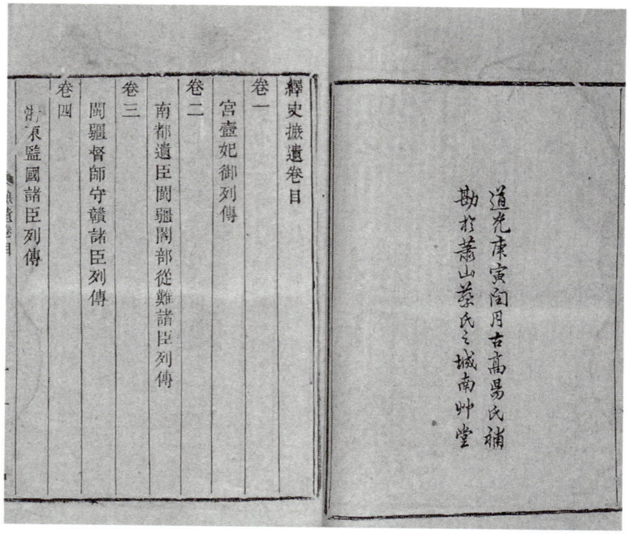

道光庚寅閏月古高易氏補
勘於蕭山蔡氏之城南艸堂

繹史摭遺卷目
卷一
宮壼妃御列傳
卷二
南都遺臣閩疆閩部從難諸臣列傳
卷三
閩疆督師守贛諸臣列傳
卷四
浙東監國諸臣列傳

《绎史摭遗》牌记与目录
清道光十年（1830）李瑶泥活字印本

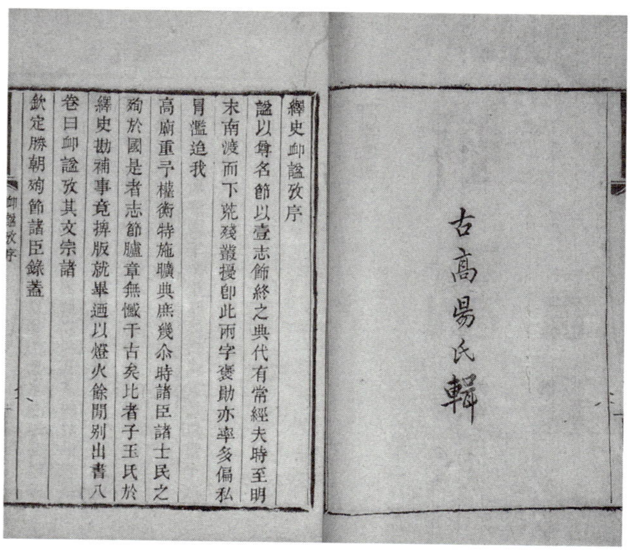

古高易氏輯

繹史卹謚攷序
謚以尊名節以壹志飾終之典代有常經夫時至明
末南渡而下兓殘叢攫卽此兩字褒勛亦率多偏私
冐濫迨我
高廟重予權衡特施曠典庶幾尒時諸臣諸士民之
殉於國是者志節臚章無憾于古矣比者子王氏於
繹史勘補事竟擗版既畢迺以燈火餘閒別出書八
卷曰卹謚攷其文宗諸
欽定勝朝殉節諸臣錄盖

《绎史恤谥考》牌记与序
清道光十年（1830）李瑶泥活字印本

第四次、第五次相遇，则是极为罕见的清雍正末年至乾隆元年间活字泥版印刷的《精订纲鉴廿一史通俗演义》。活字泥版，是我国印刷史上比较特殊的一种印刷术，作者吕抚[一]在书中详细记述了全部制作和印刷的过程。首先用细泥粉、秫米和棉花等原料做成制作活字模的材料，然后将字模材料作成条状，放入“两开方铜管”内，再用阳文反字挤压，制成单个阴文正体泥字模。泥版则是将漂筛过的细泥与桐油混合搅拌，然后捶打成泥片，再在泥片四周用木片或竹片做上边栏，形成雏形泥版。最后按书的内容和格式，将一个个预先准备好的阴文字模字面朝下，排列在雏形泥版上并施加压力，最终在泥版上压印出阳文反体凸字，成为一块完整的泥版。待泥版完全坚硬后，再以类似木刻雕版的方式进行刷印。

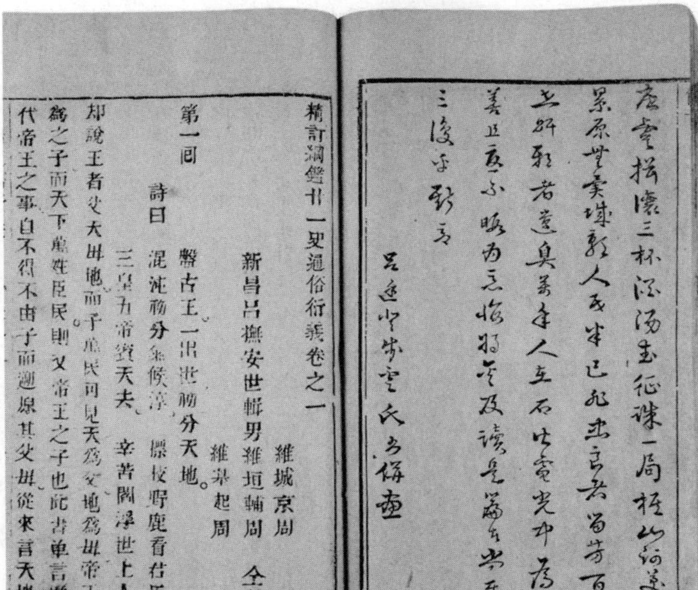
精訂綱鑑廿一史通俗衍義卷之一
新昌呂撫安世輯　男維垣輔周　維城京周　維堃起周　仝校
第一回
詩曰
盤古王。一出世初分天地。
混沌初分氣候淳。摽枝野鹿看君臣。
三皇五帝資天夫。辛苦闢淳世上人。
卻說王者父天母地。而子庶民。可見天為父。地為母。帝王為之子。而天下庶姓臣民。則又帝王之子也。此書單言歷代帝王之事。自不得不由子而遡原其父母。從來言天地

《精订纲鉴廿一史通俗演义》
清雍正末年至乾隆元年活字泥版印刷

2018 年秋季，公司从民间征集到一部完整的活字泥版《精订纲鉴廿一史通俗演义》。关于此书的来历，说起来还有很多故事。2001 年，山西藏书家武思忠先生在民间淘得是书，并送至中国嘉德拍卖公司进行拍卖，以 22 万元成交。时隔八年后的 2009 年，此书再次出现在中国嘉德拍卖公司，此时似乎明白过来的武思忠又以 58 万元将此书购回。2010 年，北京德宝拍卖公司亦出现一部同样的活字泥版《精订纲鉴廿一史通俗演义》，也被他以 130 万元买走。也可能是此后资金周转出现问题，2013 年他将其中的一部送至北京另外一家拍卖公司进行拍卖，参考价定在 120 万至 150 万元，但是没有成交。2018 年，我公司从武思忠先生那里征集拍卖，借此机遇，我也细细翻阅了一下这部存世极为稀见的善本。《精订纲鉴廿一史通俗演义》是一部历史题材的通俗长篇小说，共二十六卷四十四回，与以前不同的是此时的装帧，已经由 2001 年首次拍卖时的线装改为金镶玉装，册数也由最初的 12 册变成了 24 册，并配有新制作的木质书匣。书内半框高 21.3 厘米，宽 14.3 厘米，半叶 10 行，行 22 字，四周单边，白口。书首牌记上刊印“精绘图像廿一史演义”“新昌吕安世辑”“正气堂藏板”等字，并收历史传说或历代人物版画插图 15 幅，双面连式舆图 1 幅。在第二十五卷第四十二回后收有《附 / 印字物件列后》一文，是作者介绍此书采用活字泥版印刷过程的专论，内容包括制泥、刻字、制版、印刷等步骤，是中国活字印刷术的重要资料。

联想到此书在其他公司曾经有过流拍的经历，因此在撰写图录介绍时我格外用心，除去介绍图书本身应有的活字泥版特点外，还特意介绍了活字泥版制作与印刷的工艺流程，附上此书在《中国古籍善本总目》中的著录，以及张秀民、李致忠、徐亿农等多位版本学家对此书的介绍与相关文章摘抄等。在图片展示上，不仅安排了 4 个版面 16 张照片，而且还选作拍卖图录的封面，可见对其重视。拍卖参考价在与武思忠先生协商的保留价基础上，定在 150 万元至 180 万元，最终以 175 万元落槌，再加上买受人应付的佣金，成交价已超过 200 万元。

有关此书的数次面世与拍卖，藏书家韦力先生在《得书记 · 失书记》

一书中也有记述。就韦力先生书中提出的“德宝上拍的这一部是否是跟嘉德为同一部书”的问题，我也进行了核对，发现确实不是同一部书。因为2001年、2009年以及2018年我们拍卖的这部书在卷一首页均钤盖有藏书家周越然[二]的印章，显然为同一部书，而2010年北京德宝拍卖公司拍卖的那部卷一首页没有钤盖任何印章，也没有挖改修补痕迹，应是新发现的另外一部。目前所知此书存世仅为三部，另一部没有面世的收藏在天津图书馆。

第五次相遇，则是在第二年，即2019年春季，仍是活字泥版印刷本《精订纲鉴廿一史通俗衍义》，但不是足本全书了，而是仅存凡例、目录、插图以及卷一、卷二的残本两册。委托人可能看到我们2018年拍卖的结果，于是将自己所存的残本拿来进行拍卖，参考价定在15万元至16万元，但是没有成交。此后这件拍品又出现在中贸圣佳拍卖公司的秋季拍卖会上，以11万元起拍，亦流拍。我还发现在2017年9月，泰和嘉成拍卖公司还曾经拍卖过卷三至卷六，以3万元起拍，5.29万元成交。由此可知此残本最起码存世有六卷，至于是否还有其他残卷存世，目前还是不得而知。

除去曾经拍卖过以上这些用泥活字、活字泥版印制的古籍善本外，我还曾拍卖过几次泥活字实物。第一次是2007年秋季，一位来自南方的收藏界朋友送来52枚泥活字，据他介绍，这是他去安徽访书时在泾县寻到的。这让我立刻联想到了清朝另位泥活字出版家翟金生。翟金生，字西园，安徽泾县水东村人。嘉庆年间秀才，后开设私塾，以教书为生。他读沈括著的《梦溪笔谈》后，萌生效法毕昇造泥活字印书之念，认为“一次铸字，凡书可印，稗益世人”，于是率领四个儿子“调泥埏填，磨制成章”，竭三十年之精力研制，终制成坚硬如骨的五种规格胶泥活字10万余个，并于道光二十四年（1844）用制成的泥活字排印了《泥版试印初编》，后又排印了《泥版试印续编》。道光二十八年（1848）冬，他的弟弟翟廷珍又用这些泥活字排印了自己的著作《修业堂集》。至咸丰七年（1857），翟金生又让孙子翟家祥用泥活字重新排印了《水东翟氏宗谱》，此外还印有《仙屏书屋初集诗录》等。1970年代，在徽州发现了一些泥活字实物，据推测可能就是翟金生制作的泥活字。此次收到的泥活字尺寸大小不同，共有五种，其中阳文泥活字 4 种 41 枚，阴文泥活字 3 种 11 枚。我依据张秉伦先生所写《关于翟氏泥活字的制造工艺问题》[三]一文进行考据，结果基本一致。经与委托人协商，保留价定在 2.5 万元，平均每枚泥活字近 500 元，拍卖图录上印刷的参考价是 2.5 万元至 3.5 万元。可能是泥活字首次出现在拍卖会上，大家对它的认识还有疑虑，拍卖没有成交。此后又曾拍卖过两次，但仍是没有成交。直至 2014 年春季拍卖，我们公司又安排了 43 枚泥活字，其中阳文字 4 种 35 枚，阴文字 4 种 8 枚。参考价定在 8000 元至 1 万元，平均每枚 186 元，价格较第一次拍卖有了大幅的下调。最终以 2.875 万元成交，平均每枚成交价为 668 元，反倒超过了 2007 年秋季的估价。

清制泥活字

在我国诸多古籍版本中，泥活字印刷品、活字泥版印刷品以及泥活字实物，都是存世极少的珍品，用凤毛麟角来形容丝毫不为过。而在我的二十余年拍卖工作中，竟然数次与其相遇，且都花落海王村，至今难以忘怀。

2020年4月17日写于京南思溪斋

[一]〔清〕吕抚（1671—1742），字安世，号逸亭，浙江新昌人。藏书家。精天文、地理、兵法、性理、皇极之选。广结名流，以著述为事。后因海宁查嗣庭（？—1727）案发而受牵连，私下毁版过半，著作仅有《三才一贯图》《纲鉴二十一史通俗衍义》等存世。

[二]周越然（1885—1962），浙江吴兴人。南社社员，藏书家，藏书楼“言言斋”，曾得清末吴兴皕宋楼藏书宋本《纂图互注南华真经》、稿本《吴兴蚕书》、明初本《管子》、吴钞《疑狱集》、丁钞《栲栳山人诗集》等。

[三]见1986年出版《自然科学史研究》第五卷第一期。

几页书札，一段历史

——1912 年孙中山先生在北京会晤摄政王载沣之缘起

书札，即我们日常交流中书写的信函，也称书牍、尺牍、启、笺等。在拍卖会上经常有一些名人之间来往的书札，受到藏家的重视，并引起激烈竞价。还有的书札，由于涉及著作权、隐私权以及人格尊严等产生争论。如，2013 年钱锺书先生的夫人杨绛女士要求北京中贸圣佳拍卖公司、北京保利国际拍卖公司撤销对钱锺书先生书札的拍卖，曾引起社会的广泛关注，最终以两家拍卖公司出于“对钱杨二位的尊重”，撤销拍卖而告终。

书札拍卖为什么会引起如此大的社会反应？在诸多因素中，隐私权则是其中重要原因之一。由于书札一般都是书写者将自己亲身经历、亲眼所见、亲耳所闻的事情写给对方，特别是写给亲密的人、同事或好友时，一般是没有什么忌讳的，经常是直言道白，有一说一，有二说二，从不用藏着掖着。可以说，通过书札最能了解一个人的内心世界。还有类似公务之间的书札，在相互交往之间会谈论一些商讨的问题、解决的预案、处理的意见等，甚至还会有很多不为人知的秘密或史料，对于解密历史中一些遗留的问题、还原历史的本来面目，具有十分重要的作用。在我的拍卖生涯中，给我留下较深印象的书札，是 2003 年 5 月 19 日举办的春季拍卖会上第 38 号拍品

《绍彝书札》。对这件拍品，我是这样介绍的：“内收绍彝[一]致其弟、时任逊清廷总管内务大臣绍英[二]书札二十五通，信内涉及大量历史事件，尤为重要的是有关孙中山先生北上天津、北京及清皇室筹划在北京宴请孙中山先生等事宜，具有较高的史料价值。”同时还介绍了绍彝、绍英的生平，参考价定在人民币6000元至8000元，这在当时也是一个不低的价位了。我为什么如此重视这批书札？主要原因就是，在25通书札中有7通与1912年孙中山先生在北京会晤摄政王载沣有关，而且书札是绍英后人送来的，经过鉴定毫无问题。更为重要的是，我们可以通过这7通书札来了解一段历史，解开孙中山会晤载沣的缘起与秘密。

说起这段历史，还要从“中华民国”宣告成立开始。1911年10月，武昌首义爆发。时在美国的孙中山听到消息后于12月返回中国，并被选举为中华民国临时大总统。1912年1月1日中华民国宣告成立，孙中山在南京宣誓就职。但是仅仅两个多月后，也就是宣统帝（溥仪）宣布退位的第二天，2月13日孙中山被迫提请辞职，让位于袁世凯。为了中国的革命与前途，孙先生仍在四处奔走，唤醒国人，巩固共和。是年8月，孙中山先生北上，首先到达天津，然后再到北京。在北京停留期间，孙中山会晤了逊清皇室摄政王载沣[三]，从而给后人留下了一个悬念，孙中山为什么会晤载沣？会晤之中他们谈了什么？是否如后来有些文章所言，是特意“登门拜访”？而此7封书札，则恰恰与此有关，揭示了这一段鲜为人知的秘密。

绍彝，为绍英兄，此时因1912年初袁世凯授意曹锟在北京发动“正月十二兵变”[四]，奉母避居天津，恰逢此时孙中山先生北上。而孙先生北上，也必然是逊清皇室关注的一件大事。孙中山在天津的活动内容、孙中山对逊清王室的态度以及是否可在北京与孙中山会晤等事，都需要事前打探清楚。而此时蛰居天津的绍彝，出于对皇室的忠心，便责无旁贷地充当了逊清皇室在天津的高级密探。他四处活动，打探消息，并将有关孙中山先生抵达天津前后的一切消息和活动内容通过信函速告绍英，再经绍英呈上小朝廷。因此绍家兄弟之间的通信，实际上已成为逊清皇室京津之间重要信息与情报的来源。

第一通书札书写于 1912 年 8 月 18 日，即孙中山到达天津之日前五天。信中绍彝写道："近日京中又忙欢迎孙、黄二人，天津车站也预备彩牌楼欢迎，至今尚无到期。此次二人到京，不知又有何举动，亦可虑也。"从此通信中我们可以看出，孙中山最初北上之行原计划是与黄兴同行，而此时绍彝对孙中山北上之目的并不十分了解，因此颇有顾虑。

第二通书札书写于 1912 年 8 月 21 日，绍彝匆忙将刚刚听到的"今闻孙文下午到天津，住德界利顺德饭店"等消息转告绍英，并提醒绍英："孙文将到天津，路中火车来往均不甚便，况到京不知有何举动，亦不可不慎。……孙文到京，京中人心恐又摇动亦甚可虑，吾弟每日入职不必由陆军部左右走为妥，以防兵乱也。"通过此信我们可以看出，随着孙中山到达天津时间的来临，不仅绍彝心中越发紧张，而且也预感北京或许会出现一些对逊清皇室意想不到的后果，因此告诫绍英前往紫禁城时一定要注意。这种惶惶不可终日的心态，也在一定程度上代表了逊清皇室当时的状态。在此还需要说明的是，当日孙中山并未到达天津。

第三通书札书写于 1912 年 8 月 23 日，绍彝向绍英汇报道："孙仲（中）山欲来京，黄克强缓来，盖因张公[五]之事也。今晤雀鹤，云天津接到电报，孙公明日早可到津。天津亦有欢迎会，席设公园，不知到否，当在未定也。"通过此信，绍彝告知绍英他所得到的消息，一是孙中山确定要到北京，二是孙中山到天津的时间可能是 24 日早晨，三是天津欢迎孙中山的活动会场有可能设在天津公园内。信中最重要的是点明了孙中山此行必到北京消息，提醒逊清皇室成员不要再持有怀疑态度，应速做好一切准备。可能信刚刚发出，这天的下午孙中山就到达了天津，随之绍彝又发出了第四封信。

第四通书札书写于 1912 年 8 月 24 日，即孙中山启程前往北京的第一天。此时身在天津的绍彝，不仅亲眼看见了孙中山抵达天津时受到各界团体和群众热烈欢迎的盛大场面，更不忘速将"孙公昨日下午五点钟到天津，下船换车直到中街利顺德饭店住宿，接者甚多"等有关消息传递到北京。此后，身居津门的逊清皇室成员经过数日的观察，逐渐由不安、恐慌转变为思考，因为孙中山马上就要抵达曾经是大清首善之地的北京。面对着这个推翻大清王朝统治的革命党人，逊清皇室应该持何种态度来处理这发生在眼前的事实呢？于是密谋商蹉便开始了。

第五通书札书写于1912年9月4日，也就是孙中山先生抵达北京后的第十一天。此时居住天津的逊清皇室成员庆亲王奕劻等经过缜密的观察、思考，最终让绍彝发出了代表居津皇族要员密商结果的第五通信函，信中云：“孙中山各界均欢迎，惟皇族无，似乎缺点，总以略为周旋为妥。本朝皇室为吾大民族之一，并与前代亡国不同，一请孙中山实作共和之国，将来必有感情，日后皇室以及旗族均为有益也。王[六]意以伦四爷[七]代表尤为得法，请世相[八]与伦四爷、赵智庵[九]商酌妥协。地方以城内为佳，能在迎宾馆尤为妥当，以便保护并预备颂辞，措辞尤当得当，并请派接待员亦要合格之人，将好与南来之人接洽也。此事吾弟又是大劳神之事，定有日期望先为示悉为盼。”同时，信内另附一纸，又云：“以愚见，此次恭请孙中山，预备酒筵或仿照总统府或仿造外交部样子办理尤妥。若用膳房菜品，

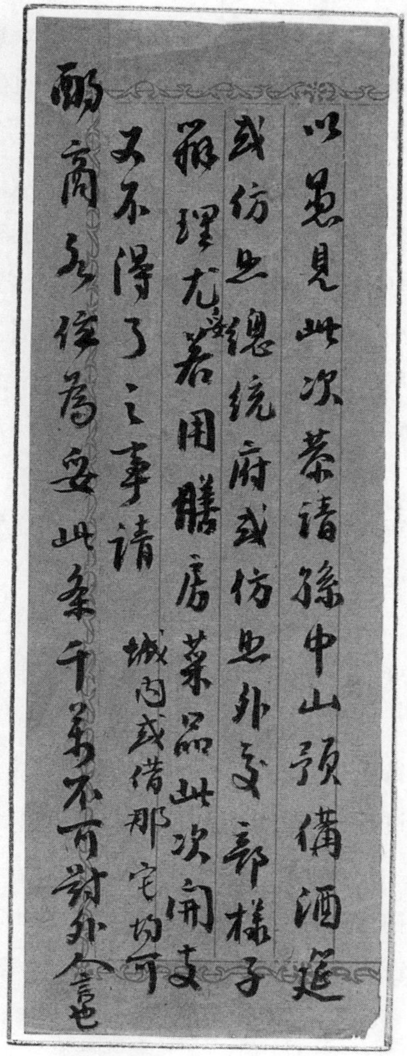
以愚見此次恭請孫中山預備酒筵
或仿照總統府或仿照外交部樣子
辦理尤妥若用膳房菜品此次開支
城內或借那宅均可
又不得了之事請
酌商妥協為妥此條千萬不可對外人言也

绍彝致绍英第五通书礼所附“密条”

此次开支又不得了之事，请酌商各位为妥。此条千万不可对外人言也。”又补充道：“城内或借那宅均可。”此通书札可谓内涵丰富，据我理解，可以概括出以下 8 项内容。

1. 孙中山在天津受到的隆重欢迎和接待，让居住在天津的皇室成员认识到孙中山虽然辞去了大总统的职位，但在国民中仍拥有不可动摇的领袖地位。

2. 面对天津、北京民众热情欢迎的场面，逊清皇室如不对此做出明确表态，未免会在今后的政治需求上有所或缺，因此出于自身的考虑，提出皇室还是要“总以略为周旋为妥”之建议。

3. 为了皇族今后的生存、发展及归宿等诸多利益，庆亲王等一致认为皇室成员如能同孙中山会晤“将来必有感情”，因此出于“日后皇室以及旗族均为有益”之目的，明确提出应在北京选择合适皇族代表会晤孙中山。

4. 庆亲王提出以溥伦作为皇族代表与孙中山进行会晤比较合适，由此证实此封信函绝非代表绍彝一人之意，而是代表了庆亲王奕劻等皇室要员商定的意见。

5. 会晤之事是否可行，由谁出面比较合适，庆亲王提出还需要与身居北京的世续、溥伦、赵秉钧等皇室要员进行周密而细致的考虑后再做出决定。

6. 以庆亲王为代表的居津皇室成员还就会晤的选址、欢迎词的起草、接待人的选择等诸多细节也一一提出建议，其目的是为了将来好与民国政府进行接洽，由此可见考虑是相当周密长远的。

7. 通过信中绍彝所写“此事吾弟又是大劳神之事”，可以看出当时身居内务府总管大臣的绍英在此事中扮演着重要角色，也可以说皇室与孙中山在京会晤等具体事务的操办，主要是由绍英来负总责。

8. 信中所附另一密条应是绍彝对弟弟绍英的格外嘱托，密条上所写的“此条千万不可对外人言也”，以及笺条上缺少署名落款，可见不仅信中所言极为机密，就是庆亲王等人的商议也是在极为保密的情况下进行的。如此严格保密的原因或许还有另一种可能，就是以隆裕太后为首的小朝廷与庆亲王奕劻等人之间积怨颇深，因此绍彝再次告诫绍英要小心从事，万万不可有任何疏漏。

第六通书札书写于1912年9月6日，此时孙中山到达北京已经是第十三天，信中写道："皇族请孙中山有八月初一日在那宅举行之说，交伦四爷承办甚为爽神，办理甚为得法也。"可以看出皇室将与孙中山会晤之事交予溥伦办理，经过与有关方面的暗中协商，会晤之事似乎进行得异常顺利，并拟定公历八月初一日在那宅举行。身在天津的绍彝获知消息后很是高兴，不禁称赞道"甚为爽神""甚为得法"。

第七通书札书写于1912年9月9日，即孙中山与皇室会晤的前一天。此时绍彝信中言："请孙中山定初一日在那宅举办，布置周妥，当不致有意外之虑。"看来此时绍彝的心情是十分舒畅的，因为他与庆亲王奕劻等居津皇室前期的努力没有白费，而且即将变为现实。在这里需要指出的是农历壬子年八月初一日为1912年9月11日，而查阅各种史料记载孙中山与载沣会晤的时间均是9月10日，载沣日记中亦记"1912年9月10日，孙中山来晤谈，江大金[十]吾在坐"等语。因此第六、七两通信中所言"八月初一日在那宅举办"之说并非指孙中山与载沣当天的会晤，而是指孙中山与载沣会晤后的第二天，皇室在位于金鱼胡同那桐[十一]宅府设宴欢迎孙中山之事。而此前孙中山曾两次光临那府花园，第一次是8月29日国务总理陆徵祥、内务部长赵秉钧等在此欢迎孙中山先生，第二次是9月3日满族同进会与蒙古联合会在此设宴欢迎孙中山先生，而9月11日的第三次光临，则可能是载沣奉隆裕太后之命宴请孙中山。

1912年9月10日，孙中山，这位曾被清王朝重金悬赏捕捉的革命党人，亲赴位于什刹海边的醇邸，成为了摄政王载沣的座上宾。此次会晤历时一个小时，溥任先生[十二]在其所著《后海北岸的醇亲王府》[十三]一文中回忆道：醇亲王"住宅部分以'宝翰堂''九思堂''思谦堂'三个院落为主体……'宝翰堂'又名大书房，北房五间，东西耳房各两间，东西厢房各五间，系当年载沣的外客厅及书房。1912年孙中山先生来北京时曾到醇王府访问，即在宝翰堂内进行会晤"。孙中山与载沣在宝翰堂会晤情况如何？谈话内容是什么？我在此批书札之外曾见过另外一通1912年9月11日绍彝致绍英的书札，内云："皇族昨晚请孙中山，电询甚为平安，慰甚。孙中山往抵醇邸，世相彼此，当有周旋之意，前嫌亦可化解矣。"[十四] 从言辞之间不难看出会晤应是十分融洽的。潘怡先生所著《记溥任先生》[十五] 一文亦有记述，转录如下：

> 孙中山先生说，1901 年载沣出使德国时，曾以御弟的身份向人家赔礼道歉，处在十分尴尬和被动的地位，却能做到不卑不亢，国外评论不错，是十分难得的。之后，孙中山先生高度赞扬载沣在辛亥革命时自动退位，承认共和，避免了国内一场大血战，历史罕见，是明智之举。孙中山先生说：载沣身为皇帝的生父和摄政王，在逊位问题上，能把国家和民族的利益放在第一位，而把家族的利益摆在第二位，极其难能可贵，这是有益于革命、有政治远见的爱国行动。孙中山先生与载沣会晤在融洽的气氛中进行了一个小时。孙中山在告别载沣时，还特意将自己的一幅照片赠送给载沣，照片上写有孙先生的亲笔题字："醇亲王惠存，孙文赠。"

此次会晤，孙中山不仅高度评价了载沣，赞赏他代表清廷逊位，和平交出政权，避免了更多人的流血牺牲，并希望今后在五族共和的基础上共同富强。可见孙中山会晤载沣的初心恐不仅仅是为了安抚皇室成员，还应有为消除辛亥革命后满族各阶层人士内心的恐慌，以及希望各族共同巩固新建立的共和制及平稳当时动荡时局的意义。孙中山送与载沣的照片，有资料记载说一直被载沣摆放在书房正面的书桌上，1951 年载沣去世后，由溥任捐赠给了国家有关部门。

通过这 7 通绍彝与绍英之间的通信以及其他资料，我们可以清楚地了解到孙中山在北京与载沣会晤的经历与结果，社会上的一些误解及传说也通过这些书札的面世而予澄清。

1. 孙中山与载沣在北京的会晤是逊清皇室诸多要员经过深思熟虑、出于自身利益的需求所决定并提出的。

2. 最初提出此建议并进行密谋策划的是庆亲王奕劻等人，并经过绍彝以信函的方式转告绍英，再由绍英将有关信息呈送给时任摄政王载沣。

3. 庆亲王奕劻最初提出与孙中山会晤的皇室代表人选是溥伦，而非是载沣。而后载沣亲自出面，可见逊清皇室对此次会晤的重视。

4. 孙中山亲往醇邸绝非是一次私人访问，是应逊清皇室的邀请而前往。在会晤交谈中，孙中山始终以国家、民族利益为重，不仅对清王朝的退位给予了客观、适度的评价，还提出了有利国家建设与民族团结的希望，对皇族成员的后期思想改造产生了巨大的影响。

5. 此次会晤，是孙中山先生革命生涯活动中的一个重要组成部分。而此前有史书资料记述为是孙中山“特意专程到醇王府会见载沣王爷，令载沣深感意外”，这明显是错误的，也有违历史事实，应予更正。

说了以上这些，不知您是否对书札的收藏有了一些了解与收获？也许您会说：哇，这 7 通书札中藏有这么多的历史与故事！我会说：这才是收藏的乐趣与意义。

您可能关心这件拍品最终多少钱成交？又被谁买走了？我要告诉您的是，这件拍品最终以 1 万元落槌，遗憾的是，没有国有收藏单位参与竞买，最终被一位私人收藏家买到，从此再没有听到音信。

此文初写于 2003 年，因时间紧迫，再加之资料不多，因此当时有些考据并非准确。此再次整理，纠正了前稿中的一些错误，即便如此，也可能仍存在这样或那样的不足，有望诸位学者的大力斧正。

初写于 2003 年 4 月

修订于 2020 年 3 月 1 日

[一] 绍彝，字叙五，绍英兄，清末民初满族镶黄旗人，马佳氏。清光绪初授工部主事，后任户部员外郎。光绪三十年（1904）出守山西汾州府，四年后任满旋京，候补京堂，授民政部右参议。宣统三年（1911）擢升右丞。

[二] 绍英（1861—1925），字越千，绍彝胞弟，满族镶黄旗人，马佳氏。曾任京师大学堂提调，

官至左丞、农丞、度支部左侍郎。被溥仪称之为“恭顺”“出名的胆小怕事的人”。辛亥革命后，被逊清廷任命为总管内务府大臣，特授太保。是伴随清廷走完最后一段路程的“遗老”之一。2009年国家图书馆出版了《绍英日记》，是研究清末民初历史的重要参考资料。

[三]载沣（1883—1951），字伯涵，号静云，晚年自号书癖，满族正黄旗人，爱新觉罗氏。清宣宗道光帝之孙，醇亲王爱新觉罗•奕譞第五子，光绪帝载湉异母弟，宣统帝溥仪生父。清光绪十六年（1890）袭王爵，成为第二代醇亲王。三十四年（1908）任军机大臣，同年11月任监国摄政王。宣统元年（1909）代理陆海军大元帅。1911年辛亥革命后被迫辞去摄政王职，1912年同意溥仪退位。拒绝日本人劝降之要求，反对溥仪投靠日本。新中国成立后将醇王府贡献给人民政府作为公用。

[四]正月十二兵变即“北京兵变”，为1912年初袁世凯篡权后，蔡元培、宋教仁受南京临时政府委派到京接袁南下就职。袁世凯托故拒绝，授意曹锟带兵哗变，并以此为理由拒绝南下。

[五]张公，即张振武（1877—1912），湖北罗田人。同盟会会员，军事将领。1911年参加并领导武昌起义，任军政府军务部副部长。1912年，黎元洪勾结袁世凯，诱其赴京任总统府顾问而被害，被尊为“共和元勋”。

[六]王，即庆亲王奕劻（1838—1917），满族镶蓝旗人，爱新觉罗氏。乾隆帝第十七子庆僖亲王之孙，咸丰帝从弟。清光绪十年（1884）任总理各国事务衙门大臣，封庆郡王，二十年（1894）晋爵庆亲王，后官至军机大臣、“皇族内阁”总理大臣。溥仪退位后，避居天津。

[七]伦四爷，即溥伦（1875—1927），满族镶红旗人，爱新觉罗氏。乾隆帝五世孙，袭封“贝子”爵位，时称“伦贝子”。曾任资政院总裁、农工商大臣，是宣统年间皇族内阁重要成员之一。辛亥革命后为逊清王室御前大臣。

[八]世相，即世续（1853—1921），字伯轩，满族正黄旗人，索勒豁金氏。曾任总管内务府大臣兼工部侍郎，官至理藩院尚书、吏部尚书、军机大臣。辛亥革命后，赞成清帝逊位，并参与磋商优待条件。

[九]赵智庵，即赵秉钧（1865—1914），字智庵，河南汝州人。早年从军左宗棠部，后被袁世凯赏识，成为袁身边的智囊人物。在北京创设警务学堂，是我国近现代警察制度创始人。官至民政部右侍郎。辛亥革命后，被袁世凯任命内务总长、国务总理等职。1913年因参与暗杀宋教仁，案发后被袁世凯毒死灭口。

[十]江大金，即江朝宗（1861—1943），安徽旌德县人。早年从军刘铭传部，后投靠袁世凯，北洋军阀中的重要人物。1912年孙中山到达北京时任北京步军统领，执掌京城治安大权。1928年北洋政府垮台后隐居北京，1937年抗日战争全面爆发后投靠日本，成为汉奸，曾任伪北京市市长。1943年病死。

[十一]那桐（1856—1925），字琴轩，叶赫那拉氏，满洲镶黄旗人。晚清“旗下三才子”之一，在光绪、宣统年间先后充任户部尚书、外务部尚书、总理衙门大臣、军机大臣、内阁协理大臣等，并兼任京师步军统领和管理工巡局事务。清帝退位后，迁居天津。

[十二] 溥任（1918-2015），又名金友之，满族，爱新觉罗氏，清朝末代皇帝溥仪的异母四弟。1947年创办北京竞业小学，一生从事教育事业。晚年致力于清史研究，著有《晚清皇子生活与读书习武》《醇亲王府回忆》等。

[十三] 原文载北京市西城区政协文史资料委员会编的《京城什刹海》一书。

[十四]“中国书店2002年春季书刊资料拍卖会”拍卖图录第27号拍卖品。

[十五] 原文载北京市政协文史资料委员会编，北京出版社出版《辛亥革命后的北京满族》一书。

来自英国伦敦博文堂书店的稀见刊物

位于英国伦敦大英博物馆对面的亚瑟·普罗布斯坦书店（Arthur Probsthain），即博文堂书店

如果说起英国伦敦大英博物馆对面的博文堂书店，可能没有什么人知道，但是要是提起亚瑟·普罗布斯坦书店，可能就会有人知道，这是一家创建于 1903 年，至今已有百余年的以专营中国、日本及东南亚书籍为主的书店。我之所以称呼它为博文堂书店，是因为在建店之初，创办人亚瑟·普罗布斯坦就给自己的书店起了一个好听的中文名字，叫博文堂，而且店堂内还挂有百年前书店的照片，上面可以清晰地看到中文“博文堂”三个字。但是随着亚瑟·普罗布斯坦先生的去世，人们逐渐以创办人的名字取代了

博文堂，这可能也是为了纪念亚瑟·普罗布斯坦先生吧。

2004年的一天，经朋友介绍，一封来自英国伦敦亚瑟·普罗布斯坦书店的信函摆在了我的面前，告知书店内存有一定数量有关中国的古旧书，其中一部分已经进入了大英博物馆，现在所剩部分想运到中国，找一家拍卖公司进行拍卖，信内附有一份所存部分图书清单。清单上的大部分书为清后期所印，其中也包含有一些宗教方面的出版物。随后我复信告知对方，我们可以接受委托并按照规程进行拍卖。时间不长，这批古旧书便分批漂洋过海，从英国伦敦来到了北京。经过细细查看，并一一开具委托单，我发现在这看似一般的古旧书中藏有一些在国内极为罕见的我国早期出版的刊物，其中包括有《察世俗每月统计传》《遐迩贯珍》《六合丛谈》《中西闻见录》等，可以说在令我十分震惊的同时，也大饱眼福，看到、学到了不少有关西学东渐方面的实物与知识。下面列举一二，以为心得。

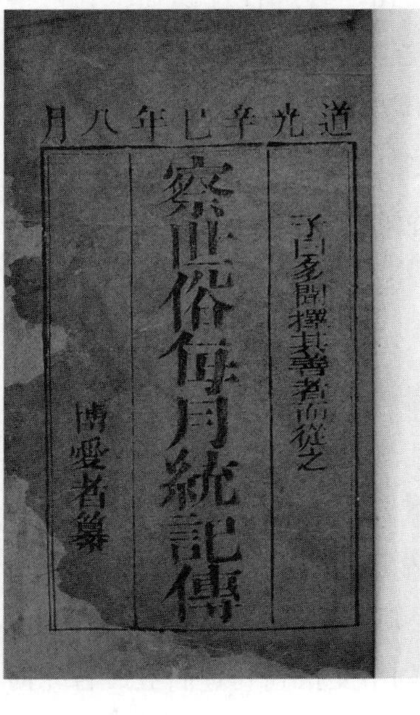

创刊于清嘉庆二十年(1815)
的《察世俗每月统计传》

《察世俗每月统计传》，创刊于清嘉庆二十年（1815），停刊于清道光元年（1821），共出版七卷574页，是世界上第一份中文近代刊物。刊物的创办人是第一个来到中国的基督教传教士、英国伦敦传道会的罗伯特·马礼逊（Robert Morrison）和此后来到中国的第二位传教士米怜（William Milne）。虽说这是第一份中文近代刊物，但它的创办印刷地点却并不在国内，而是在当时位于英国殖民地马来半岛的马六甲。这是因为当时清政府实行严格的闭关政策，禁止外国传教士在国内活动，更不准他们在中国印刷出版报刊和有关传教的读物。因此，马礼逊不得不转至临近中国的南洋一带进行出版印刷。在中国刻字工人梁发等人的协助下，这份用雕版印刷的刊物最终得以问世。此次来自博文堂的《察世俗每月统计传》出版于道光元年（1821）八月，应是刊物即将停刊时的出版物了。书的封面天头处自右至左横排印“道光辛巳年八月”七字，下面竖版右侧印“子曰多闻择其善者而从之”，则出自《论语·述而》，意思是“多听，选择其中好的加以学习”；中间印刊物名“察世俗每月统计传”；左侧下部印“博爱者纂”四字，“博爱者”即马礼逊、米怜的笔名。由于刊物封面有些损伤，曾进行过修补。刊内半框高13.5厘米，宽10.5厘米，薄薄的一册。查国内各大图书馆馆藏目录，均未见收藏。此刊自3000元起拍，竞价至2.8万元我才落下拍卖槌，再加上佣金，成交价已经超过3万元，可见价值不菲。

《遐迩贯珍》，是咸丰三年（1853）在香港创刊，由英华书院印刷的最早中文新闻刊物，由英国伦敦宣道会来华传教士麦都思（WalterHenry Medhurst）等人主编。麦都思，自号墨海老人，是继马礼逊、米怜之后来华的重要宣教士之一。他也是一位汉学家，先后在南洋、上海四十余载，从事宣教、著述、出版、翻译等工作，并设立印刷所，编纂字典，创办报刊，为基督教在华的传播及中西文化交流做出了重要的贡献。《遐迩贯珍》于咸丰六年（1856）停刊，共出版33期，主要内容除少量传教内容外，大量刊载西方国家的政治、历史、地理、新闻和科技知识等方面的文章。同时，这也是最早刊载新闻图片的中文刊物，还是开创中文报刊刊登商业广告先河的期刊，对今天新闻史的研究具有重要实用参考性。此次拍卖的《遐迩贯珍》

为咸丰五年（1855）第5期，仅1册。封面竖版排列，右侧印“一千八百五十五年五月朔旦 第五号”，中间为期刊名，楷体书“遐迩贯珍”四字，左侧下部印“香港英华书院印刷”八字，与其他期所印“香港中环英华书院印送/每号收回纸墨钱十五文”有所不同。刊内半框高15.5厘米，宽11厘米，线装，白纸，铅字排版印刷。查国内各大图书馆目录，未见存有。此拍品以1000元起拍，最终以1.32万元成交。

清咸丰三年（1853）在香港创刊的最早中文新闻刊物《遐迩贯珍》

《六合丛谈》，是清咸丰七年（1857）在上海创刊、出版的我国第一份综合性杂志，由英国传教士伟烈亚力（Alexander Wylie）主编，撰稿人有英国传教士慕维廉（William Muirhead）、艾约瑟（Joseph Edkins）和韦廉臣（Alexander Williamson）三人，中国学者蒋敦复、韩应陛、王韬等也在杂志上发表了很多文章。杂志共出版15期，内容既包括有宗教方面，还有自然科学、社会科学等方面科学知识和相关新闻报道。更为重要的是，它在上海创办，不仅突破了清政府不准民间办报的禁忌，而且还孕育了中国最早一批新闻工作者，促成了中国最早一批国人创办刊物的诞生，为中国近代教育期刊的创办铺垫了一条可走的路。尤有意思的是，这还是一部用牛拉机器印刷的书，开创了中国铅字排版印刷的先河。因为刊物当时是英国基督教伦敦教会在上海开办的墨海书馆印刷的，而墨海书馆也是我国最早的铅字印刷出版机构。由于当时电力缺乏，便由耕牛旋转拖动机轴，带动印刷机完成印刷工作，故清贡生孙灿见此情景曾作诗咏之："车翻墨海转轮圆，百种奇编字内传。忙杀老牛浑未解，不耕壑陇种书田。"

清咸丰七年（1857）在上海创刊并出版的我国第一份综合性刊物《六合丛谈》

此次拍卖的《六合丛谈》是一部经过改装后的合订线装书，共收第 1 至第 13 期。书高 193 厘米，宽 135 厘米。书内版式完全按照中国传统雕版古籍样式排列，四周双边，白口，单鱼尾，半框高 160 厘米，宽 122 厘米。首册首页右侧上部排印“咸丰丁巳正月朔日”八字，下部排印“第壹号”，中间印有隶书体“六合丛谈”四字，左侧则印“江苏松江上海墨海书馆印”十一字。查国有馆藏书目，仅国家图书馆善本库中存有 1 至 13 号，可见存世稀见。经过拍卖，最终以 3.6 万元落槌。后至 2006 年 11 月的秋季拍卖会上，我们又从民间征集到 1 册《六合丛谈》，此件拍品封面上虽也印有“第一号”，但是同时还印有“咸丰戊午年正月朔日”，在书内版心处则印有“二卷一号”，应是咸丰八年（1858），也就是《六合丛谈》停刊那年的第一号，也就是国内未见收藏的第 14 号，所以再次引起藏家的关注。此拍品以 1000 元起拍，最终以 1.32 万元成交，可见识货者大有人在。

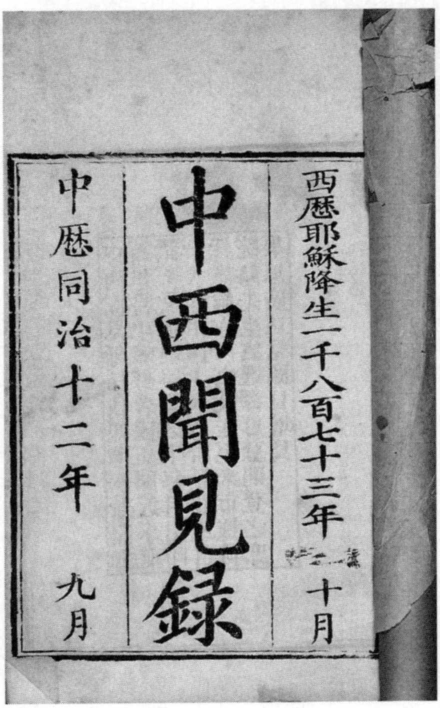

清同治十二年（1873）在北京出版的最早近代中文科技刊物《中西闻见录》

此外，博文堂所存书中还有北京最早的近代中文科技刊物《中西闻见录》1 册，此刊物刊印于清同治十二年（1873），是由美国基督教长老会传教士丁韪良（William Alexander Parsons Martin）主编的，以介绍西方自然科学、工艺技术、西方人物传记、科技发展史等为主要内容，共出版 36 期，此为第 15 期。丁氏是清末在华外国人中首屈一指的“中国通”，曾任京师大学堂总教习，创办北京崇实中学（即现在北京第二十一中学），并任第一任校长。拍品从 1000 元起拍，以 4800 元落槌。

清光绪年间出版的我国近代第一份科学普及刊物《格致汇编》

另一部拍品《格致汇编》，是由被称之为“传科学之教的教士”英国人傅兰雅（John Fryer）主编的我国近代第一份科学普及刊物，它开创了在中国进行科学启蒙和普及现代科学知识的先河。刊物创刊于清光绪二年

(1876) 正月，终刊于光绪十八年 (1892)，由上海申报馆铅字排印，并收有大量金属版科技图谱。由于该刊物出版时，恰逢在北京出版的《中西闻见录》停刊，因此在首页上印有“是编补续《中西闻见录》在上海格致书室发售”字样。傅兰雅在晚晴的洋务运动中，口译各种西方科学著作多达 113 种，是在华外国人中翻译西方书籍最多的一人，为此清政府曾授予其三品官衔和勋章。此拍品共计 24 册，以 5000 元起拍，最终在 1.8 万元的价位上落槌，再加佣金，成交价达到近 2 万元。

令我难忘的还有一册名叫《理论通达》的书。这是一部铅字印刷的书。在整理的过程中，我发现书内有些文字极为奇怪，部分字体的某一部分或大或小，不成比例，看上去给人一种很不舒服的感觉。此书安排在了 2005 年 1 月 16 日举办的第三十期大众收藏书刊资料拍卖会上拍卖，序号第 126 号，与另一部铅字排印、名为《中外和约》的书同为一个标的，无底价起拍；没想到最终被藏书家韦力先生以 1.65 万元收入囊中，令我大为吃惊。事后我便请教韦老师，为什么出这么多的钱来买此书？他告诉我，《理论通达》是用叠积字排印的书，并向我解释了叠积字的来历。原来在清嘉庆道光年间，一位法国人认为中国的汉字太多了，用活字印刷非常困难，于是他便以《康熙字典》为依据，经过研究认为，许多汉字都可以把两个或三个字合并为一个字，于是他便设计了一套字模，有 7000 多个字，把中国汉字拼起来排版，这种字就叫“叠积字”。但是用叠积字印出来的书并不受中国读者的欢迎，这种印刷术没能持续多久便放弃了，在民间能够看到叠积字印刷的书并不是很多，大家不知道也是很正常的。听了韦力老师的这一番告知，我恍然大悟，深感自己有关版本知识的肤浅与业务知识上的学无止境！后韦力先生在其所著的《得书记·失书记》中是这样记述的：“有一次，拍卖场中出现了一件重要的漏儿，那就是中国已知最早的叠积字本。叠积字本本来就很稀少，而此次是第一次出现在拍场，那本书的外观很不起眼，卖家和拍卖行都没看上眼，所以起拍标价为 100 元。我觉得捡漏儿的机会来了，没想到拍场中一直有一个号牌跟我争抢，一直举到 1.7 万元我才拿到手。”

2011 年，作者在博文堂书店与谢马克先生及其 90 岁高龄的母亲合影

2006 年 7 月，我去英国旅游，特意抽出时间去了博文堂书店，见到了经营者英国人谢马克（Michael Sheringham）先生与夫人，虽然时间短暂，但是一见如故，顺便又看了一些书店的其他藏书后便匆匆离开了。时隔五年后的 2011 年 7 月，我再次去英国，是参加中国拍卖协会和英国伦敦大学亚非学院联合举办的“首届中国文物艺术品拍卖企业总裁国际研修班”学习。当时就住宿在大英博物馆附近，能有机会再次拜访博文堂书店。此时的书店，还是谢马克先生和他的妹妹，还有 90 岁高龄的母亲在经营。但是，可以明显看出，在面对不断变幻的市场竞争中，书店也遇到了很多的困难，虽然店堂内还陈列着有关中国与亚洲的图书，但旧书的销售已经大大减少。楼下新开设了一间咖啡屋，当然也可以喝茶。谢马克先生说，咖啡屋现在是书店的重要支撑，楼上的房屋也出租出去了。可见实体书店在网络销售冲击下所遇到的经营困难，不仅在我们国内比较严重，在国外也是同样，这是一个全球性的问题。

转瞬间十多年过去了。我不知远在英国伦敦的博文堂书店，也就是亚瑟·普罗布斯坦书店，是否还在继续营业着，是否还继续在销售有关介绍中国的图书。我不知热衷于宣传中国文化的谢马克先生与夫人、妹妹在当前疫情的冲击下是否安康，但我衷心祝愿他们继续延续百年的历史，将书店开办下去！

写于2022年4月9日

一部奉系军阀刻印的儒家经典

——谈皕忍堂摹刻唐开成石经

经者，万世不易之常道也。然古时士子传抄之时常有笔误之事，以致原意缺失，道有不同。至东汉年间，学者蔡邕上奏灵帝刘宏，言其错误较多，不便使用，故请校订刻石。熹平四年（175），灵帝诏诸儒正五经文字，刻石立于太学门外，从此成为天下儒子学习的标准范本。后相继有曹魏正始石经、唐开成石经、五代后蜀石经、北宋石经、南宋石经、清石经等相继问世，刻经历史延续1600余年。

开成石经，始刻于唐文宗太和七年（833），历经五年寒暑，于开成二年（837）完成，随即立于长安国子监太学，供世人抄写，成为继熹平石经、正始石经后的第三部石经。石经收《周易》九卷，《尚书》十三卷，《毛诗》二十卷，《周礼》十二卷，《仪礼》十七卷，《礼记》二十卷，《春秋左传》三十卷，《公羊传》十一卷，《穀梁传》十二卷，《孝经》一卷，《论语》十卷，《尔雅》三卷，计一十二经一百五十八卷。然而伴随着历史烟云的划过，熹平、正始二经先后毁于战火，现仅有为数不多的碎石残字存世。唯开成石经冬去暑往，虽曾数次迁移，却安然地保存下来，成为今天存世最早、最完整的石经，也是当今西安碑林中的镇馆之宝。

斗转星移，当历史跨进民国后，社会动荡，草寇为王。在军阀混战中称霸一方的奉系军阀张宗昌[一]，虽一生所做好事不多，但其请武进陶湘所刻《皕忍堂摹刻唐开成石壁十二经》却一直为后人称道。据说刻印此书是王寿彭[二]提议，由张宗昌出钱而成。王寿彭时在坐镇山东的张宗昌身边任职。张宗昌为如何青史留名求教于王，而王寿彭历来主张尊孔读经，便告知刻书可使之然。二人一拍即合，决定刻印一部大的儒家经典留世后人，于是便有了这部“浊浪滔天之际而济之以舟梁，昏霾暗室之中而辉之以霞日”的巨著。民间流传的另一种说法是张宗昌接受杨度[三]倡议而刻。因张宗昌在山东时提倡复古，时在济南谋生的杨度力劝张宗昌要多做好事，故而建议他刻印儒家经典，并为张宗昌代写了书内的序言。当然，张宗昌为了实现青史留名，更不会忘记在书中留下自己的大名，他不仅在书首牌记上刻印上“皕忍堂”三字，而且还钤盖上一方超大正方形朱色铁线篆文“陆军上将勋位义威上将军印”，部分书中还钤盖有他的一方印文为“张宗昌印”的小型私印。

民国武进陶湘刊本《皕忍堂摹刻唐开成石壁十二经》

《皕忍堂摸刻唐开成石壁十二经》共计十四函七十四册，由著名藏书家、出版家、刻书家陶湘负责督刻。陶湘（1871—1940）字兰泉，号涉园，江苏武进人。民国后曾任天津中国银行经理、天津裕元纱厂经理、故宫博物院专门委员等职。一生藏书三十余万卷，编辑、刻印图书多达二百余种。所刻印之书必讲求版本精良，形式美观，装潢雅致。由此人总负责摹刻开成石经，可见皕忍堂主张宗昌对此事之重视，投资之巨大，雕版刷印标准之高难。书成观之，果不其然，不仅开本敞阔，用纸洁白，而且字体线条流畅，所选底本也不一般。世人都以旧拓之本为完善，但总负责人认为明嘉靖以前的《开成石经》拓本今已无存，万历间西安府学训导薛继愚等人刻石补缺本问题甚多，顾炎武曾作九经误字考证，严可均谓其有诬石经。总负责人决定所用之拓本“与其矜旧拓以诬石经，毋宁征近拓以存真相”，断然采取了“取新拓整张经文与仁和魏稼孙开成石经图考相符者，依样钩摹，按其横列次第以十二行为一叶，界以直线。每行十字或九字或十一字，及旁增小字悉依之” 。书中凡“有残缺按仪征阮元覆刻宋椠十行本注疏之经文双钩补入以示区别，惟补入文既非石刻原字。遇唐讳不复缺笔”。书后收《五经文字》三卷，《九经字样》一卷，清康熙间贾氏补刻石壁上之《孟子》七卷；同时还将清代著名文献学家、藏书家严可均[四]所著《唐石经校文》十卷附于书后，以便读者参考。书版雕刻成后，首先以朱色刷印，经校对后，再以蓝色刷印，最终完成于墨色，从而流传于世，受到藏书家的喜爱。

由于此书较少的印刷数量和至今出版已近百年的历史，再加之数十函的巨量，所以我们今天能看到全套无缺的足本已属不易，故在三十多年的拍卖会上也仅出现过十余次，其中不乏再次拍卖。正是由于以上诸多原因，此书在拍卖会上的价位也是一升再升，一涨再涨。以北京海王村拍卖公司为例，2007 年春季拍品会上一套朱色印本落槌价仅为 27.5 万元。时过四年，至 2011 年春季拍卖时一套墨色印本的价位已经达到百万元。尽管 2014 年、2015 年文物艺术品拍卖市场出现大幅缩水，在成交量、成交额都出现下滑的情况下，此书的成交价仍坚挺在百万元以上，可见其内在的经济价值。

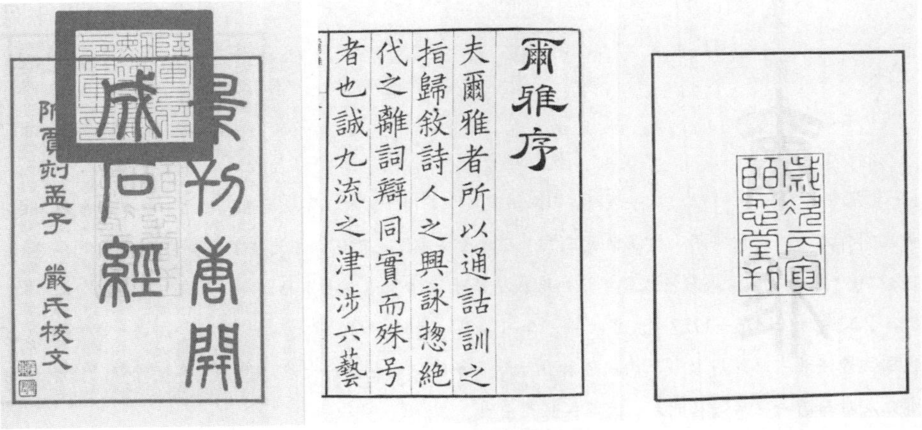

民国武进陶湘刊本《皕忍堂摸刻唐开成石壁十二经》
书名、《尔雅》卷首页、牌记

近闻文物出版社又依据民国期间的精拓本为底本，对此书再次进行了影印出版。我想，无论是儒家研究界，还是观赏收藏界，既可通过新出版的影印本观赏开成石经刻石之原貌，又可通过皕忍堂摹刻本欣赏到另一种开成石经之美妙，可谓文武双璧面世，此乃出版业与收藏领域一大幸事也。

附：北京海王村拍卖公司 2007 年至 2015 年《皕忍堂摸刻唐开成石壁十二经》拍卖成交记录：

序号	拍卖会名称	印本颜色	落槌价（万元）
1	2007 年春季	红色	27.5
2	2011 年春季	墨色	102
3	2012 年春季	墨色	71
4	2012 年秋季	墨色	80
5	2013 年春季	墨色	134
6	2014 年秋季	红色	126
7	2015 年春季	蓝色	110

初写于 2015 年 11 月

修订于 2020 年 3 月 14 日

[一] 张宗昌（1881—1932），字效坤，山东掖县（今莱州市）人。奉系军阀头目之一，长期盘踞山东，被民间称之为“狗肉将军”“混世魔王”“五毒大将军”。曾任山东省省长、直鲁联军总司令等职。1932 年 9 月 3 日，被山东省政府参议郑继成枪杀于津浦铁路济南车站。

[二] 王寿彭（1875—1929），字次籛，山东潍县（今属潍坊）人。清末状元，山东大学创始人。民国间曾任北京总统府秘书、山东省教育厅厅长等职。创办山东大学后因主张尊孔读经，遭到校内师生反对而离去。后寄居北京、天津，直至去世。

[三] 杨度（1875—1931），原名承瓒，字皙子，后改名度，湖南湘潭人。早年留学日本，曾任东京中国留学生会会长。1906 年创办《中国新闻》，主张君主立宪。辛亥革命后曾任内阁学部副大臣。1922 年加入国民党。五四运动后与李大钊等共产党人接触，世界观开始发生根本转变。1927 年曾积极营救李大钊。1929 年经周恩来批准，秘密加入中国共产党，并以秘密党员的身份开展工作。20 世纪 70 年代，其党员身份始公开。

[四]〔清〕严可均（1762—1843），字景文，号铁桥，浙江湖州人。文献学家、藏书家。清嘉庆五年（1800）举人，授建德县（今建德市）教谕，后引疾归。精考据学，曾与姚文田同治《说文》，作《说文长编》；与丁溶同治唐《石经》，著《校文》，另辑有《全上古三代秦汉三国六朝文》等。

平凡之中显珍宝

—— 观小残卷斋藏诗词集有感

小残卷斋，北京藏书家孟宪钧先生的室名。孟先生自20世纪80年代初便在文物出版社工作，曾任职编辑、副编审。无论是在工作期间，学习期间，还是退休以后，一直热衷古籍、碑帖的收藏与鉴赏。20世纪60年代初，十余岁的他就经常流连于北京琉璃厂的中国书店，购买练习书法的字帖，后逐渐开始步入收藏界。作为一名公职人员，他节衣缩食，日积月累，藏书汗牛充栋，真可称是一位从工薪阶层走出来的收藏家。

作者与孟宪钧先生在拍卖预展中亲切交谈

我与孟先生相识于20世纪80年代。谈起收藏，孟先生深有感触，用他自己的话说："没犯过什么大错，但是小错也犯过不少，比如说买错过，买假过，好东西轻易出手过，也上过当，赔过钱。"可见其数十年来收集的众多藏品，正是他用多年的心血逐渐积蓄而成。

近几年，孟先生的藏品先后出现在一些拍卖会上，引起众人的关注。我问之，先生曰：“一是年纪大了，身体又欠佳，虽说心疼，但转与他人收藏岂不更好？二是在别的拍卖会上竞买了另外一些心仪藏品，无力支付高额的开销，故转让一些藏品，以补囊中羞涩。”这可真是“千金散尽还复来”啊！

正是由于孟先生与中国书店有着数十年的交往与感情，或许也是为了报答中国书店以及中国书店诸多去世的、在世的老师傅对他的帮助与照顾，孟先生慷慨解囊，决定将自己所藏167件清人诗词集交予中国书店旗下的北京海王村拍卖公司进行拍卖，这也许是圆了他多年的一个心愿吧。

由于工作关系，自己有幸先观小残卷斋藏清人诗词集。如果仅从年代来讲，这些藏品不甚久远，大多是清至民国间印刷品，还包括一些新中国成立后的稿本、自印本，看似有些平常，但是从版本上来说就颇有意义了。这里既有初刻初印的红、蓝印本，也有精刻本、活字本、油印本、珂罗版印本，还有作者签名持赠本、名人之间转赠本、名家收藏本，其中很多藏品都著录在《清人别集总目》《清代版刻一隅》《清代版刻图录》等书中，可以说其中不乏流传较稀少、存世较罕见的珍本。这种平凡之中显珍宝的收藏方式，一是体现了孟先生深厚的文史功底及版本知识；二是他的这种剑走偏锋的独特收藏方式令业界人士称赞叫绝；三是纯粹体现了一位完全依靠工资而成为藏书家的特点；四是真正做到并实现了少花钱藏珍品。下面就仅举几例来说明小残卷斋所藏之特点。

1.《罗裙草》五卷，清初江苏华亭人高不骞撰，康熙二十二年（1683）刊本，一册。此书手书上版，字体秀丽。查《清人诗文集总目提要》，著录仅国家图书馆一家有藏。书中钤盖“徐乃昌”“施蛰存藏书记”等印章多方。藏书家黄裳先生在其所著《来燕榭文存》《来燕榭读书记》中先后记到：福建藏书家林葆恒藏词甚富，徐乃昌所藏诗集大多为其归之。后藏书转让，《罗裙草》等已为施蛰存买去，并深为错失此次机遇而懊悔。而小残卷斋所藏之本，从所钤藏印亦可印证此书递藏次第，即为黄裳先生憾失之本，可见孟先生眼光辛辣以及藏书独到之处。

2.《松邻遗集》十卷，清末民初藏书家吴昌绶撰，民国十八年（1929）琉璃厂文楷斋刊红印本，一册。是书为吴氏诗文集，书名由近代藏书家邵章题笺。黄裳先生《来燕榭书跋》中记：“此书刊成，殆只印不及百部，恐未有墨印本也。”然孟先生所藏之本更妙之处则是，书内扉页上有邵章墨笔题赠“癸酉上巳奉诒／夔梅先生倬盦”12字，并钤“邵章小记”白文小印一方，为邵章赠送藏书家沈兆奎之物。一部书，作者为藏书家，赠者为藏书家，受赠者亦为藏书家，可见书友之间的情谊尽在纸墨之间。

3.《云淙琴趣》，邵章撰，民国十九年（1930）邵氏自刊红印二卷本一册，民国二十四年（1935）邵氏续补墨印三卷本一册。邵章为近代藏书家、版本目录学家、书法家，所著《云淙琴趣》二卷本收其1923年至1929年间所作词二百首，首有“岁庚午三月望倬盦邵氏刊成”牌记。三卷本则为邵章五年后又得词百首，续补为一卷，故而形成。小残卷斋所藏既有二卷红印初刷本，又有三卷续补墨印本，而且墨印本扉页上还有邵章墨笔赠言“欣夫先生校正 邵章”八字，并钤盖白文“邵章私印”一方，为邵氏赠送好友、文献学家王大隆之物。两书不仅相得益彰，而且红黑对映，更添加收藏趣味。

4.《寥天一阁文》《莽苍苍斋诗》各二卷，清人谭嗣同撰，清光绪二十三年（1897）金陵刊本，两册。是书为清末著名维新派人物、“戊戌六君子”之一谭嗣同致友人书札、诗文集，也是谭氏所著《旧学四种》前两种。次年，谭嗣同便因戊戌变法而被斩杀于北京菜市口。但他那“我自横刀向天笑，去留肝胆两昆仑”的舍身报国气概，则用鲜血唤醒了国人继续革命的斗志。此书为最早刊本，谭氏遇难后即被清廷禁毁，故传世极少。孟君小残卷斋所藏本封面上墨笔题记“浏阳谭嗣同遗著／问渔藏本”，并钤“补斋”朱文小印一方，知为近代教育家江恒源旧藏之物，可谓流传有序。

5.《东轩吟社画像》一卷，清代画家费丹旭绘，清光绪二年（1876）汪氏振绮堂刊本，一册。此书首收版画十三幅，皆出于清中后期名画家费丹旭之手。黄裳先生在其所著《清代版刻一隅》中赞誉道：“图中凡三十三人，大抵嘉道间湖上老宿，写手精妙，可为晚清版画代表，与改琦绘《红楼梦图咏》

风格甚近。”也正是由于画作中人物生动，形象潇洒，颇有时代画风，再加之版刻极精，故收入《中国美术全集·版画卷》。而小残卷斋所藏则得自于民国著名藏书家傅增湘先生后人傅延年之手，孟先生在封面朱笔跋“此书二十余年前于琉璃厂书肆得自江安傅氏后人傅延年先生……此书图出名家手，且文献价值高，而幸存寒斋。吾今老矣，藏书终将散出，深望后之得者珍护之。”可见孟先生对此书之珍爱与不舍。

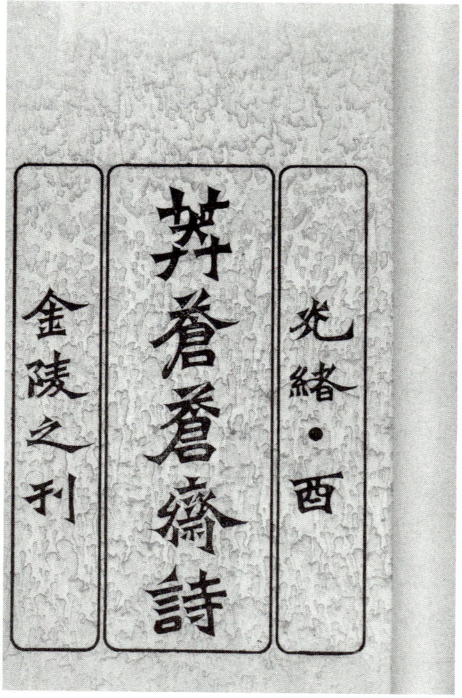

《莽苍苍斋诗》
清光绪二十三年（1897）刊本

《东轩吟社画像》插图
清光绪二年（1876）刊本

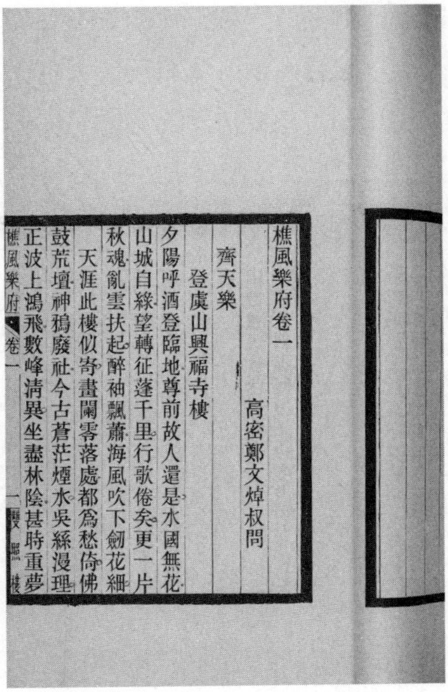

樵風樂府卷一　高密鄭文焯叔問

齊天樂　登虞山興福寺樓

夕陽呼酒登臨地尊前故人還是水國無花山城自綠望轉征蓬千里行歌倦矣更一片秋魂亂雲扶起醉袖飄蕭海風吹下劒花細

天涯此樓似寄畫闌零落處都爲愁倚佛鼓荒壇神鴉廢社今古蒼茫煙水吳綵漫理正波上鴻飛數峰清異坐盡林陰甚時重夢

樵風樂府　卷一　一　雙照樓

《樵风乐府》
民国二年（1913）吴氏双照楼刊本

6.《樵风乐府》九卷，清末民初词人郑文焯撰，民国二年（1913）仁和吴氏双照楼刊本，梁启勋批校，一册。郑文焯为“晚清四大词人”之一，早年写有词集《冷红词》《瘦碧词》等，晚年自删其词编成是书。梁启勋为梁启超胞弟、康有为弟子，曾参与维新运动，亦为词学家。此书内有梁启勋多处朱笔批校，如卷四《月下笛・戊戌八月十三日宿王御史宅夜雨闻邻笛感音而作和石帚》篇，梁氏天头朱笔注：“戊戌八月十三即六君子殉难日，王御史宅即四印斋，在宣武门外达智桥校场头条，与菜市口临近。‘早漏泄幽盟，隔帘鹦鹉’殆指袁慰庭。”可见郑氏所作此词为悼念“戊戌六君子”，而词中“隔帘鹦鹉”亦指袁世凯出卖维新派。如无梁启勋所注，可能我们并不清楚词中的含义，虽然只有数十字，但确恰如画龙点睛，一语中的。

7.《定盦文集》等清代思想家龚自珍著作。孟先生深知自己财力有限，但看米下锅、量体裁衣同样可以体会到藏书的乐趣与收获。他收藏的多种龚自珍著作就具有代表性。龚自珍是清后期改良主义的先驱，被柳亚子誉为“三百年来第一流”，所作诗文对社会的进步颇有影响。孟先生大概也正是看中此点，不仅收有道光二年（1822）的最初刻本，还有清同治七年（1868）钱塘吴熙刊本《定盦文集》《续集》《补》十六卷，以及光绪十二年（1886）平湖朱之榛刊本《定盦文集补编》四卷，光绪三十三年（1907）吴氏双照楼刊红印本《龚先生年谱》一卷，宣统元年（1909）上海国学扶轮社排印本《龚定盦全集》，还有宣统三年（1911）秋星社石印本《龚定盦集外未刻诗》一卷，其中《龚先生年谱》《龚定盦集外未刻诗》都是存世极为罕见之本。尽管年代不一、版本不一，但集一人作品多种，也不失为一种独特的收藏方式与方法。此外，他收藏的张伯驹著作《丛碧词》亦有不同的三种版本，分别是民国间木活字红印本、民国间油印本及1954年排印五家选评本，其中前二部为张伯驹先生签赠本，后一部为红学家冯其庸签名本，真可谓各有千秋，各有特色。

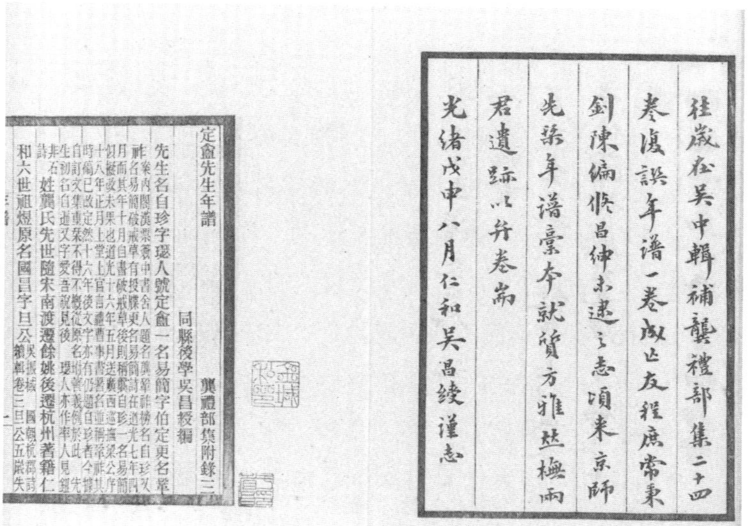
往歲在吳中輯補龔禮部集二十四
卷復譔年譜一卷故友程庶常秉
釗陳編修昌紳未逮之志頃來京師
先發年譜彙本就質方雅兹撫兩
君遺跡以弁卷耑
光緒戊申八月仁和吳昌綬謹志

定盦先生年譜
同縣後學吳昌綬編
龔禮部集附錄三

《龚先生年谱》
清光绪三十三年（1907）刊红印本

转瞬间，我与孟先生已相识三十余年矣。今天，孟先生已垂垂老矣，我也即将踏入古稀之年。回想数十年的君子之交，既淡如水，又浓于血。虽然岁月无情，但是人间正道是沧桑，故写此文为小残卷斋所藏之书鼓与呼。

2022 年 8 月 27 日，“小残卷斋藏诗词集专场拍卖会”在琉璃厂海王村拉开帷幕，孟先生所藏一百六十余部诗词集专著现身拍卖会。其中康熙二十二年（1683）刊本《罗裙草》五卷，一册，以 21.275 万元成交。民国十八年（1929）琉璃厂文楷斋刊红印本《松邻遗集》十卷，一册，以 2.3 万元成交。民国十九年（1930 年）邵氏自刊红印《云淙琴趣》二卷本，一册，以 1.035 万元成交。谭嗣同撰，清光绪二十三年（1897）金陵刊本《寥天一阁文》《莽苍苍斋诗》各二卷，两册，以 1.15 万元成交。被收入《中国美术全集·版画卷》的清代画家费丹旭绘，清光绪二年（1876）汪氏振绮堂刊本《东轩吟社画像》一卷，一函一册，以 1.38 万元成交。梁启勋批校本《樵风乐府》九卷，民国二年（1913）仁和吴氏双照楼刊本，一册，以 2.07 万元成交。清同治七年（1868）钱塘吴煦刊本《定盦文集》《续集》《补》十六卷，三册，以 1.495 万元成交。全场拍卖会经过激烈竞价，最终成交一百四十余部，可见先生所藏深受众多藏书家的喜爱与追捧。

初写于 2021 年 11 月 10 日

修订于 2022 年 11 月 10 日

从国民党秘密档案看1945年国共两党重庆谈判

——记《参政员毛泽东在渝市之动态》入藏红岩之经过及其他

近日在求是网上观看《纪念馆里的党史》专题节目，其中一集名为《国民党密档中的重庆谈判》，节目内容以一份国民党档案资料《参政员毛泽东在渝市之动态》为主题，展开述说1945年国共两党在重庆举行和平谈判。重庆红岩革命历史博物馆副研究员王进述说道："这份文物最初不在我们馆里，我们馆是经过拍卖公司购买回来的。"王进所言的拍卖公司，即是中国书店旗下的北京海王村拍卖公司，而时任公司经理的我，就是发现这件文物并从台湾转经香港带到北京，经过拍卖最终使其进入重庆红岩革命历史博物馆的经手人。十多年过去了，但其中的诸多经历仍记忆犹新。

那是2007年1月21日的傍晚，我坐在台北火车站旁的天成大酒店咖啡厅内，对面坐着的是台湾徐宗懋先生[一]。此时的北京已经是数九寒天，但宝岛的天气则给人的感觉是那样的舒适。我与徐先生是两年前经南京薛冰先生[二]介绍相识的。当时我们三人在北京华侨大厦一边品尝着生鱼片，一边谈论着拍卖与收藏，话题自然离不开徐先生的老照片专题收藏和我们的拍卖。初次相识的徐先生特别详细地询问了我们公司的拍卖情况以及有关委托拍卖的各项手续及费用等事项，从话语中我隐约感到他可能有意委托我们拍卖一些藏品。第二天我便接到了他的电话，希望在返回台北前与我再次相见。再次见面，是在他的客房内，徐先生首先给我看了一些民国时期的老照片和连战先生的亲笔签名本《台湾史》等图书后，便直入主题说道，台湾的一位朋友收藏有一件记录1945年国共两党重庆谈判的资料，你们是否可以拍卖？虽然徐先生的问话十分随意，但是在我听来却感到十分震惊。众所周知，抗战胜利后的1945年，国共两党是战是和是国人与世人注目的焦点。是年8月14日、20日、23日，蒋介石连续三次发电，邀请毛泽东到重庆谈判。中共中央于8月23日在延安召开政治局扩大会议，决定派毛泽东、周恩来、王若飞为代表，赴重庆与国民党谈判。这是一次关系到中国前途和命运的谈判，虽然双方最终签订了“双十协定”，但仍没避免内战的爆发。1949年国民党败退台湾，同时也带走了大批机密文件。徐先生所说的资料是否为当年国民党携带到台湾的绝密资料？这件资料是否对我们研究当年的重庆谈判以及中共代表团和中共领导人在谈判期间的生活、工作、活动提供帮助呢？尽管当时我凭着敏感的“政治嗅觉”对这件资料产生了很大的兴趣，但由于徐先生并非为资料持有人，他对资料的实际情况也不太了解，于是我立即表示：我对此件资料十分感兴趣，但是要等我看过原件后再最终确定是否可以拍卖。谁知这一等，就过去两年的时间。但是，徐先生一直遵守着我们道别时的约定，没有将这个消息外泄或联系其他拍卖公司。

此时咖啡厅外华灯高照，熙熙攘攘的人流不断地从窗外走过。徐先生不知是出于安全考虑还是其他原因，只带来了原件的复印件，而且也仅仅是其中的一部分。虽然复印件不多，但是随着一页页地翻看，我的心跳也不由得加快了，很快断定，这应该是一份1945年重庆谈判期间国民党特务监视中共代表团的原始报告，绝对是一份当年的绝密档案资料。它怎么会流失在社会上呢？随后我询问了资料的来源、原件的纸张、保存的状况以及资料上所钤盖的印章等情况后，已经基本上可以断定这件资料的真实性和可靠性了。随后我请徐先生转告持有人，我认为这件资料可以拍卖，并希望他能够委托我们公司进行拍卖。就有关拍卖的程序、拍品的安全、拍品的最低保留价、拍卖佣金的收取比例，以及拍卖如未成交，拍品如何返回台湾等事宜，一一进行了详细地磋商，很快双方就达成了都可接受的初步意见。徐先生表示，他将把今天的商谈结果告诉藏品的持有人，并力争说服持有人将此藏品交与我们公司进行拍卖。由于我的返程机票已经订好，不能在台北继续停留，第二天我便返回了北京。

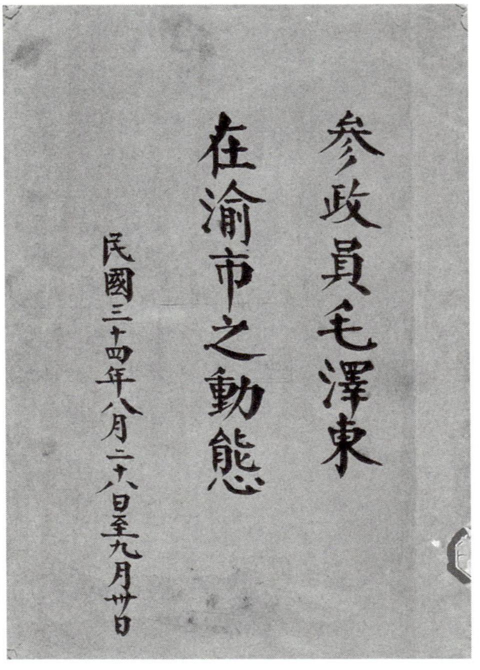
参政員毛澤東
在渝市之動態
民國三十四年八月二十八日至九月廿日

《参政员毛泽东在渝市之动态》
民国三十四年（1945）写本

春节刚刚过后，徐先生的电话便从海峡对岸打了过来，告知持有人接受我们商谈的结果，但是由于他对大陆方面物品进出境的有关规定不是十分了解，而且当时从台湾到大陆还没有完全开放，再加之交通十分不便等原因，因此提出请徐先生将拍品带到香港，然后我们在香港办理交接并签订委托拍卖合同书。同时约定有关进入大陆的入境报关、文物审定以及拍卖品的复出境等手续由我们代为办理。2008 年 2 月 28 日，我与徐先生先后抵达香港，很快在约定的酒店见面。在相互问候后，徐先生便从随身携带的包中拿出了一个包裹十分整齐的文件袋，说道："这就是要委托你们公司拍卖的东西，请您过目。"我接过来，打开文件袋，只见一册用牛皮纸包封的文件出现在了我的面前。封面上墨笔自右至左竖排分两行大字书写着《参政员毛泽东在渝市之动态》（以下简称《动态》），后面小字一行书写"民国三十四年八月二十八日至九月卅日"，共计29个字。翻开首页，映入眼帘的是蓝色印刷的公文报告表格，上面填写着工整的墨笔字。在"报告"一栏内填写的时间是"中华民国三十四年八月二十八日"，文件编号"警政渝字第四一零三号"。"报告事由"一栏首行填写"为将毛泽东抵渝详情报请"，另起一行书"鉴核由"三字，并钤盖正方形朱色阳文"宪兵司令印"一方。报告末页分三行书写"部长陈""附抄毛泽东书面谈话一份""职张镇"，并钤盖正方形朱色阳文"宪兵司令"印章一方。再细细查看，《动态》内收报告10份，共计46页，其中有数页之间钤盖有"宪兵司令印"骑缝章，而且全部墨笔书写于公文纸上。这与我前期的判断完全一致，是一件极有史料价值的档案资料。随后按照事先的约定，我与徐先生签订了拍卖委托合同书。办理好拍卖品的全部移交手续后的第二天我便乘机返回了北京，入关时首先通过报关通道办理入境及复出境手续。海关工作人员查验后开出单据，随后将《动态》装入一个公文袋内，再贴上封条并钤盖海关印章。随后我又携带着海关的封件来到位于北京市东城区府学胡同内的北京市文物局，经过他们的开封、审验，开具了"临时进境文物登记表"。经过这一系列手续后，这册《动态》总算平安地进入了公司的保险柜。

尽管我在1月份去台湾时就见到了《动态》不完整的复印件，在香港审看原件时就确定了它的真实性与重要性，但那终究是匆匆一瞥，而耐心细致地研究考据则需要静下心来一丝不苟地完成。此时《动态》存放在公司，终于可以仔细地翻看与研究了。首先我通读了全文，同时将重点与需要查对的地方一一记在纸上，然后再上网查找有关资料。最终经过数日的研究与考证，归纳出了以下八点。

其一，《动态》的封面使用黄色牛皮纸包封，采用中国传统线装书纸捻为线的装订方式合订为1册，高27.5厘米，宽19厘米，厚不到1厘米。10份报告全部用墨笔书写于蓝色印刷的专用公文纸上，只有抄录毛泽东主席抵达重庆机场时发布的《毛泽东的谈话》一文，是墨笔书写在朱格纸上。每份报告在“职张镇”处都钤盖正方形朱色阳文“宪兵司令”印章，部分报告上还钤盖有“宪兵司令印”印章以及红色软笔的断句和标识。此外，报告首页下部另钤盖1方长方形蓝色阳文“军政部部长办公室”收发印章，印章上签署的日期均为报告的当日或次日。从纸张、装帧、墨色、印章、签署时间等鉴定，确定无疑应是原物，绝无仿造、编造之可能。

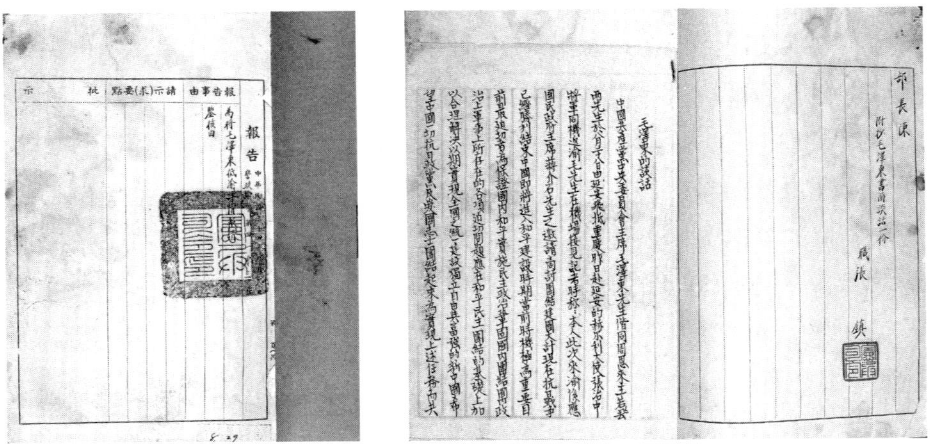

民国三十四年（1945）写本
《参政员毛泽东在渝市之动态》首页和册内所收《毛泽东的谈话》

其二，从报告人的署名及钤盖“宪兵司令”“宪兵司令印”印章上可以断定，报告人应是时任重庆宪兵司令的张镇将军。张镇，字申甫，号真夫，湖南常德人。黄埔一期学员，毕业后曾在校政治部任干事，而此时政治部主任为周恩来。后张镇历任蒋介石侍从室上校侍从副官、陆军第八师少将副师长等职。抗战爆发后移防上海，在淞沪抗战中率部与日军浴血奋战。

同年 10 月由上海调至南京，任宪兵副司令。1940 年调到重庆，1941 年晋升为中将宪兵司令。谈判期间发生了八路军干部李少石被枪杀事件后，周恩来立即约见张镇，向他提出了安全保卫毛泽东主席的要求。他遵周恩来所嘱，当天亲自护送毛泽东主席回到下榻的寓所，并命宪兵九团团长蔡隆仁具体负责对毛主席的特别保卫工作。在谈判结束毛泽东离渝返回延安时，他又亲自护送到机场。1949 年张镇去了台湾，但仅一年后病逝于台北，终年 51 岁。

其三，张镇在每份报告上都清楚地写明报告是呈送给“部长陈”的，同时报告上钤印的“军政部部长办公室”收发章，也可佐证这一事实。军政部陈部长是何许人也？查国民政府档案，乃是陈诚。陈诚，字辞修，号石叟，浙江青田人。早年毕业于保定陆军军官学校，曾任黄埔军校炮兵科教官，参加过北伐战争。第一次国内革命战争期间，协助蒋介石参加对中央革命根据地的“围剿”。抗战爆发后则力主抗日，曾参与指挥淞沪、武汉、宜昌等对日战役。1944 年 11 月调军政部，任职部长。1948 年 10 月去台湾，在台期间历任台湾主席兼警备总司令、“行政院”院长、“副总统”、国民党副总裁等职。而对文档资料的庋藏，则是陈诚一生所爱，其“石叟资料室”与蒋介石“大溪档案”被称之为台湾岛内两大绝密文件收藏处。

其四，《动态》起自 1945 年 8 月 28 日，毛泽东、周恩来、王若飞等中共领导人乘机抵达重庆时始，截至同年 9 月 30 日，毛泽东主席以及周恩来、王若飞都未到桂园。

第 1 份报告写于“民国三十四年八月二八日”（1945 年 8 月 28 日），文号“警政渝字第四一零三号”，即毛泽东等中共领导人到达重庆的当日。报告共两页，附抄录《毛泽东的谈话》1 页，记述了毛泽东等中共领导人乘坐的专机于下午 3 时 30 分抵达重庆九龙坡机场，前往机场迎接的人有钱之光、龚澎、乔木、鲁明、熊瑾玎、石西民等人，郭沫若、黄炎培等上前与毛泽东握手，国民政府方面派周至柔主任作为蒋介石的代表到机场迎接。3 时 45 分，在张治中将军和美国驻华大使赫尔利先生的陪同下，毛泽东、周恩来乘美国大使馆车同赴张公馆。时任八路军驻重庆办事处处长钱之光宣布了毛泽东将下榻十八集团军驻渝办事处或曾家岩、桂园等事项，以及中共代表团在机场散发了中、英文《毛泽东的书面谈话》等详细情况。

第 2 份报告写于“民国三十四年九月五日”（1945 年 9 月 5 日），文号“警政渝字第四一八六号”，共计 5 页，按日记录了毛泽东、周恩来、王若飞等中共领导人 8 月 30 日至 9 月 4 日在重庆的活动。

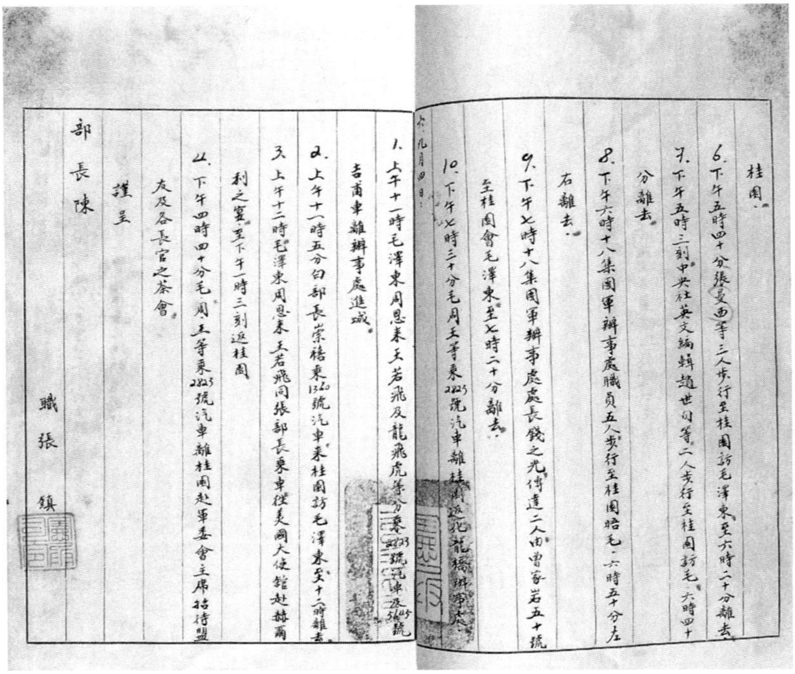

桂園。
6. 下午五時四十分張曼西等三人步行至桂園訪毛澤東，至六時二十分離去。
7. 下午五時三刻中央社英文編輯趙世洵等二人步行至桂園訪毛，六時四十分離去。
8. 下午六時十八集團軍辦事處職員五人步行至桂園晤毛，六時五十分左右離去。
9. 下午七時十八集團軍辦事處處長錢之光、傅達二人由曾家岩五十號至桂園會毛澤東，至七時二十分離去。
10. 下午七時三十分毛周王等乘2823號汽車離桂園返化龍橋辦事處。

卅、九月四日：
1. 上午十一時毛澤東周恩來王若飛及龍飛虎等分乘2823號汽車及5405號吉甫車離辦事處進城。
2. 上午十一時五分白部長崇禧乘1320號汽車來桂園訪毛澤東，至十二時離去。
3. 上午十二時毛澤東周恩來王若飛同張部長乘車往美國大使館赴赫爾利之宴，至下午一時三刻返桂園。
4. 下午四時四十分毛、周、王等乘2823號汽車離桂園赴軍委會主席招待盟友及各長官之茶會。

謹呈

部長陳

職張鎮

民国三十四年（1945）写本

《参政员毛泽东在渝市之动态》内 9 月 3 日至 9 月 4 日下午的部分记录

第 3 份报告写于“三四年九月十日”（1945 年 9 月 10 日），文号“警政渝字第 43099 号”，共计 4 页，记录了 9 月 4 日至 6 日中共领导人的活动及被接见的来访人员。

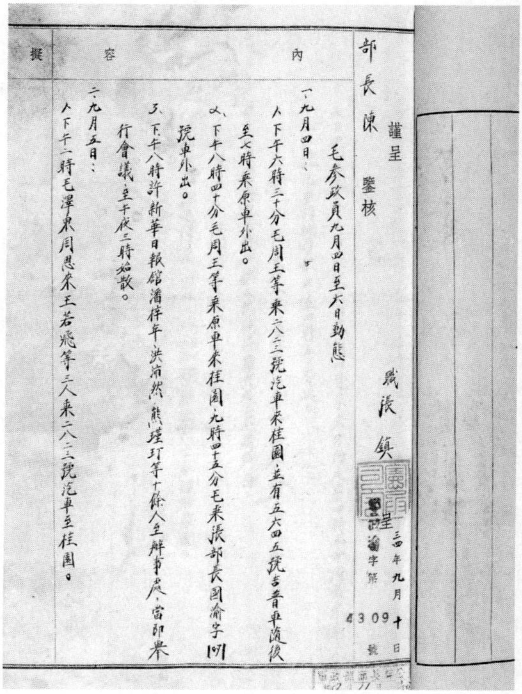

部長陳 鑒核 謹呈

毛參政員九月四日至六日動態

一、九月四日：

1、下午六時三十分毛周王等乘二八二三號汽車來桂園，並有五六四五號吉普車隨後至七時乘原車外出。

2、下午八時四十分毛周王等乘原車來桂園，九時四十五分毛乘張部長國渝字1071號車外出。

3、下午八時許新華日報館潘梓年、洪深然、熊瑾玎等十餘人至辦事處，當即舉行會議，至午夜二時始散。

二、九月五日：

1、下午二時毛澤東周恩來王若飛等三人乘二八二三號汽車至桂園。

職 張鎮 謹呈

三四年九月十日 警政渝字第4309號

民国三十四年（1945）写本《参政员毛泽东在渝市之动态》内9月4日晚上至5日的部分记录

第4份报告写于“三四年九月十二日”（1945年9月12日），文号“警政渝字第4327号”，共计5页，记录了9月6日至8日中共领导人的活动及被接见的来访人员。

第5份报告写于“三四年九月十六日”（1945年9月16日），文号“警政渝字第4386号”，共计5页，记录了9月9日至12日中共领导人的活动及被接见的来访人员。

第6份报告写于“三四年九月二十一日”（1945年9月21日），文号“警政渝字第4472号”，共计4页，记录了9月13日至16日中共领导人的活动及被接见的来访人员。

第7份报告写于“三四年九月二十三日”（1945年9月23日），文号“警政渝字第4510号”，共计3页，记录了9月17日至19日中共领导人的活动及被接见的来访人员。

第 8 份报告写于“三四年九月二十五日”（1945 年 9 月 25 日），文号“警政渝字第 4554 号”，共计 4 页，记录了 9 月 20 日至 22 日中共领导人的活动及被接见的来访人员。

第 9 份报告写于“三四年十月九日”（1945 年 10 月 9 日），文号“警政渝字第 4748 号”，共计 6 页，记录了 9 月 23 日至 30 日中共领导人的活动及被接见的来访人员。

第 10 份报告写于“三四年九月二十日”（1945 年 9 月 20 日），文号“警政渝字第 4453 号”，1 页，标题为《蓉市各校派代表来渝晤毛泽东》，记录了成都各校学生选派代表到重庆与毛泽东主席会晤的情况。

其五，《动态》对毛泽东等中共领导人及中共代表团在重庆 34 天的活动以及到访人员的记录极为详细，不仅每个人、每辆车都有详细的记录，甚至每天、每小时、每分钟的进出都躲不过特务的监视，也详细记录在案。例如 8 月 30 日的报告中记录到：“下午四时四十五分周恩来乘 2189 号汽车至桂园，四时五十五分张部长陪同周乘车赴曾家岩主席官邸。”“下午四时五十分毛泽东仍在红岩嘴办事处。”“下午五时十五分毛泽东乘国渝 2385 号汽车至桂园。”“下午八时许毛泽东周恩来等在桂园应张部长之宴，并有邵秘书长力子、左舜生、傅斯年、王云五、黄炎培、张澜、张伯钧等作陪。”“下午八时三十分叶楚伧、邹鲁、吴铁城、孙科来桂园访毛泽东，至十一时一刻始辞去。十二时毛、周、王等返办事处。”

其六，通过《动态》的记录，我们可以看到毛泽东、周恩来、王若飞以及中共代表团的其他工作人员在谈判期间紧张而繁忙的工作。如依据 8 月 31 日的记录，我们可以看到中共代表团这一天的活动，即：上午 8 时，周恩来、王若飞乘车前往办事处；9 时许，沈钧儒、张澜、黄炎培、张伯钧等人来访，并与毛泽东、周恩来等进行了长时间的会谈；下午 5:30 分，毛泽东乘车离开办事处；6:30 分，毛泽东、周恩来、王若飞乘车到桂园；7 时，毛泽东与龚澎、乔木会谈一小时；8 时，邵力子设宴招待毛泽东、周恩来、王若飞；9:45 分，毛泽东等人返回桂园；10:35 分，毛泽东等人乘车离开桂园，前往李子坝会晤吴铁城，约午夜1时返回办事处。再如9月4日的报告中记录“下午八时许新华日报馆潘梓年、洪沛然、熊瑾玎等十余人至办事处，当即举行会议，至午夜三时使散”。9月10日的报告中记录“午夜一时周恩来、王若飞及新华报社职员乘车至曾家岩五十号”。9月21日的报告中记录“下午九时四十五分，毛泽东偕王若飞、王炳南及其随员等七人，分乘国渝一二四七号车与五六四五号吉普车至桂园，该一二四七号旋驶上清寺于十一时五十五分接周恩来至桂园，旋毛氏偕周恩来、王若飞、王炳南及随员等乘原车往嘉陵新村白部长公馆至深夜一时许返红岩嘴”，等等。

其七，有关毛泽东、周恩来、王若飞等中共领导人在重庆会见各界代表、民主人士、国民党高级领导人、国际友人、新闻记者以及走访学校、工厂，包括毛泽东与蒋介石的会晤等在《动态》中也均有详细记录。除去上面提到的各界领导人、知名人士以外，还有宋庆龄女士，国民党要员于右任、冯玉祥、陈立夫、叶楚伧、马兆琦等，妇女界代表吕云章、刘王立民、彭子冈、蒲熙修等，学者朱学范、张伯岭、胡德珩、杨熹、王文彬等，企业家刘鸣生、潘昌猷、胡西园等，新闻记者赵世旬、刘光、赵超构等，其他人士赵素昂、金若山、张西曼、沈志远、周彦祥等。此外还会见了苏联、英国、美国等国驻华大使及工作人员，接见了英国红十字会的工作人员等。毛泽东主席走访大石坪的工厂、中央大学、南开中学等也都记录得十分详细。

毛泽东与蒋介石的会晤在《动态》中有两处记述，其一为9月2日，报告中记“下午八时二十分毛周王等偕随员龙飞虎杨汉章等七人，分乘2832号及1247号汽车赴曾家岩委座私邸宴会，至十时三十分返桂园，至十时五十分返化龙桥办事处”。其二为9月17日，报告中记“下午一时毛泽东偕王炳南乘二八三二号小包车赴曾家岩主席官邸宴会至三时许乘原车返桂园”。此外有关中共代表团举办招待会、新闻发布会等事宜《动态》中也均有详细记录。

其八，重庆谈判距今已有70余年的历史了，现在有关谈判的回忆文章时而见诸书报。这些文章既有当事人的回忆，也有史学家、文学家依据有关资料的编写。但是毕竟时间久远，有些回忆难免会出现误记或差错，而《动态》

的面世，恰可证史纠偏。如有报道说毛泽东在重庆期间曾单独接见时任《新民报》记者的赵超构先生，从上午 9 时交谈至晚饭后，时间长达近 10 个小时。但是《动态》中有关赵超构到中共代表团驻地的情况是这样记述的：9 月 21 日“下午三时有新民报记者赵超构访王炳南，旋与王乘吉普车往上清寺方向。按赵前曾随中外记者团访延安，著有《延安一月》”。虽然前后只有 49 个字，但是通过这个记录，我们可以了解到赵超构到达中共代表团的时间、地点以及会见的人物和随后的去向。此外，《动态》所记的 34 天中，记录毛泽东上午办公与会见客人的活动仅为一次，即 8 月 31 日上午 9 时许会晤沈钧儒、张澜等人。不难看出，毛泽东在重庆期间仍遵循着上午休息、下午和晚上办公的生活习惯。而且《动态》中记毛泽东在重庆会见诸多客人最长的时间也就在 3 个小时左右，从没有超过 4 个小时的记录，再联想到毛泽东在重庆期间十分紧张的工作，如何会抽出长达近 10 个小时的时间同身为记者的赵超构进行长谈呢？即便假设毛泽东与赵超构的确有长达 10 个小时的长谈，身为记者的赵超构不可能不对谈话内容进行记录和报道，但是至今我们只是在一些文章中看到简单的描述，从没有见到有关此次谈话内容的详细披露。因此我认为，现在有些文章中有关毛泽东与赵超构在重庆期间曾经有过 10 个小时长谈是不符合事实的。

通过以上八点，我认为绝不能只把《动态》看作一件当年国民党特务监视、跟踪中共代表团的普通报告，这应是我们今天研究重庆谈判以及谈判期间毛泽东、周恩来、王若飞等中共领导人及中共代表团活动的最原始记录，是一件极为详细、可靠的档案资料，是具有极高的历史文献价值、学术研究价值和文物收藏价值的珍贵文献。

经过以上的征集、研究、考据后，我接下来的工作就是考虑如何进行宣传与拍卖了。毋庸置疑，拍卖准备中的一项十分重要工作就是对拍卖品的宣传与介绍，宣传工作做得好，可以起到事半功倍的作用。于是我第一个设想是先向一些专家学者进行汇报，请他们进行研究，然后提出各自的意见，最后再召开一个学术研讨会。与此同时，通过新闻媒体向社会发布《动态》的发现与将要拍卖的消息。第二个设想就是将《动态》的有关介绍与部分影印复制件一起邮寄给全国各地相关的博物馆、纪念馆、资料馆、图书馆等单位，以引起他们的关注，使这件资料能进入国家的馆藏机构。三是在制作拍卖图录时加大宣传力度，图文并重，以期引起藏家的关注。经过再三斟酌，联想到1978年春季拍卖记录侵华日军罪行《镇江沦陷记》手稿的经过，以及事后引发的连锁反应，最终我还是放弃了第一种想法。转而将宣传的重点放在第二、第三种设想上了。首先，我依据自己通读全文后的所知与查阅有关资料后的考证，写了一篇名为《〈参政员毛泽东在渝市之动态〉—— 一份有关重庆谈判的重要资料》文章，然后配上部分影印复印件，邮寄给了全国各地相关的国有馆藏单位，向他们进行推荐与介绍。这些单位中包括重庆的红岩革命历史博物馆、十八集团军驻渝办事处旧址以及全国各地凡与毛泽东主席有关的纪念馆、博物馆、故居、纪念堂等。其次，在印制的拍卖图录中，我安排了两个版面5张照片进行介绍。这5张照片分别是封面、首页、毛泽东主席在机场的谈话和第二份报告中有关记录白崇禧拜访毛泽东，毛泽东、周恩来、王若飞在张治中陪同下去往美国大使馆等内容的记录。文字介绍是这样写的："是书详细记录了民国三十四年八月二十六日至九月三十日（1945年8月26日至9月30日）期间，毛泽东、周恩来、王若飞赴重庆谈判期间在重庆的每日活动，具有极高的史料价值。"同时也将自己所写的那篇文章用两个版面附在了图录的后面。这样展示不仅能给大家一个感性认识，还可以通过文字更清楚地了解这件拍品的内涵与意义。当然，最低保留价也不菲，依据我们与委托人的协商，最终定在人民币10万元，图录上公布的参考价是10万至12万元。

待全部准备完毕，距离拍卖的日子也越来越近了。随着时间一天一天地过去，公司邮寄出去的介绍资料，除去毛主席纪念堂的邮件被原封不动地退了回来以外，其他邮件就如同泥牛入海，没有丝毫的回复与消息。眼看就要进入5月了，识宝人还是没有出现。此时我的心里也不由得暗暗地着急起来，真有些怀疑当初决定不召开研讨会和新闻发布会的决定是不是错了。正在焦急万分之际，办公桌上的电话铃声响了，我拿起话筒，里面传来了一位女士的声音："请问是北京海王村拍卖公司吗？""是的，请问您有什么事？”我回答道。“我是重庆红岩博物馆，请问彭经理在吗？我们馆厉华馆长要同他通话。”当对方得知我就是他们要找的人后，话筒中传来了厉华馆长的声音：“彭经理，您好！听朋友介绍（数年后在与国家博物馆夏传鑫先生交谈中，我才得知厉馆长所称的朋友即是夏先生），在你们即将开始的拍卖会上有一件关于重庆谈判的资料？”我立刻回答道：“是的，这是一件十分重要而且是非常有价值的资料。有关的介绍我们已经给你们邮寄过去了，没有收到吗？”“没有收到啊，是不是地址写错了？”听到厉华馆长的回答，我也顾不上多问，忙说道：“因为现在距离拍卖的时间已经很近了，一是请您在所收的文件中再查找一下，看看是否可以找到；二是您可以先登陆中国书店网或孔夫子旧书网，先在网上了解一下这件拍品；三是我马上安排再给您速递一份过去，请您亲自查收。”首次通话，就这样匆匆地结束了。两天后，我再次接到了厉华馆长的来电，他告诉我已经在网上查看了有关资料，新邮寄过去的资料也已经收到了。随后他详细地询问了《动态》的来源、真伪、保存状况等多个问题，我一一如实地回答后也谈了自己的意见，我认为《动态》能够由国家馆藏机构收藏最好，而在诸多国家馆藏单位中，又以重庆的博物馆或纪念馆为最佳首选，而重庆的诸多馆藏单位中，当然红岩博物馆最为翘楚。并且我还打保票地直接说道：我认为这件拍品无论进入重庆的哪一家博物馆，都将是一件镇馆之宝。厉华馆长听罢我的介绍后，沉思片刻，便试探性地问道，如果我们馆想收藏这件拍品，是否可以不通过拍卖，直接出让给我们？我回答道，这件拍品是我们从海外征集到的，它的所有权不属于我们，依据有关法律，我们无权决定直接转让给你们。而且现在拍品已经上了图录，也向社会发布了拍卖公告，更何况拍卖会马上就要开始了，因此撤拍的可能性已经没有了。随后厉华馆长立即表示要亲临北京参与竞买的意愿，并要求我继续与他保持电话联系。

2007 年 5 月 10 日，拍卖预展在位于北京市琉璃厂古文化街的中国书店三楼拍卖大厅开展了。不出所料，这件排序在第 32 号的《动态》立即吸引了诸多藏家的眼球。我特意仔细观察，发现其中既有私人收藏家，也有国有收藏单位。但是连续两天过去了，我既没有见到厉华馆长的身影，也没接到他的电话。难道红岩博物馆放弃这件藏品了吗？还是他们对这件拍品的真伪产生了疑问？或是有人提出了不同的意见而放弃了竞买？如果放弃，我真有些为他们后悔。12日，是拍卖预展的最后一天，正当我为红岩博物馆有可能失去这么好的一件馆藏品有些惋惜时，厉华馆长的电话突然打了过来。他在电话里告诉我，考虑到一些具体情况，他临时决定不到现场参与竞买了，但是博物馆的人已经到现场并看了拍品，明天将参加竞买。同时他还特意说道，明天竞买时他将在重庆通过电话遥控指挥，并嘱咐我一定要予以保密。我当即表示同意他的做法，并保证绝不向外界透露他们参加竞买的任何消息。

13日下午1时30分，“中国书店2007年春季书刊资料拍卖会”准时开始了，场内坐满了从全国各地赶来的竞买人。随着我的主持与槌起槌落，很快，半个小时后开始了对《动态》的拍卖。当我在拍卖台上报出“第32号拍品，《参政员毛泽东在渝市之动态》，起拍价10万元”的话音刚刚落下，场上立刻有人举起了号牌。“10万元，有人应价了。”11万元，12万元，13万元……随即价位增至14万元。此时场上只剩两位买家在竞价了，其一便是红岩革命历史博物馆。“加5000元。”红岩革命历史博物馆报出了新的加价额度，看来远在重庆的厉华馆长依据现场工作人员的汇报改变了报价战略。我当即给予了肯定：“5000元有效，现在是14.5万元，请问您还考虑加价吗？”我把头转向另位竞价人，等待着他的回复。“加5000元。”对方也报出了同样的价位。我再把头转向红岩革命历史博物馆时，他们立即又举起竞价牌，喊出了“15.5万元”的报价。我再次将目光转向那位竞买人，只见他略加思考，然后颇有不舍地轻轻地摇了下头，向我发出了放弃的信号。我的目光转向全场，“现在的价位是15.5万元，还有加价的吗？”随着“15.5万元，最后一次”的报价声，我将手中的拍卖槌敲了下去。在清脆的槌声中，我看见代表着红岩革命历史博物馆前来参加竞买人的脸上露出了喜悦的微笑。

第二天一早，当我刚刚走进办公室，昨天忍痛放弃竞买的那位客户就紧跟着走了进来，焦急地问道：“昨天拍卖的第32号拍品重庆谈判资料我们还想要，是否可以重拍？”不知是他对拍卖程序不太了解，还是或许有其他原因，才提出了这个不可能的问题。我随即向他解释道：“我们的拍卖程序没有问题，你们昨天在拍卖会上也明确表示了放弃的意思，是不可能再重新拍卖的。”“那您是否可以同买家联系一下，让他们转让给我们？”我微笑着回答道：“估计他们不会转让吧。”“我们再加钱，多给他们一些钱。”“这恐怕不是钱的事，我想即便你们再加更多的钱，他们也不会同意转让的。”听到我这如此肯定的回答，他有些着急了，又问道：“您是否可以告诉我他的联系方式，我直接与他联系？”“对不起，依据《拍卖法》的有关规定，买受人要求保密的，我们有义务为他们保密。所以我也不能将他的信息提供给你们。”“哎呀，这可怎么办啊？我们就是为买这件拍品来的。”听着他那浓浓的川味口音，看着他那急迫的样子，我忍不住问道：“你们是从哪来的呀？”“重庆。”没想到也是来自重庆的买家，我不忍心让他再着急了，便婉转地说道：“既然是重庆来的，那我就透漏给你们一点小小的消息吧，这件拍品也是重庆买走的。”话音刚落，他便迫不及待地追问道：“是红岩吗？是红岩吗？”我微笑着没有回答，但他似乎已经看出花落谁家了。

时隔五年后，2012年5月，当我再次来到重庆，无论是走进红岩革命历史博物馆，还是走进曾家岩第十八集团军办事处旧址以及中国民主党派纪念馆，均可看到展陈着的《参政员毛泽东在渝市之动态》复制件。而原件已经被博物馆作为镇馆之宝珍藏起来，秘不示人了。当我与时任重庆市文广局副局长、重庆红岩联线文化发展管理中心（重庆红岩革命历史博物馆）主任厉华先生首次见面并回忆起当年的竞买情况时，就好像是犹如发生在昨天一般。他对能够竞买到《动态》非常满意，并高度评价说：“通过拍卖成功收回毛泽东在重庆谈判期间的重要文物，这是重庆红岩联线文化发展管理中心继1988年收集到杨虎城将军西安事变文物、2004年收集到中美合作所资料图片后的第三次重大收获。”

2012 年 5 月作者与厉华主任在重庆中国民主党派纪念馆留影

《动态》虽然入藏了重庆红岩革命历史博物馆，但它最初是如何从陈诚“石叟资料室”流失到民间的？原持有人是谁？他又是如何得到这件资料的？这些问题一直是我心中待解的谜。光阴似箭，转眼间又过去了四年，2011 年，一个从台北打来的电话让我彻底解开了这个谜。对方自我介绍道：“我姓曾。不知彭先生是否还记得 2007 年贵公司曾拍卖过一件叫《参政员毛泽东在渝市之动态》的拍品？”我回答道：“记得，请问您有什么问题？”对方回答道：“我是这件拍品的收藏人，是我委托徐先生交与你们拍卖的。现在我在网上查到了您和你们公司的电话，所以打来电话联系。”嘿，这可真是踏破铁鞋无觅处，得来全不费工夫啊！在与曾先生深入交谈后，我了解到，曾先生的舅公原是国民党中将涂思宗。涂思宗，字负我、南垣，广东蕉岭人。曾历任国民革命军第 63 军、第 100 军副军长，第九集团军参谋长，国民政府军政部桂林办事处主任等职。抗日战争全面爆发前的 1937 年 5 月，他曾作为国民党中央考察团团长，率队一行 18 人赴延安考察，受到毛泽东等中共领导人的接见。涂思宗返回南京后，将苏区各界对国共两党合作的愿望和诚意转达给了南京政府，对促进国共两党的第二次合作起到了一定的推动作用。抗战胜利后，他曾任闽粤边区“剿匪”总指挥。1949 年随着国民党政权的垮台先去了台湾，第二年便移居香港，此后一直居住在香港，在港病逝。通过电话我还获知，曾先生除我们已经拍卖的《动态》外，还保存有数件陈诚“石叟资料室”的资料。此后他又陆续委托我们拍卖了《中共革命军事委员会组成之经过》《中共武力组织及所属各部队概括》《政府军区建设与共产党军区制度之比较》《中共之党政军·下集》《八路军最近在河北活动纪实》《共产党军队进攻忠义救国军及别动军之军事与阴谋》《第十八集团军暨新四军在各战区不法行为概括一览表》《河北省四十三县八路军暴行实录》《新四军在苏北第四行政区蹂躏政权之经过与检讨》等抗日战争期间国民党监视中国共产党及第十八集团军的一些机密文件。2012 年由于我即将退休，曾先生撤回了原计划继续委托我们拍卖的钤盖有“绝密”“看后销毁”等印章的原国民党最高级别机密文件《第十八集团军动态日报表》《第十八集团军及新四军动态日报表》等 6 件档案资料。后我获悉，这 6 件档案资料曾先生直接与重庆红岩联线文化发展管理中心（重庆红岩革命历史博物馆）协商洽谈后，最终也被他们全部购入，进入了馆藏。

历史再跨过四年，2015 年 8 月，应台湾汉学研究中心邀请，我赴台北参加“海峡两岸古籍整理与维护研讨会”，利用会后返回北京前的空暇时间，我终与电话联系了近 5 年、未谋过面的曾德宜先生相见了。曾先生热情地邀请我到阳明山游览，并顺便参观了蒋介石初到台湾的首座官邸草山行馆和最后的故居阳明书屋。一路上与之交谈，方知 20 世纪 80 年代曾先生就读台北县私立辞修高级中学，一日学校图书馆整理内务，准备处理掉一批旧书，恰巧他从旁边经过，但是他当时并不知道这批资料的内在价值，只是感到十分好奇，于是就捡拾起来留作闲来时的读物。陈诚字辞修，学校以陈诚之字来命名，正是因为学校的建立是陈诚生前的夙愿，因此他所藏图书及一些资料也捐赠给了学校图书馆。而学校图书馆在整理内务时，认为这些资料不属图书范围，于是就被当成无用之物从图书中剔除了出来，从而才发生了今天的诸多故事。

最后，让我们以《动态》中收入的毛泽东主席抵达重庆时，在机场发表的书面谈话来作为此文的结束吧：

本人此次来渝系应国民政府主席蒋介石先生之邀请，商讨团结建国大计。现在抗日战争已经胜利结束，中国即将进入和平建设时期。当前时机极为重要。目前最迫切者，为保证国内和平，实施民主政治，巩固国内团结。国内政治上、军事上所存在的各项迫切问题，应在和平民主团结的基础上加以合理解决，以期实现全国之统一，建设独立自由与富强的新中国。希望中国一切抗日政党及爱国志士团结起来，为实现上述任务而共同奋斗。本人对于蒋介石先生之邀请表示谢意！

初写于2007年

修订于2020年3月

[一] 徐宗懋，笔名秦风，原籍福建古田，1958年出生于台湾高雄。曾在台湾《中国时报》历任记者、东南亚特派记者、国际新闻特派员、总编辑特别助理等职。2000年成立新视语文化有限公司与台湾文史工作室，从事历史影像收藏、写作，出版、展览等工作。在大陆出版有《你没见过的历史照片》系列、《蒋家私房照》《岁月台湾》《抗战一瞬间》《西洋版画与北京城》《秦风图文笔记》等。在北京、南京等地举办民国时期南京生活影像特展、烽火映像——西洋版画与中法战争的闽台战役、1927–1949影像民国特展等展览。2005年曾在台湾帮助寻找20世纪50年代发生在台湾的吴石、朱枫（朱谌之）“中共第一间谍案”中遇难的朱枫烈士遗骸，并在他人的共同努力下使之回归故里安葬。

[二] 薛冰，江苏南京人。中国作家协会会员。1968年下乡插队务农，1975年后任南京钢铁厂工会干事，1984年后历任《雨花》杂志编辑，《东方文化周刊》副总编辑，现任南京市藏书家协会主席、南京市作家协会副主席。著有长篇小说《群芳劫》，中短篇小说集《爱情故事》，随笔集《旧书笔谭》《止水轩书影》《家住六朝烟水间》《淘书随录》等。

日军南京大屠杀前的另一场屠杀
—— 记清稿本《镇江沦陷记》的拍卖

扬州，自古就是一座文化古城，在历史上不仅以建有收藏《四库全书》的文汇阁闻名天下，更有诸多的私人藏书家至今仍被业内称赞，如静思堂主季振宜，文选楼主阮元，石研斋主秦恩复，小玲珑山馆主马曰琯、马曰璐二兄弟，瓠室主人陈本礼、陈逢衡父子，冰瓯仙馆主张丙炎，测海楼主吴引孙等。今天的扬州古籍书店位于市中心盐阜西路，斜对面就是著名的天宁寺，这里曾经是《红楼梦》作者曹雪芹祖父曹寅主持刊印《全唐诗》的地方。1997 年底，我们在这里征集到了记述日军侵华战争期间所犯暴行的《镇江沦陷记》手稿，里面记录了南京大屠杀前日军在镇江的烧杀抢奸掠，拍卖后引起了国家有关部门的关注，唤起了国家及民间对抗日战争期间文物的重视与保护。二十多年过去了，但是此书的征集、拍卖及其他事项仍恍如昨日。

1997 年 10 月底，我接手中国书店拍卖工作还不到一年，秋季拍卖会刚刚结束，我便与同事坐上了火车，去往江南一带征集拍品，为明年的春季拍卖会做准备。俗话说，江南自古出才子，江浙沪地区则更是藏书家辈出的地方。自北京出发后，我们先到杭州，然后再去上海、苏州、南京，一路走来，最后一站便来到了历史名城扬州。下车之后，无暇浏览江南的美景，便一头扎进扬州古籍书店，抓紧时间挑选拍品。待一天的工作将要结束时，

《镇江沦陷记》封面
民国三十五年（1946）写本

书店经理带我来到另一小间房，打开铁皮文件柜，从里面拿出了几部书，不用说，这肯定是较好的藏品。果然，在翻看了几部古籍后我拿起一部写有《镇江沦陷记》的书。初看书名，还以为这是一部类似《扬州十日》，记述明末清初清军攻占镇江的专著。但是翻开一看，发现其与自己的猜想完全不同，竟是一部墨笔书写记录 1937 年 12 月日军攻占镇江的手稿。我立即对它产生了兴趣，便问道："这部书可以拍卖吗？"书店经理没有直接回答我的提问，而是反问道："你觉得这部书如何？"虽然只是简单地翻看了数页，但是第六感让我认识到这是一部很值得研究的书。于是便答道："我认为不错，但是具体的情况还需要再仔细看看，然后才能确定。"听到我这样的回答，经理又问道："如果这部书上拍，你看保留价定在多少合适？"我又翻看了几页，回答道："定在 8000 元吧。"薄薄的 1 册书，保留价定在 8000 元，这在当时已经是一个不低的价位了。只见经理与其他几位同事商量了一下，便点头同意了。

回到北京之后，我翻开《镇江沦陷记》细细审阅，书高 28.6 厘米，宽 18 厘米，牛皮纸包封，封面左上侧粘贴有白色书签，上面印刷着书法家姜尊[一]隶体书写的"镇江沦陷记"五字。第 1 页上粘贴着一张旧照片，为柳诒徵[二]题字"京口春秋"四字，落款时间为"己丑正月"，即 1949 年。自第 2 页起便是"卷首语"，共三页，文末落款时间与署名是"民国三十五年三月怿伯识"。其中"民国三十五年"上有涂抹，旁边再书"一九四六年"，文中其他处凡写有民国纪年的文字，也一律改为公元纪年，应为新中国成立后所改。“卷首语”后是一张空白纸，上面粘贴有署名“一桂轩”的铅印出版传单 1 张。再后便是“镇江沦陷记目次”以及正文，计 108 个页面。全书均用墨笔书写在版心上部印有“金山公司稿纸”的红色细栏笺纸之上，间有校字及朱笔标点。读完全书方知，此乃作者以“身之所历、足之所至、耳之所闻、目之所见”记录日寇攻占镇江及在镇江所犯罪行的笔录。记录不仅详细，且件件有实情，如记日军攻陷镇江，书内写到：“12 月 8 日晨，闻东南方机关枪声如澎湃之怒滔，历时三时许，至十二时二十分时，忽闻有声如雷，在中正路走过，这便是由大市口冲向江边的第一辆敌军坦克车。不一会儿，远远看见北固山上气象台悬出太阳旗了，镇江失守了。”作者在这“大好河山忽然变色，惊见之下悲愤填膺”的心情下，分十个部分记述了日军在镇江所犯下的暴行，分别是“一、沦陷前之种种。二、一二八日寇陷镇江。三、劫掠。四、奸淫。五、烧杀及伤害侮辱。六、其他种种。七、笔者的感想。八、杂录。九、逃亡之后所闻镇江消息。十、后记”。在《劫掠》章中，作者记述了自己亲眼所见日军在镇江的抢劫事例 11 件。在《奸淫》章中，作者记到“自从日寇到镇第二日起（12 月 9 日），镇江妇女处境无异人间地狱，所受苦难罄竹难书，实为国家社会永不能忘之惨痛纪念。鬼子兵一大早直至夜晚更深，成群结队携带长枪、利斧、刺刀等杀人武器，面目狰狞，穷凶极恶，穿梭不断地走入人家，任意穿房入室，搜寻妇女”，并记述了日寇暴行 21 件。在《烧杀及伤害侮辱》章中，作者写道：“放火的事，在敌兵入境后的一两日内开始，约十天外才停，在此十余天中，白天看见火焰东连西接，夜则红光满天，噼啪爆炸声，凄惨号哭声时入耳鼓。”更令人震惊的是，“烧之最残酷者，莫如把中国军队遗下伤兵浇灌火油烧死。……被烧伤兵尸身颜色漆黑，四肢屈曲，缩成一团，面多向下，趴伏于地，形如龟鳖，惨不忍睹”。同时还记述到“任何一个（日本）兵，仿佛都有检查权，只要他说不对，就可立刻一枪送命或是一刀戮死”。对中国伤兵“除烧死外，很多用刀剁死。试想对民众尚且任意杀害，对伤兵之手段残酷，自然更不用说”。“当时杀戮既多，无人收殓，芦席裹尸，随处遗弃，有的连芦席都没有，马路旁触眼看见，都是横着尸首，其家属惨哭之声，随处听到。”“红十字会收男女尸共一千四五百具，其中女尸约占十分之一。”“十余万人的镇江，全城家家户户弄得无家不破，无室不空。毁坏财物，不计其数，杀戮生命，无从统计。”从 1937 年 12 月 8 日记起，至 1938 年 4 月底，在短短不到五个月内的时间里，作者在书中共列举日军暴行 56 件，“其中属于本公司自身及公司人员各家所遭遇的达 21 件”。这一处处悲惨的记述，一个个血泪的描述，一件件惨无人道的暴戾，一桩桩罄竹难书的罪行，再联想到数日后发生在南京的惨绝人寰大屠杀，可以说这部手稿不仅可以印证侵华日军的罪行，也是南京大屠杀前日军兽性的真实写照，更是日军南京大屠杀前的序幕。

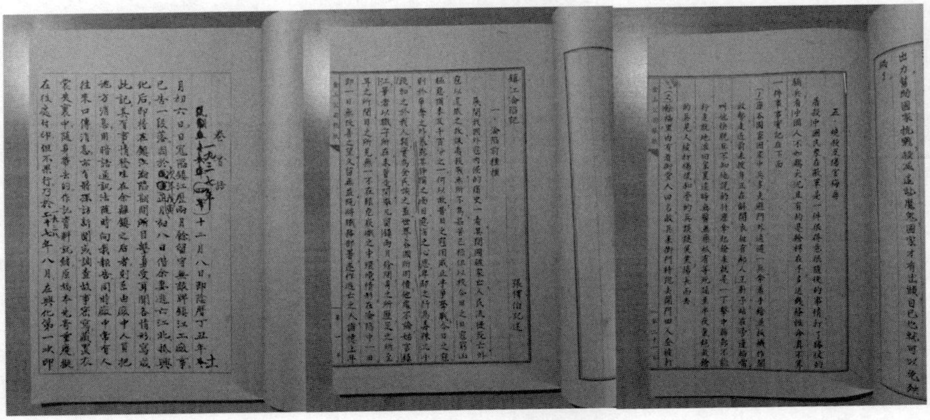

民国三十五年（1946）写本《镇江沦陷记》卷首语、首页、卷内页

这么重要的一部纪实手稿，从落款处得知撰写人姓张名怿伯，写作时间是抗日战争刚刚胜利后的 1946 年。张怿伯是什么人？这部手稿是否有出版？为了搞清楚这个问题，我立刻通过电话联系了北京、上海、南京、重庆等几大图书馆，请他们帮助查找其馆内是否藏有这部手稿的印刷品。反馈回来的消息都是：我们馆内没有发现这部书，也不清楚张怿伯的身世。难道这

是一部孤本手稿吗？为了继续寻找有关线索，我便着笔书写了一篇新闻稿，准备向社会公布这部手稿的发现。初稿写完后，正好周末，这天我们兄弟姐妹约好在二姐家聚会，于是我便将稿件带上，顺便让时在《诗刊》社工作的姐夫丁国成做些文字上的校对。他看完后告诉我，前几天在报纸上看到一篇与此有关的文章，随后便从堆放的报纸中找了出来。这是一张 11 月 5 日出版的《中华读书报》，文章的名称是《〈镇江沦陷记〉及其作者的故事》，撰稿人是一位名叫嵇钧生的先生。我赶紧仔细阅读了起来，文中不仅详细介绍了张怿伯的生平简历，还讲述了有关《镇江沦陷记》的故事，这可真是踏破铁鞋无觅处，得来全不费工夫啊！于是上班后，我立即通过《中华读书报》与嵇钧生先生取得了联系，他热情地邀请我到他家中相见。数日后，我骑行了 10 多公里的自行车来到了他位于北京南苑的家。经过交谈我了解到，嵇钧生先生祖籍是扬州，但出生于镇江，毕业于清华大学，是我国航空光学精密仪器及精密机械高级专家。虽然身居北京，但是他一直关心着自己的故乡镇江。我将《镇江沦陷记》手稿拿给他，只见他将书放到桌上，带上眼镜，一页一页仔细地翻看起来。半个小时后他抬起头，放下眼镜说道："这应该是张怿伯的手稿，但不是他的最初稿本。"随后他详细地解释道："《镇江沦陷记》一共印刷过三次，都是张怿伯自己付费印刷的。这部书的开头增加了 1946 年书写的'卷首语'，在书的后头有 1938 年 8 月 11 日第一次印刷本中所包含的 1938 年 4 月 30 日写成的八章和后来补充 5 月至 6 月 27 日的情况，还有 1938 年 9 月 6 日第二次印刷本补充到 8 月 20 日的情况，以及 1938 年 11 月 26 日第三次印刷本中依据 4 月第一次印刷后到 11 月中旬新发生的情况汇编成的第九章。可以说，这部稿本应该是抗战胜利后张怿伯的再次整理本，是一部内容最全、最新的清稿本。"

嵇钧生先生的此番评论，不仅肯定了这部书的真实性，而且还指出了此本与三次印刷本的不同之处，可见他对此书的研究是多么的认真与严谨。而张怿伯在 1946 年新增加的"卷首语"中，不仅签署了自己的真实姓名，还详细叙述了当时写作、印刷、秘密发行的情况，并对 1938 年自费印刷时为什么署名"×××"和"一桂轩"也做出了说明，同时也对当时为什么没能正式出版给出了答案，这让我们对了解这本书的写作历史与印刷经过有了更清楚的了解。

依据嵇钧生先生的介绍及查阅有关资料，我对张怿伯的生平与此书的写作以及在日占区秘密发行的情况也有了一定的了解。张怿伯，字文铨，祖籍江苏盐城，光绪十年（1884）出生于扬州府高邮州樊川镇，1917 年迁居镇江。1900 年考入上海电报学堂读书，1902 年在北京意大利公使馆学习无线电，1904 年被派往清廷北洋海军海琛号巡洋舰任正电官（电台台长）。辛亥革命爆发，他受革命思潮的影响，曾策动舰队官兵起义。后他退出军界，在镇江开办工厂，进行实业救国。1937 年抗日战争全面爆发时，他任无敌牌镇江工厂股份两合公司总经理。日军攻占上海后，张怿伯见镇江危在旦夕，公司难以生存，便将人员遣散，他自己留下来看护苦心经营多年的企业。12 月 8 日镇江沦陷后，工厂和家居均被日军强占，他的三儿子被日军抓捕后惨遭杀害。次年 2 月，张怿伯乘船逃离镇江，回到苏北古镇樊川祖居。在此期间，他依据自己在镇江的亲身所历、亲眼所见写成了《镇江沦陷记》。书写成后，张怿伯便将书稿寄往重庆计划出版，但国民政府出版署审查后认为“书中所载军队退时之秩序混乱，及置伤兵于不顾等情况，不仅贻笑友邦，且予敌人以宣传机会”为由，要求他进行删改。但张怿伯认为他所写的均是事实，而且书写的目的是为了揭露日寇的凶残，不同意修改，因此没能获得批准正式出版。见此情况，张怿伯决定自费印刷，于是他隐去自己的真实姓名，自费在尚未沦陷的兴化印刷了 1000 册，然后通过邮局向全国各地寄送。在第一版寄送一空后，他又在三个月内连续补充再版两次，总印刷数量达到 4000 册，其中 1938 年 11 月 26 日出版的第三版还附刊了当年 7 月 15 日上海《大美晚报》登载的美国人莫龙纳所写的《南京屠城记》。但是正当张怿伯准备印刷第四版时，前期寄往南京金陵女子学院的一本被日军查获，接着邮寄到汉口、镇江两地邮局的书也被日军发现并扣留，同时日军在镇江进行了全面的搜查。虽然日军无其他所获，但是张怿伯考虑到书中内容难免会暴露蛛丝马迹，于是他开始了在江北四处逃亡的生活。原准备印刷的第四版书样也只好深藏在家乡的地窖中，直到抗战胜利才取出并重新整理，增加内容，准备重印。这次新发现的手稿应该就是整理后的清稿本。但是由于时局的迅速变化，使他未能如愿。新中国成立后，在连年不断运动及极左思潮的影响下，此书不但未能出版，最后连这部清稿本也流失社会，不知了去向。一直以为早已湮没人间的《镇江沦陷记》清稿本，没想忽现世间，而且还保存得这样好。嵇钧生先生还告诉我，那册藏于地窖的第四版书样，后来赠送给了镇江市档案馆，至今完好地保存在该馆。此外，张怿伯先生还著有揭露日军在镇江所犯罪行的《守厂记》和回忆辛亥首义期间策动起义的《辛亥海军举义记》。1964年，张怿伯先生在镇江去世，享年八十一岁。

《镇江沦陷记》清稿本的来龙去脉搞清楚了，作者张怿伯先生的不凡生平也弄明白了，我所写的新闻稿《〈镇江沦陷记〉手稿孤本被发现》一文也先后刊载在《北京日报》《北京青年报》《中国市场经济报》等报纸上。我还将拍卖的消息通过电话和邮寄资料等方式告知了镇江市政府的有关部门及电视台、广播电台、镇江市图书馆、博物馆等单位。与此同时，嵇钧生先生也将《镇江沦陷记》清稿本即将拍卖的消息告知了镇江的友人。获知此消息后，镇江市有关领导及相关部门十分重视，他们立即行动了起来，尤其是镇江电视台掀起了一个全市性的爱国主义教育募捐活动。嵇钧生先生回忆到："为了能将其留在镇江，镇江电视台立即行动起来，由马天翼副台长挂帅，负责发起组织社会捐款活动，他们在新闻节目中制作了广告和专题节目，每日多次滚动播出。镇江和南京的报纸跟踪报道。捐款活动本身成了一场爱国主义教育活动。"看来，镇江人民决意要让这部书回到镇江，回到它的故乡。同样，此消息也引起了其他国有馆藏机构和私人收藏家的重视，他们不断来到公司审看这件拍品。一位研究中日历史的学者看后对我说：镇江当时是江苏的省会，日军在镇江都如此残忍，随后在南京发生的大屠杀也是必然趋势了。此书不仅证实了日军在镇江的屠杀，而且还证实了日军自上海登陆后一路烧杀抢掠来到南京城下的强盗行径，可以说这是一件十分重要的珍贵史料。

看似拍卖前的一切准备工作都在顺利地进行，但是临近拍卖前我突然接到了一位台湾友人的电话，他告诉我这件拍品曾经在上海的一次拍卖会上出现过，但没有成交。闻听此消息确实令我大吃一惊，立即找来那次拍卖会图录进行核实，不仅发现有这件拍品，而且保留价还要低一些。我立刻打电话询问扬州古籍书店经理，确认了此消息，他们认为当年没有成交是不正常的，是没有认识到这件拍品的真实价值，还鼓励我说相信我会做得更好。这番回答，真不知是对我的鞭策，还是重重的一拳。但事已至今，开弓没有回头箭，我唯一的挽救就是把准备工作做得更好，力争实现扬州古籍书店的期望。

拍卖会前的一天，镇江电视台代表镇江人民来到了北京，扬州古籍书店领导也来到了北京。此时镇江电视台提出了希望能与委托人见面协商，争取双方在底下达成购买转让的协议。但是我们与扬州古籍书店签订委托拍卖合同书时，他们就明确提出对此次委托要给予保密，而且依据《中华人民共和国拍卖法》第二十一条之规定，我们也必须要依据委托人的要求进行保密，因此我婉拒了镇江电视台的要求。但是镇江人民积极捐款的热情举动还是打动了我，我也一直认为《镇江沦陷记》清稿本的最好归宿就是应该回到它的故乡镇江。于是我就试探地向扬州古籍书店的领导进行了询问，没想到他们也有同感，但是就转让价格提出了自己最低期望值，是人民币 3 万元。定此价位的依据除去认为上次在上海拍卖没有成交是不正常的以外，他们还认为好的东西就应该有相应的价值，当然作为一家国有书店，如果成交价低于期望值，他们回去也不好交代。镇江电视台则认为上次在上海拍卖会保留价是 5000 元，此次要求 3 万元有些太高，他们认可的价位最多是上海拍卖会参考价的 3 倍，即 1.5 万元。经我与双方多次沟通，但终因差距太大，未能成功，最终只能在拍卖场上一决雄雌了。

此外，还有另外一件令我十分担心的事，就是日本人是否会参与竞买。因为拍卖前在进行文物出境鉴审时，就此件拍品我特意询问了市文物局的鉴审人员。他们认为此件拍品不是最初的稿本，而且此前在上海拍卖时也没有被列入限制出境范围，因而此次也没有必要被列入限制出境类。预展期间有一位日本客户翻看了此书，他是否会参与竞买？此书是否会流失东瀛？这是最让我担心的事。当然，在拍卖时我还是做了一些准备，目的只有一个，那就是如果日本人参与竞价，不管他们出于何种目的，最终决不能使书落入他们手中。

1998 年 5 月 8 日 13 点 30 分，中国书店春季拍卖会在琉璃厂西街 57 号 3 楼敲响了拍卖槌，不大的拍卖厅内挤满了人。《镇江沦陷记》排在第 221 号。当拍卖师报出“第 221 号，《镇江沦陷记》，起拍价 8000 元”后，场内立刻举起了数个号牌。此时我最关注的是坐在拍卖台右侧、靠近门口的那位日本人。只见他静静地坐在那里，没有任何表示。但是当竞价到 5 万元时，坐在他身边的一位年轻女子举起了 75 号竞买牌。她是谁？是自己在买，还是在为这位日本人代买？我的心中不免紧张了起来。坐在拍卖场中间位置的一位中年男子，也在不断地举起手中的第 89 号竞买牌。这位男子我也不曾见过，但从穿衣相貌上看，应是中国人无疑。竞价瞬间超过了 8 万元，当拍卖师报出 8.2 万元的价位时，场上响起了掌声，引发了全场第一次轰动。此时全场只有 89 号与那位坐在日本人身边的 75 号女子在竞价了。我的心跳也在不由自主地加快。如果她真是那位日本人的代理，拍品决不能落入到她的手中，我的眼光已经给事先安排坐在场上的工作人员发出了注意的信号。当拍卖师报出 10 万元的瞬间，75 号竞买牌再次举了起来，但 89 号紧追不舍，随即报出 10.5 万元的应价。拍卖师再报出 11 万元的价位，75 号再次举起竞买牌，然而 89 号丝毫不让，再次举起了手中的竞买牌，看来也是志在必得。“11.5 万元，现在 89 号出价 11.5 万元。”随着拍卖师的报价，全场再次响起一片掌声。此时只见 75 号放下了自己手中的竞买牌，再无力竞争了。“现在的出价是 11.5 万元，请问还有加价的吗？”只见拍卖师的目光扫向全场，略做停顿后报出：“最后一次报价，11.5 万元。”随即拍卖槌“砰”的一声敲响，在场上爆发出雷鸣般的掌声中，我悬着的心也随之放松了下来，长长地出了一口气。《镇江沦陷记》清稿本的拍卖历经 12 分钟，大战 36 回合，在保留价上升 13 倍后，最终以 11.5 万元落槌，再加上 10% 的佣金，成交价达到了 12.65 万元。

手持 89 号竞买牌的买受人是谁？他买走此书的目的是什么？尽管拍卖会还没结束，在他起身离开座位的那一刻，镇江电视台的工作人员、现场采访的新闻记者以及一直坐在现场的嵇钧生先生都尾随他来到了旁边的办公室。嵇钧生先生与一直关切此事的《江海侨声》杂志社记者吴沛林先生立即对他进行了采访。两人首先告知买受人，镇江人民为购买到这部书，全市人民开展了捐款活动，对今天最终没有买到这部书很是遗憾。随后询问买受人购买此书的目的是什么，并提出今后是否可将此书捐赠给镇江，此书是否会流失海外等问题。买受人首先自我介绍，他姓宋，叫宋京波，北京人，现在香港工作。至于购买此书的目的，他回答道："我们都知道获得奥斯卡奖的《辛德勒名单》。二战后，德国人认罪了，但日本就不一样，到现在都没有很好地认罪。我听到拍卖消息时就感觉到这部书可能具有与《辛德勒名单》《拉贝日记》同等的价值。前段时间我碰到谢晋导演，他正在计划筹拍《拉贝日记》。我想《镇江沦陷记》也可以拍成电影或电视剧，把这段真实历史公布于世界，因为这是继《拉贝日记》之后又一个侵华日军暴行的铁证。我并不考虑手稿的价钱，这是对日军当年在中国犯下罪行的一个认识问题。我们应该通过各种方法和手段反映这段历史，所以我要买这本书。"同时，宋先生明确表示这部书不会流失到海外，也正是担心怕被境外人买走，他足足准备了 50 万元，可见决心之大。后我了解到，宋京波先生是老一辈无产阶级革命家宋任穷之子。

让我一直担心的那位年轻女子的真实身份，在拍卖后也搞明白了。原来镇江电视台为了将此书买到手，也做了缜密的安排，他们为了防止身份的暴露而引起不规范的竞价，在场内安排了 3 个人，分别坐在不同的位置上参与竞买。而这位年轻的女子就是其中的一位工作人员，在完全不知情的情况下恰巧坐在了那位日本人的身边。那镇江电视台当时是如何计划安排的呢？嵇钧生先生在后来发表的文章中谈到了此事："镇江电视台考虑，按照一般拍卖情况预计，最后费用最高也不至于超过底价（8000 元）的 10—12 倍，即不会超过 10 万元，由此确定费用目标。并决定，如果经费筹集不足，电视台将负责补足其余部分。……镇江电视台派了三名得力人员参加竞拍，尽管已出价到十万元，却仍有一位竞拍对手，以志在必得的气势不断提价，在几十个回合后，终于以高于底价约 15 倍的价格 12.65 万元夺走。"拍卖场上就是这样风云变幻，看似稳操胜券的镇江电视台哪里会想到半路杀出一位程咬金，三板斧下去，只得忍痛割爱。

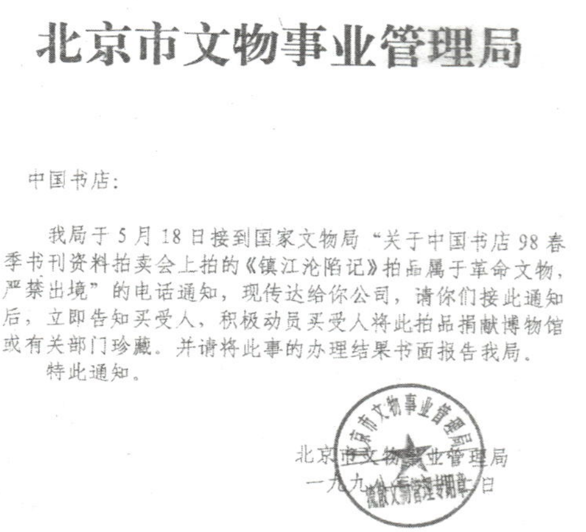

北京市文物事业管理局

中国书店：

我局于 5 月 18 日接到国家文物局“关于中国书店 98 春季书刊资料拍卖会上拍的《镇江沦陷记》拍品属于革命文物，严禁出境”的电话通知，现传达给你公司，请你们接此通知后，立即告知买受人，积极动员买受人将此拍品捐献博物馆或有关部门珍藏。并请将此事的办理结果书面报告我局。

特此通知。

北京市文物事业管理局

一九九八[illegible]日

北京市文物事业管理局致中国书店函，转告国家文物局对《镇江沦陷记》“属于革命文物，严禁出境”的电话通知

《镇江沦陷记》清稿本以 12.65 万元成交，这个价位丝毫不低于当时一册宋版古籍的价格，它不仅创造了当时民国期间单册图书的最高成交价，也创造了单册抗战图书的最高成交价。随之收藏界掀起了抗战资料的收藏热潮，有关抗战期间的手稿、图书、资料、照片等也警醒了国家有关单位的注意，与抗战有关藏品的价格也出现了飞跃式的上升。当然，此消息经媒体报道后立刻震惊了文博界，也惊动了国家文物主管部门，再加之宋京波先生在接受采访时说自己在香港工作，因此便被一些人误传为是被香港人买走了。此时有关主管部门才认识到此书的文献价值与史料价值，深恐流失海外。

5月18日，国家文物局电话通知北京市文物事业管理局，“《镇江沦陷记》属于革命文物，严禁出境”。北京市文物事业管理局立即向我们进行了传达，并要求转告买受人。在我们的要求下，北京市文物事业管理局在6月2日发出了书面公函，告知：“我局于5月18日接国家文物局‘关于中国书店98春季书刊资料拍卖会上拍的《镇江沦陷记》拍品属于革命文物，严禁出境’的电话通知，现传达给你公司，请你们接此通知后，立即告知买受人，积极动员买受人将此拍品捐献博物馆或有关部门珍藏。并请将此事的办理结果书面报告我局。”随后我将此公函复印件经吴沛林先生转交给了宋京波先生，并按照要求向北京市文物事业管理局做了书面汇报。

原本以为《镇江沦陷记》清稿本的拍卖至此全部结束，没想到一年后又起波澜。起因是1999年8月20日，《光明日报》刊载了一篇名为《〈镇江沦陷记〉手稿的命运》文章。国庆节休假期间，我突然接到一个电话，对方自称是国家文物局，需要了解《镇江沦陷记》拍卖前后的全部过程以及此书现在的收藏情况。对这个突然打来的电话，我无法辨别真伪，便明确要求对方出具正式公函后才能给予答复。10月底，我收到了国家文物局发来的正式咨询函。11月3日，我便将《关于拍卖〈镇江沦陷记〉的说明》回函送达了国家文物局，汇报了此书的征集过程，拍卖前的鉴审意见，多家博物馆、纪念馆决定不参与竞买的意见，拍卖前与拍卖时的各项准备工作以及买受人的情况等。此后我才了解到国家文物局突然问询此事的起因，是一位中央领导看到了这篇报道，很是关心此书拍卖前后的情况，于是便进行了询问。真没想到这部书的拍卖，竟然惊动了国家高层领导的关注。

转瞬间二十年过去了，《镇江沦陷记》清稿本的命运一直牵挂着我的心。2011年，我们又从民间征集到了张怿伯先生1938年11月26日自费印刷的第三版《镇江沦陷记》，书内首页是“作者附志”，“阅者诸君鉴：本册自己看过请转送给别人，递次传观，籍广宣传，切弗随手抛弃，以惜抗战之物力区区，微意尚希，垂鉴是幸”。出于安全考虑，正文标题下著者张怿伯的姓名，则用3个黑色正方形墨钉所代替。书末不仅附有美国记者莫龙纳所写的《南京屠城记》，而且还大字印刷着“国仇家恨，永志不忘”

八字。封面及正文首页均钤盖正方形“金陵女子文理学院图书室章”各一方，印证了张怿伯准备印刷第四版时，寄往南京金陵女子学院的第三版书被日军查获的史实。据我所知，这应该是目前发现存世的第三册印刷本，另两册分别收藏在镇江市档案馆和出版家范用先生手里。经过拍卖，最终以5.6万元成交。而我一直牵挂的《镇江沦陷记》清稿本则在2007年12月又出现在北京匡时拍卖公司的首场拍卖会上，自8万元起拍，最终以107万元落槌，再加上佣金，成交价高达119.84万元，买受人是镇江民营企业家童财宝先生，此后他将这部书捐赠给了镇江市博物馆。至此，《镇江沦陷记》清稿本终于回到了他的故乡，回到了他最应该去的地方。

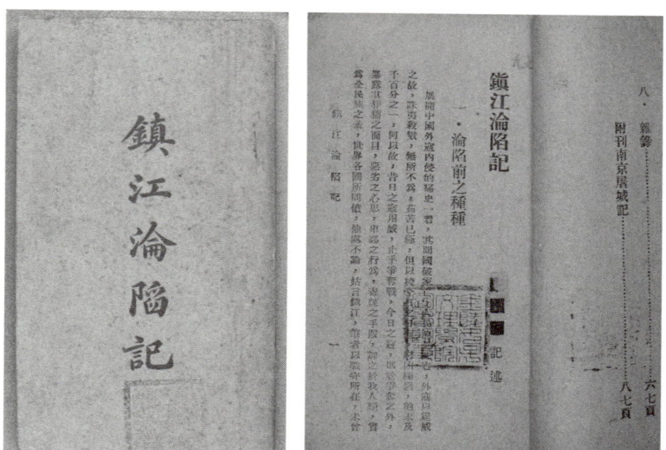

民国二十七年（1938）第三版印刷本《镇江沦陷记》封面、正文首页

2015年，为纪念中国人民抗日战争暨世界反法西斯战争胜利70周年，镇江市史志办与镇江文化广电产业集团联合拍摄了镇江抗战系列历史纪录片《永恒的记忆》。纪录片由《伤城记忆》《弯弓射日到江南》《鹰击长空》三个部分组成，其中《伤城记忆》即是依据《镇江沦陷记》拍摄而成。在制

作期间，镇江摄制组再次采访了我和嵇钧生先生，再次谈到了此书的发现与拍卖，谈到了它的历史意义、史料价值以及在当前的现实意义与教育意义。同年 9 月 2 日，应镇江市政府邀请，我与嵇钧生先生一同出席了在镇江市举办的《永恒的记忆》首映式，在镇江烈士陵园共同栽种了和平之树。当然，在参观镇江市博物馆时，也见到了阵列在馆中的《镇江沦陷记》清稿本复制品。

此外，1992 年镇江市关心下一代工作委员会与镇江市档案馆联合整理出版了《镇江沦陷记》，书内还收录了张怿伯所著的《守厂记》《辛亥海军举义记》以及镇江焦山定慧寺僧人德峻所著的《焦山沦陷记》，美国人莫龙纳 1938 年 7 月发表的《南京屠城记》等珍贵资料。1999 年 12 月，人民出版社也出版了嵇钧生先生编注的《镇江沦陷记》，书分为上下两编。上编除收入张怿伯先生所写的《镇江沦陷记》外，也收入了《守厂记》及僧人德峻所写的《焦山沦陷记》，还有嵇钧生先生整理的《镇江地区沦陷前后（1937 年 8 月—12 月）》等史料；下编则为嵇钧生先生撰写的张怿伯及其《镇江沦陷记》的背景传记，1998 年我们拍卖《镇江沦陷记》手稿的故事和齐锡宝所写的《纪念先翁张怿伯》等。

这就是围绕着《镇江沦陷记》清稿本拍卖前前后后所发生的事情与故事，也是我至今不能忘记、值得回味的一段历史故事。

[一] 姜蕁（1902—？），号半秋，江苏溧阳人，幼即颖慧，故人皆以“神童”目之。师从邓散木、马公愚等，擅书法篆刻。

[二] 柳诒徵（1880—1956），字翼谋，亦字希兆，号知非，晚号劬堂，江苏镇江人。历史学家、教育家、书法家、图书馆学家。曾任教南京高等师范学院、清华大学、中央大学等，后任江苏省立国学图书馆（现南京图书馆）馆长等职。

初写于 2016 年 7 月 24 日

修订于 2020 年 4 月 1 日

补充于 2022 年 11 月 6 日

青山处处埋忠骨

—— 记抗日空军烈士家书等资料的拍卖及其他

2010 年 9 月 3 日，是中国人民抗日战争胜利暨世界反法西斯战争胜利 65 周年纪念日。这天，位于重庆市南岸区南山风景区的空军抗战纪念园，经过重修后正式对外开放。空军抗战纪念园始建于 1938 年，是当时国民政府为安葬、祭奠抗战期间为国牺牲的空军烈士而修建的墓地。在这个被民间称之为“空军坟”的墓地中，安葬着在重庆、武汉、长沙、璧山等

重庆空军抗战纪念园

地上空与日机激战而牺牲的百余名空军烈士。新修的纪念园内，高耸的纪念碑由两扇象征着残缺的机翼组成，孙中山先生手书“志在冲天”四个大字镶嵌在机翼中间。园内鲜花丛中静卧着168个墓碑，部分碑石上镌刻着烈士的姓名与牺牲的时间。这里安葬着一位从西南联大投戎报国的烈士，他的名字叫戴荣钜。正是由于戴荣钜生前所写书信以及阵亡通知书、“空军坟”排序图等资料的发现与拍卖，引起了我的关注，后两次亲往重庆追寻与祭奠。

重庆空军抗战纪念园内树立的“空军坟”文保碑

戴荣钜身着戎装像

戴荣钜，1918 年 7 月 10 日出生于江苏省丹徒县（现丹徒区）。父亲戴棣龄，早年留学日本，毕业于长崎医科大学，并获博士学位。回国后继续从医，曾任镇江弘仁医院院长。1937 年抗日战争全面爆发时，时年 19 岁的戴荣钜正在扬州读中学。日军攻占上海后他随家西迁至湘黔，进入贵州铜仁第三中学继续学习，后考入西南联合大学地质系。1941 年，当全国抗战进入艰苦时期，23 岁的戴荣钜同西南联大 20 名同学决意弃学从戎，考入空军军官学校第 15 期驱逐组，成为一名空军战士。1943 年他被派遣去美国亚历桑那州威廉斯航空学校学习，1944 年回国后任空军第五大队第十七中队少尉三级飞行员。1944 年 6 月 17 日，戴荣钜与战友驾驶 P-40N 战斗机 12 架、B-25 轰炸机 4 架自湖南芷江起飞，前往长沙轰炸日军炮兵阵地。飞机到达长沙后，在掩护轰炸机进行轰炸时，他和战友与日战机发生激战并击落日机 3 架，不幸的是，他的战机被日机击中，坠毁于长沙以西安化县境内丛山中，壮烈殉国，年仅 26 岁。

要说起戴荣钜生前所写的书信以及其阵亡通知书、“空军坟”排序图等资料的发现，还要追溯到 2004 年。那年的上半年，一位从香港来的客人找到我，他从随身携带的书包中拿出一批信札与资料，说这是他在香港荷李活道古玩街上买到的，是抗战期间一位中国空军的遗书和有关资料，看看是否可以拍卖。我翻看了一下，在确认信函与资料都是原物，不存在瑕疵等问题后便接受了他的委托。由于这位客人希望能够尽快进行拍卖，于是我便将它安排在了 7 月 8 日举办的“中国书店第三十三期大众收藏书刊资料拍卖会”上，拍品的名称定为《中国空军抗日烈士戴荣钜书札及资料》，图录中介绍道：“戴荣钜，江苏镇江人，曾就读于铜仁中学、西南联大。抗战初期在美国接受空军训练，回国后在中国空军第五大队第十七中队任职，驻芷江，在长沙与日机空战中壮烈殉国，后葬于重庆汪山空军烈士公墓。中国空军抗战资料极为少见，此批资料包括有：1. 戴荣钜生前在美国学习时致家属书信，1 封 4 页；2. 空军第五大队大队长向冠生致戴荣钜烈士家属慰问函，1 封 2 页；3. 空军第五大队十七中队致戴荣钜烈士家属公函，1 封 1 页；4.《重庆区汪山空军烈士公墓次序图》，1 张（戴荣钜烈士葬于第 128 号墓穴）；5.《航空委员会非常时期空军烈士遗族生活补助费办法》等，5件15页；6. 戴荣钜弟戴荣锜撰写的抗战八年家庭逃难流亡回忆录手稿，1份32页；7. 其他资料”。起拍价定在人民币2万元。虽然文字介绍不是很多，但是基本上可以了解烈士的生平和拍品中所包含的资料。然而令人遗憾的是，这件拍品没有引起有关单位和收藏家的重视，竟然流拍了。事后我将拍卖结果告知委托人，他说由于最近不会到北京，拍品暂时存在公司，待以后方便时再取走。谁知一晃五年过去了，直到2009年当我再次打电话与他联系时，他回复道：“我近几年一直比较忙，也没有时间到北京，你看看这件拍品是否可以再次拍卖，如果可以的话，我将保留价下调到5000元。”我同意了他的要求，于是将这件拍品安排在2009年3月7日举办的“中国书店第四十七期大众收藏书刊资料拍卖会”上，序号493，名称改为《戴荣钜资料》，提要里介绍道：“内收戴荣钜先生家书、戴荣锜撰《抗战八年家庭变迁回忆手稿》等。戴荣钜，1918—1944年，江苏省镇江县人，曾任中国空军第五大队第十七中队少尉飞行员，在长沙上空作战时牺牲。”然而这次的拍卖结果仍如五年前，再次以流拍告终。事后委托人取走拍品，看到他那沮丧的神态，我都有些无地自容，这么一批珍贵的抗战资料，竟然两次流拍，真是有些内疚啊！但是从我内心讲，我仍然有些不甘心，于是便叮嘱委托人，虽然两次拍卖都没有成交，但我认为这批资料具有很高的历史价值和文物价值，这就如同历史上的和氏璧，只是暂时还没有遇到识宝人罢了。

与此同时，位于重庆南岸区南山风景区的空军抗战纪念园开始修复了。但是由于年代久远，再加上诸多原因导致的数次损坏，陵园中安葬着多少位烈士，这些烈士叫什么名字，他们的墓穴是如何排列的，修复人员面对着这片荒芜草地，一筹莫展。寻找当年的历史档案，查找当时的烈士墓排序图，成为重中之重。一直关心此事的重庆市社科院文史专家邓平先生于是发出呼吁，在全国范围内寻找、征集空军烈士墓排序图，以解烈士墓的排序之谜。但遗憾的是，当时不仅我对修复“空军坟”的消息一无所知外，重庆方面对我们的拍卖信息也是丝毫不知，一次破解难题的绝佳机会就这样阴差阳错地失之交臂了。

转眼间到了2010年9月，这天我突然接到浙江杭州《都市快报》记者汪再兴的电话，他询问有关拍卖重庆“空军坟”资料的事宜，并告知重庆空军烈士墓已经开始修复，现在有关方面正在寻找资料，特别是当年墓地排序图，同时还提出是否可以帮助寻找这批资料的下落。我丝毫没有犹豫，爽快地答应了下来。挂断电话后，我立刻联系香港的客人，谁知他告诉我这批资料在去年年底转让给朋友了，现在已经过去数月，不知是否还在朋友手中。听到此消息虽有些意外，但我还是请他与朋友联系一下，看看资料是否还在朋友的手中。数日后，香港客人打来电话，告知资料完好地保存在他朋友那里，如果需要可以再次委托我们拍卖。很快，这批资料再次从香港来到北京，这番颇有“山重水复疑无路，柳暗花明又一村”的失而复得经历，激发出了我的好奇心，我决意仔细研究一下里面的内容，决不能让这件拍品再像前两次那样轻易流拍了。

首先，我从邓平先生呼吁寻找的那张烈士墓排序图开始，即资料中的《重庆区汪山空军烈士公墓次序图》。通过这张图，不仅可以知道这里一共安葬了多少位空军烈士，还有可能搞清楚他们都是谁，每个人分别安葬在哪个墓穴。此前我还听说墓地中可能还安葬着帮助中国抗战的外国飞行员，那么到底有没有，通过对这张图的研究，我想这些谜底或许可以一一揭开。

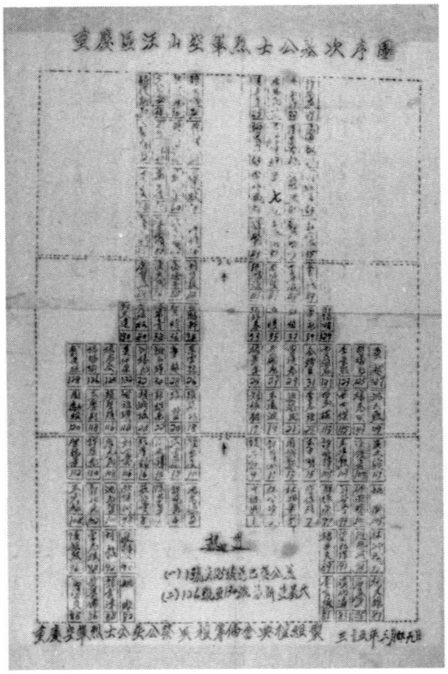
重庆区汪山空军烈士公墓次序图

《重庆区汪山空军烈士公墓次序图》
民国三十五年（1946）蜡版油印

烈士墓排序图高 38 厘米，宽 28 厘米，为蜡纸钢版刻字后油墨印刷。图的顶部印有“重庆区汪山空军烈士公墓次序图”（以下简称《次序图》）14 字，底部印有“重庆空军烈士公葬公祭典礼筹备会典礼组制 三十五年三月廿九日”，其中“廿九”二字为墨笔改写，原印“二二”两字，可见原公葬公祭典礼活动计划安排在 22 日举行，后改期至 29 日。墓地整体分为三块区域，呈“品”字形排列。中间自下而上贯穿着一条甬道，甬道下部比较宽大，似为祭奠广场。墓穴共排列为 16 行，每行穴位数不等。以甬道为中心自下往上数第 1、2 两行左右各有墓穴 4 个，第 3 至第 6 行左右各有墓穴 8 个，第 7 行左右各有墓穴 5 个，第 8 行至第 16 行左右各有墓穴 4 个，总计墓穴 130 个，据此可知公墓中应安葬着 130 位空军烈士，而不是现在修复后的 168 位。图的下部印有“1 号至 125 号为已葬公墓，126 号至 130 号为新葬墓穴”的文字说明。每个墓穴上都有人名，戴荣钜安葬在第 128 号墓穴上，属于“新葬墓穴”之列，极有可能是抗战胜利后其遗骸从他阵亡地长沙附近迁入。从墓穴排列的顺序号上看，最初整个墓园的设计应是长方形，分为 10 行，每行 8 个墓穴，共安葬 80 位烈士。后由于牺牲人数的不断增加，于是便在原有墓穴的两侧进行扩建，至 1946 年时最终形成了图上所绘的格局。

这些长眠的烈士都是谁？要想搞清楚这个问题，就必须要依据《次序图》进行逐一核实。只有核实清楚以后，我们才能破解他们的抗战经历，以及牺牲的时间与地点。但是由于《次序图》至今已有近 70 年的历史，再加之当时是用铁笔刻字、蜡纸油印，因此很多人的名字都已经模糊不清，或仅可辨认出一两个字，这种情况的名字多达 30 人。好在邓平先生给我提供了一张他保存的据说是在广州发现的铅字排印《次序图》影印件。我将两张图仔细核对，发现不仅排序完全一致，格式也基本一致，但是有些人的名字明显有出入，如“戴荣钜”在排印图中被印成了“戴荣银”，“杜兆华”被印成了“杜兆幸”，“王曾汉”被印成了“王曾溪”，“张慕飞”被印成了“张摹飞”，“叶鹏飞”被印成了“叶鸿飞”，可见排印图是依据油印图排版印制的，而最初的制版者极有可能也是依据一张字迹不清楚的油印图排版的。为了考证烈士的真实姓名，于是我又从网上下载了南京抗日航空烈士纪念碑上的名单，将三份资料放在一起，逐一核实，纠正错误，填补空白，如第 9 号墓穴烈士的名字应是段克恢，第 50 号墓穴烈士的名字应是张传伟，第 51 号墓穴烈士的名字应是周志开。此外我还发现南京抗日航空烈士纪念碑上镌刻的烈士名单与油印图和排印图也有不一致的情况，如油印图、排印图中的“许成綮”，在纪念碑上刻写成“许成荣”，“余校峰”刻写成“余拔峰”，还有油印图与排印图上记录的 45 位烈士，在南京抗日航空烈士纪念碑上没有查到，可见纪念碑上镌刻的烈士名单还有待修改与补充。在两张图内，没有发现外国人的名字，因此可以确认“空军坟”内没有安葬着为援助中国抗战而牺牲的外籍空军烈士，是一座完完全全的中国空军烈士墓地。

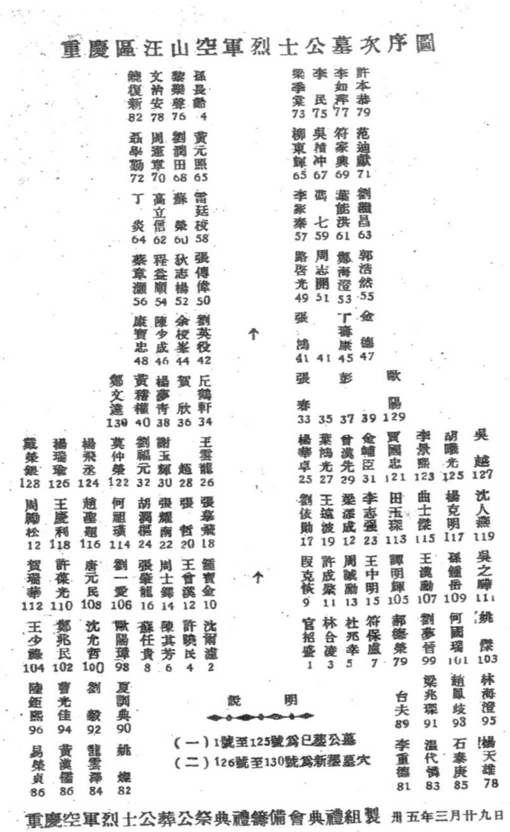

《重庆区汪山空军烈士公墓次序图》
民国铅字排印

烈士的名字基本辨认清楚后，下一步就需要查询每个人的经历了。这确实是一件非常困难的工作，尽管查找了很多资料，也仅搞清楚了十余人，如第 1 号墓穴安葬的是官招盛烈士，他出生于 1918 年，是山东省平度人，中国空军军官学校第十期航空班学生。1942 年 11 月在四川省巴县白市驿镇（今属重庆市九龙坡区）驾机练习射击时，飞机机械发生故障，迫降江津时不幸牺牲，年仅 24 岁。第 7 号墓穴安葬的是符保卢烈士，名保陆，字保卢，吉林省长春市人，曾是撑竿跳高全国冠军。1936 年 6 月，他作为中国代表团成员参加了在德国柏林举办的第十一届奥林匹克运动会，并以 3.85 米的成绩成为中国奥运史上第一个进入复赛的运动员。抗战爆发后，他在中国空军军官学校第十二期驱逐组毕业，任空军第四大队少尉三级飞行员，并在美国驻华第十四航空队服务。1943 年在四川省巴县白市驿镇驾机训练时飞机失事，不幸以身殉职。这里还合葬着 1944 年 6 月 7 日自四川省巴县白市驿镇飞往梁山途中与日机空战中牺牲的中美空军混合团成员杨天雄、黄汉儒、易莹贞、赵凤岐、曹光桂、林汝澄、陆钜熙、褚台夫、夏训典、梁兆琛、刘毅、郝德荣、胡曦光 13 位烈士。戴荣钜的战友何祖璜也安葬在这里，他的墓穴是 114 号。

通过以上这些研究，我深深地感到《次序图》不仅能揭秘“空军坟”原来的历史真相，而且还能更正南京纪念碑烈士名单上存在的失误以及补充抗战中为国捐躯的烈士名单，让他们的英名永留史册。

其他资料中最为重要的是戴荣钜写给胞兄戴荣钺的亲笔信，信写于 1943 年 10 月 10 日，此时他正在美国亚历桑那州威廉斯航空学校学习。信的内容共计 4 页，用钢笔书写在高 25.3 厘米、宽 20 厘米的 2 页普通蓝色横格作业纸的正反两面。戴荣钜在信中谈到了他们在美国受训的情况：“9 日起开始飞 P-40，1200 马力之大飞机，我也能飞行自如！”还谈到了对祖国和家乡的怀念以及忧国忧民的心情，直言了对祖国命运与前途的焦虑：“三月见习完了，我希望能尽快回国……在美国虽物质享受较佳，然精神终不愉也。……使我觉得非常惭愧，到如今还是不学无术，更觉得责任的重大，非努力奋发不可。可是转眸回顾，环视上下左右，我确非常灰心与失望。来美国后真乃是‘触目惊心’，中国落后何止二百年，自己思索结果得出结论是：‘中国民性太差’，苟且偷安，敷衍塞责，以全部精神、智力不用在做事，而用在‘人事’，为何应付，以何取巧，世风日下，道德败坏，岂能不有今日！”这一针见血的描述，不正是对当时中国状况的真实写照与发自内心的谴责吗？当他得知培养一名飞行员需花费大量的金钱时，更感叹道：“中国不谈空军教育，汽油皆无一滴。我们在此受训平均每人（不失事）之教育费，约美金十万元，如失事赔偿照算，如此数万万美金的贷借，需要多少桶桐油、钨砂、生丝、茶叶来抵还哪！……现在看看中国多么苦，水都没有，更谈不上轻重工业，发育在美国机翼底下的中国空军，还能不卧薪尝胆，闻鸡起舞？”字里行间流露出一个热血青年的爱国激情。对于他自己，信中直白道：“至于婚姻问题弟颇淡视，因为空军者生命有如蜉蝣，何必制造小寡妇，欠下一笔风流债也不好，还是打光棍算啦，少麻烦！”这寥寥几字，恰恰表明了他早已做好为国捐躯的准备，读之让我不禁感慨万千。

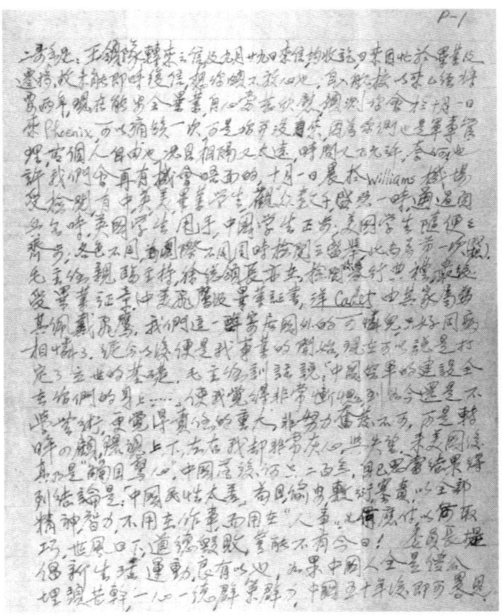

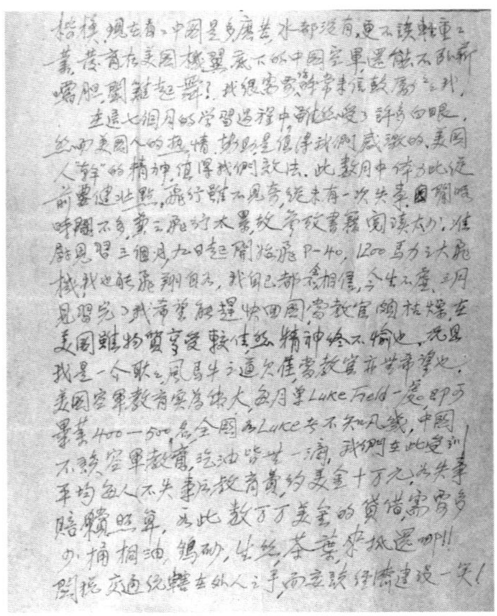

1943 年戴荣钜在美国亚历桑那州威廉斯航空学校学习时
写给兄戴荣铁的信首页、第二页

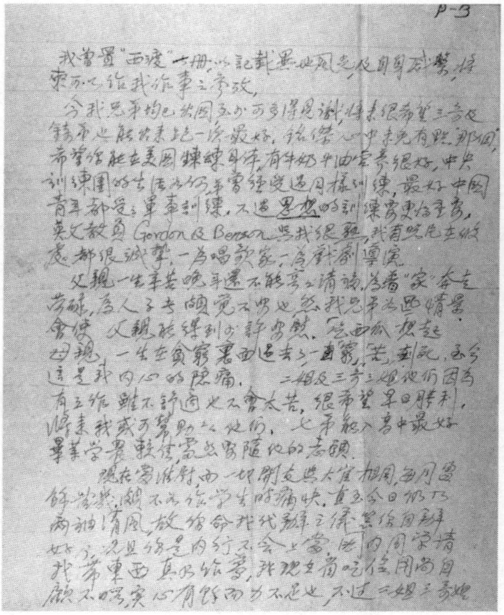 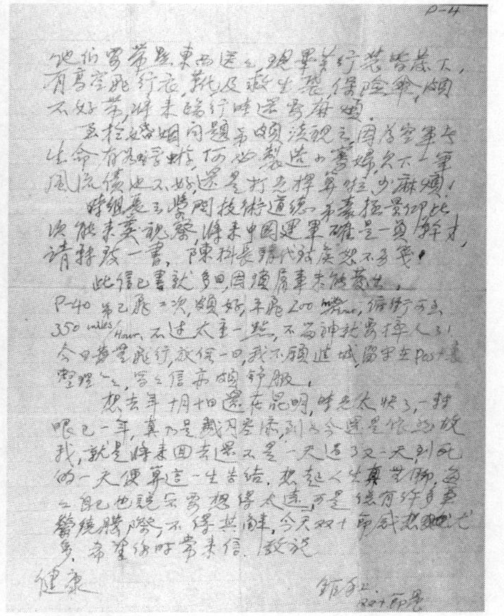

1943 年戴荣钜在美国亚历桑那州威廉斯航空学校学习时
写给兄戴荣钺的信第三页、第四页

资料中还有中国空军第五大队第十七中队《（一）甲芷字第 107 号烈士家属抚恤函》《航空委员会非常时期空军烈士遗族生活补助费办法》《航空委员会非常时期空军烈士遗族生活补助费办法施行细则》《航空委员会非常时期救济空军烈士遗族生活补助费改发实物施行细则》等有关国民政府对空军烈属的抚恤及生活保障条例等。航空第五大队大队长向冠生致戴荣钺告知戴荣钜阵亡的通知书。通知书内详细记述了戴荣钜牺牲的过程："查抗战军兴，群情奋发，令弟荣钜爱国热忱，投效空军服务本大队，其志殊为可嘉，不幸于本年六月随队出发，在长沙空战，壮烈殉国。"同批资料中，戴荣钜战友、后也壮烈殉国的何祖璜烈士致戴荣钺的信函，从另一个方面体现了战友之间的情谊以及戴荣钜牺牲后对其遗物的处理。

资料中还有一份戴荣钜弟弟戴荣锜 1945 年抗战胜利时撰写的记述抗战八年间全家颠沛流离、到处逃难的回忆录手稿，里面记述了 1937 年 12 月日军攻占镇江后，他与母亲等先逃难到扬州，后辗转砖桥、桥头、曲塘等地乡下避难，最后逃至上海租界蜗居。太平洋战争爆发后，租界沦陷，无处可逃的他们只好返回镇江。此间，母亲、弟弟均死于逃亡路上。直至此时，戴荣锜尚不知其兄已经为国捐躯，因此回忆录中谈到戴荣钜时记道："钜兄初离镇后，在铜仁中学读书，后入西南联大读地质学系，再后留美学空军，回国后驻芷江。（余在泰兴时诸叔伯等忽云钜兄已出家为僧，甚怪之，而不敢信。盖血气方刚之青年，怎能作寂寞无为之行当耶。后始知西方来信上有'空门'二字，诸人误解也。）不能直接来信，今后当可知其服务于空军某一部门。"

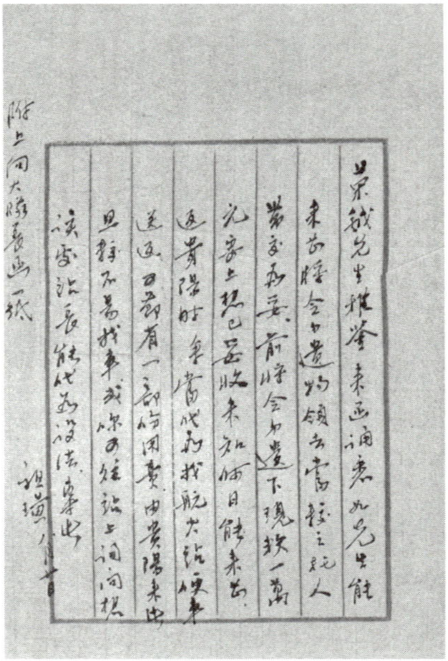

戴荣钜战友何祖璜致戴荣钺信函

经过这次仔细阅读、核实和详细地考证后，可以说，这批资料是抗战期间中国空军血的誓言，是印证中国空军在美国接受训练的真实记述，还是日军侵华期间中国人民流离失所的悲惨记录，它既是打开重庆"空军坟"

秘密的"钥匙"，也是有关中国全民族抗战史的珍贵资料。鉴于此，我们决定将这批资料安排在2011年5月28日的春季拍卖会上进行拍卖，而且重新与委托人进行了协商，将保留价提高至人民币10万元。在拍卖图录上，安排了4张照片及两个版面进行全方位的介绍，同时还将我撰写的《〈重庆区汪山空军烈士公墓次序图〉寻踪记》一文也印刷在图录内。此外，我们还将有关信息通过不同方式，告知有关纪念馆、博物馆和重庆市有关部门。身在重庆的邓平先生也将此事报告给了有关领导，并表示力争参与竞买。与此同时，重庆的一些报刊也发表了有关此次拍卖的新闻。

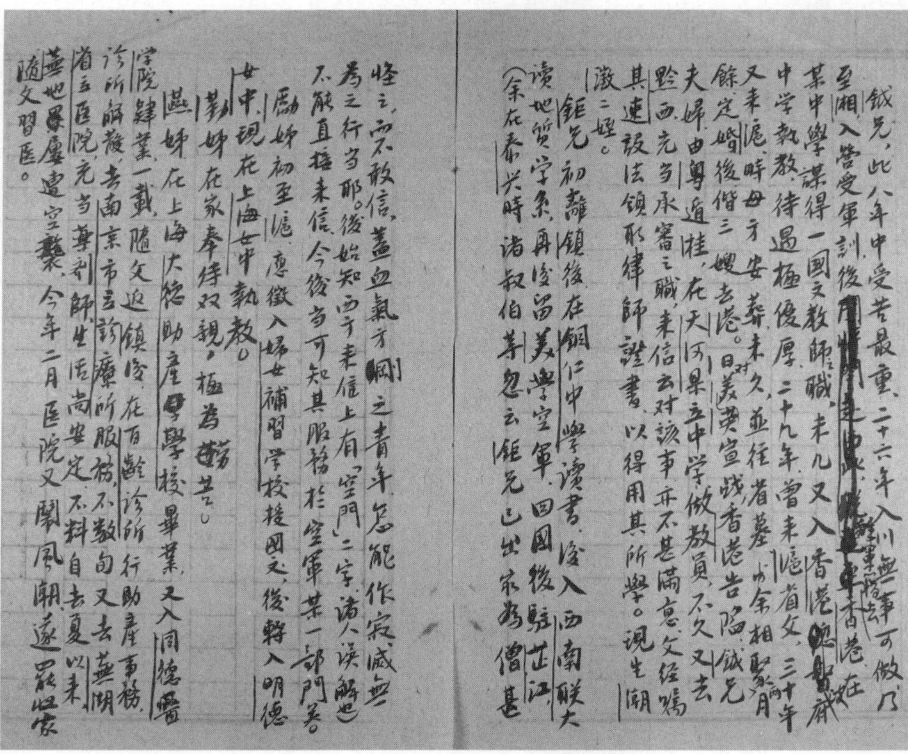

戴荣铸撰写的回忆录手稿中有关戴荣钜的记述

前期的准备工作和宣传报道都见到了成效，拍卖这天，整个大厅内座无虚席。当我在拍卖台上报出“第566号拍品，中国抗日空军烈士遗书及其他资料，起拍价10万元”后，只见场上立刻举起了数个竞价牌，当价位迅速上升到25万元后，场上只有一位先生与电话委托人在竞争了。最终，拍品以28万元落槌，买受人是一位中国人民解放军空军的后代。

时间又过去了两年，已经退休的我依然返聘在海王村拍卖公司工作。一天一位名叫戴浙的先生突然从台北打来电话找我，对方介绍说他是戴荣钜的侄子，他在网上看到了有关戴荣钜资料拍卖的消息，希望到北京时能与我见个面。没想到我们拍卖的消息通过网络传到台湾，而且还被戴荣钜的亲属看到了，真让我有些惊奇。2014年夏季，戴浙先生来到北京，我与他在北京站前的金宝饭店相见。他询问了有关拍品征集的过程、成交的情况以及现在保存在何处等问题，并告诉我这批资料应该是从他居住在香港的婶婶那里流失出来的。当他知道这批资料加上佣金成交额已经超过人民币30万元后，深感自己的经济条件有限，于是放弃了原想购买的意愿。但是从他的脸上可以看出，其内心还是有些遗憾的。日后我将这个事情告诉了买受人，他也颇感惊奇，没想到戴荣钜的亲属居然从台北找到了北京。

2015年8月，应台湾汉学研究中心邀请，我前往台北参加两岸古籍整理与维护研讨会。当年的买受人听到我要去台湾的消息后，竟然提出了一个让我万万没有想到的请求，请我将一套他复制的戴荣钜资料转交给戴浙先生，以了却他对亲人的思念。4日，我与戴浙先生在台北再次相见，向他转交了戴荣钜烈士资料的复制品。戴浙先生十分激动，他一再表示感谢并准备了一些高山茶让我代他回赠给赠予人。同时他还告诉我，他的小叔叔，也就是书写抗战八年间逃难回忆录的戴荣锜现在居住在广州，他的姑妈，也就是戴荣钜的小妹妹，现在就居住在北京。

辞别台北，回到北京后，我萌发了拜访戴荣钜妹妹的想法，于是按照戴浙先生告知的电话号码，先与他的表妹进行了联系，对方愉快地答应了我的请求。10月15日，我来到人民大学校内的教师宿舍楼，拜访了戴荣钜的妹妹、戴浙的七姑戴宁之女士。她老人家时年90岁，但头脑清晰，慈祥的面孔给我留下了深刻的印象。当我刚询问道：“戴荣钜是您的……”话未说完，她就脱口而出：“那是我的四哥啊！我们从小生活在一起。”随后老人介绍到她们兄弟姐妹一共有9人，其中2人因病在很小的时候就不幸过世了。我将带去的戴荣钜书信复印件交与她，老人戴上眼镜细细地翻看起来，眼里流出了泪水，嘴中喏喏地说道：“头一次看到，头一次看到，谢谢你了！”临别前她拿出了为我准备好的戴荣钜从军时的照片，说：“穿军装的照片在‘文革’时都烧掉了，现在身边只保留了这张着便装的照片，想他的时候就拿出来看看。”照片上的戴荣钜风华正茂，炯炯有神的眼睛透露着坚毅与刚强。

戴荣钜的小妹妹戴宁之女士，时年90岁

戴荣钜身着便装像

2016年6月，我再次来到山城重庆。22日，在邓平先生和重庆红岩革命历史博物馆王时庆先生的陪同下再次来到空军抗战纪念园。陵园内墓地上的小草依然是那样的翠绿，盛开的花朵依然是那样的鲜艳。此次来，我们的目的就是寻找戴荣钜、何祖璜二烈士的墓碑并进行祭奠。很快我们看到了何祖璜烈士的墓碑，我将他写给戴荣钜哥哥的书信复印件及一束鲜花摆放在墓碑上，我们三人站在碑前，深深三鞠躬，代表他的亲人与战友进行追悼与哀思。遗憾的是在其他墓碑中，没有寻找到刻有“戴荣钜”三字的墓碑，同时我们还发现大部分墓碑上都没有镌刻烈士的姓名。于是我们临时决定将一个无名碑作为戴荣钜烈士的安息地，将他身着戎装的照片摆放在墓碑上，再摆放上他所写信函的复制件，并将一束鲜花摆放在照片旁边。三鞠躬后，肃立在碑前，我心中默默地念道，戴荣钜先烈，今天我们代表你在北京的小妹妹以及远在广州未见面的小弟弟，还有远在台湾的侄子以及镇江的乡亲们来看望你了。祖国与人民没有忘记你，你的名字已经镌刻在清华大学的英烈碑上，镌刻在南京抗日航空烈士纪念碑上，你的照片与事迹也陈列在你的故乡镇江烈士纪念馆中。安息吧，你为之献身的祖国正在东方崛起！

2016年6月，与重庆红岩革命历史博物馆王时庆先生（左）、重庆社科院邓平先生（右）在重庆空军抗战纪念园

重庆空军抗战纪念园内何祖璜烈士墓碑

在重庆空军抗战纪念园内无名烈士碑祭奠戴荣钜烈士

重庆空军抗战纪念园内为什么没有镌刻着戴荣钜名字的墓碑？在回来的路上我们去了重庆抗战遗址博物馆，据钱锋副馆长介绍，纪念园修复时他们并不清楚此处曾安葬有多少烈士，当时只掌握有60多人的资料，因此墓碑上只镌刻了这60多人的姓名。他们没有戴荣钜的资料，所以纪念园内也就没有他的墓碑。闻听于此，我便将手中留有的一份复印件赠送给了他们。

2015年，应镇江市史志办等单位的邀请，我前往镇江参加为纪念中国人民抗日战争暨世界反法西斯战争胜利70周年而拍摄的记录镇江抗战系列历史纪录片《永恒的记忆》首发式活动，在镇江市烈士陵园里，我看到了戴荣钜烈士的照片与介绍，我也将电脑中保存的有关资料赠送给了他们。

2018年12月，我与太太前往昆明西南联大旧址参观，在博物馆中，亦查到了戴荣钜的名字。

初写于2016年7月1日

修订于2020年3月25日

回荡在美利坚合众国上空的《义勇军进行曲》

1937 年 7 月 7 日的卢沟桥事变，拉开了中国人民全面抗击日本侵略者的序幕。无论是白山黑水之间，还是大江南北两岸，国共两党同仇敌忾，一曲“起来，不愿做奴隶的人们，用我们的血肉筑成我们新的长城”，呼唤着民族存亡时刻中华儿女前仆后继，走向保家卫国的战场。

同时，不仅远在大洋彼岸美国的爱国华侨关注着祖国的命运，主持正义的美国人民也同样注视着中国的抗战。1940 年，在纽约一个即将结束的露天音乐会上，一位美国黑人歌唱家用他那浑厚的嗓音向在场的数千位听众宣布：“今天晚上我要唱一支中国歌，献给战斗的中国人民，这支歌叫《起来》”。随后，一曲用中英双语演唱的《义勇军进行曲》(CHEE LAI)，划破了夜空，回荡在美利坚合众国的上空。

这位黑人歌唱家就是美国著名男低音保罗·罗伯逊（Paul Robeson）。保罗·罗伯逊 1898 年出生于美国新泽西州的普林斯顿城。1922 年首次登台，不久便成为广受喜爱的歌手。他曾担任美国黑人进步组织非洲事务会议的主席。1952 年获得“加强国际和平”斯大林国际奖金。1940 年他说了这样一句话：“我们黑人和中国人民同样是被压迫的民族，我们要向坚决抗日的中国人民致敬。我要学会几支中国歌，我要把中国人民的歌曲唱给全美国和全世界的人听！” 保罗·罗伯逊演唱《义勇军进行曲》时，恰在美国宣传抗战的刘良模[一]听到后，便提议将《义勇军进行曲》和其他中国抗战歌曲及中国民歌灌制一套唱片，用以宣传和支援中国抗战。1941 年，罗伯逊与刘良模组织的华侨青年歌唱队，在纽约灌制了著名的中国抗战歌曲专集《起来》。从此后《义勇军进行曲》及其他抗战歌曲在美国和其他地区开始流行。

美国黑人男低音歌唱家保罗·罗伯逊

2016 年 5 月出现在中国书店秋季拍卖会上的这套《起来》唱片，即为当年的出版原物。唱片共有 3 张，分装于特制硬纸面唱片夹中。唱片夹封面上部并列印刷着手书英文“Chee Lai”和中文“起来”，名称下面的副标题是英文“SONGS OF NEW CHINA”（新中国的声音），封面中部印刷着抗战中的中国士兵和中国儿童，封面背景选取了中国最具代表性建筑之一长城上沉厚的墙砖。下部用醒目的中国红印刷出 5.5 厘米宽的边栏，上边用黄色字体印刷着演唱者“PAUL ROBESON”的名字，名字下面用黑色字体印刷着“with Chinese chorus conducted bu LIU LIANG-MO”（中国合唱团指挥：刘良模）。唱片内除灌制了《义勇军进行曲》外，还收有《凤阳花鼓》《大路歌》《到敌人后方去》等歌曲共6首。宋庆龄为这套唱片写了英文序言，罗伯逊在序言中写道：《起来》是一首正在被千百万中国人民传唱的歌曲，一种非正式的国歌。我听说，它代表着这个民族无往不胜的精神。能够演唱这首歌的新版本，能够唱一个战斗的民族填了新词的歌，是我的乐事，也是给我的特殊待遇。

《起来》中国抗战歌曲专集唱片
1941年美国纽约灌制

这套来自美国旧金山的唱片，可以说保存基本完好。据我所知，在中国人民抗日战争纪念馆内收藏有一套，被列为馆藏珍品。在中国大陆、香港、澳门及台湾地区的其他博物馆、纪念馆及私人手中存世量也是极少，可谓是一件甚为珍贵的有关国际援助中国抗战的文物。它不仅印证了远居大洋彼岸爱国华侨对祖国抗战的关心和支持，也可以想到海外游子们通过收藏此套唱片心向祖国、怀念祖国的情感，同时也是国际社会援助中国抗战的实物。我十分期待国内的藏家或博物馆、纪念馆能够收藏这套珍贵的具有历史纪念意义的抗战文献，将它留在中国。最终经过拍卖，这套唱片以 1.15 万元的价位落槌成交，并留在了国内。

初写于 2016 年 5 月
修订于 2022 年 3 月

[一] 刘良模（1909—1988），浙江镇海（今宁波）人。爱国民主人士，信奉基督教。青年时就读沪江大学。淞沪抗战爆发后，组织民众歌咏会，教唱抗日救亡歌曲。1940 年夏，被基督教青年会派赴美国学习，期间与黑人歌唱家保罗·罗伯逊相识。1949 年应邀回国，参加第一届中国人民政治协商会议，与其他委员提议《义勇军进行曲》为代国歌，并通过。曾任全国青联副主席、中国基督教三自爱国运动委员会副主席等职。

张学良旧藏回归故里

—— 记《素园石谱》的拍卖

《素园石谱》
日本大正十三年（1924）《图本丛刊》本

2001年10月14日，中国近代史上具有重要影响的人物——张学良将军，在美国夏威夷驾鹤西去，享年101岁。时隔二十日后的11月4日，一部钤盖有“定远斋汉卿凤至藏书之印”的《素园石谱》出现在中国书店2001年秋季书刊资料拍卖会上，不知这是巧合，还是对将军的纪念？

《素园石谱》为明代林有麟辑，是一部汇集各种名石的专著，共收石102种以及石图200余幅，是迄今传世最早、篇幅最宏的画石谱录。作者林有麟，字仁甫，号衷斋，明万历时期华亭（今上海松江）人。书中序言中自云

“检阅古今图籍”，凡“奇峰怪石有会于心者，辄写其形，题咏缀后”，因此这也是一部文人赏石的高雅鉴赏书。

《素园石谱》初刻印于明万历时期，并有刻本存世。但此次所拍则是日本大正十三年，即 1924 年日本人大村西崖先生编辑的《图本丛刊》中的一种。此书一函四册，线装，书高 30 厘米，宽 19.5 厘米，书内半框高 20.5 厘米，宽 14.5 厘米，由上海美术工艺制版社据明万历版覆刻刷印。书的首册书名右下方钤盖朱色白文随形“定远斋汉卿凤至藏书之印”一方，扉页钤盖正方形朱文“孔祥熙”印一方，每册首页钤盖朱色长方形“张氏家传”或正方形白文“定远斋主人”印章。此外，书内还钤盖有朱色正方形“万石斋”等印章。

张学良将军作为军事家、政治家所做出的东北易帜、武装调停中原大战以及发动震惊世界的“西安事变”等爱国爱民的义举，则广为人知；但作为收藏家的张学良，可能熟知的人并不太多。其实张学良早年在东北时，就广交文人雅士，喜爱收藏，与清宗室溥侗、袁世凯之子袁寒云、袁世凯表侄张伯驹并称为民国间收藏界最负盛名的“四公子”。其藏室名“定远斋”，故藏品上多钤有“定远斋”“定远斋主人”“毅庵”“汉卿”等收藏印章。1994 年 4 月 10 日，苏富比拍卖公司在台北举办了一场定远斋藏书画专场拍卖会，共上拍卖品 207 件，经过激烈竞价，无一流拍，最终以 13200 余万台币的成交额而结束。

此次拍卖的《素园石谱》虽为 1924 年翻刻的丛书本，但是由于张学良旧藏之物在大陆民间极为罕见，因此还是引起了很多人的关注。自 2000 元起拍，经过数次加价后，最终以 3800 元落槌，买受人为一位来自将军故乡的辽宁人。事后这位收藏家颇为感慨地说道：“将军生前曾有意回辽宁故乡看看，然而未能如愿。今天将军已逝，但是风范长存。在将军魂归故里之时，有幸他的藏品一同回归，此乃苍天大地情之所钟也。”

初写于 2001 年 11 月 20 日

修订于 2020 年 5 月 16 日

读张学良、宋美龄等人相互往来书札记

—— 张学良往事俱矣后的在台余韵

自 1936 年 12 月 12 日张学良与杨虎城发动震惊世界的“西安事变”后，张、杨二人即被蒋介石长期幽禁和关押。张学良先被幽禁于浙江，后转贵州，再转至四川，1946 年 10 月迁往台湾。直至 1960 年初，张学良稍获部分自由，在准许参加基督教凯歌堂聚会活动的同时，亦被允许自建宅邸于北投，并获准可以与外界通信，但前提条件是通信均需经岛内最高当局特许，并经审查后方能与其往来。

1990 年张学良全面恢复自由后，于 1995 年携赵一荻侨居美国夏威夷，同时将大多信件一同带至美国。要研究张学良在台湾幽禁期间的生活，自然离不开他与外界的通信，特别是他与宋美龄之间的通信，不仅能更清楚地表明二人之间不寻常的关系，而且也在一定程度上代表着蒋介石的态度。目前散失在民间的张学良信札十分罕见，而我近日所见来自台湾岛内的张学良致宋美龄、宋美龄致张学良，以及他人经获允致张学良信札共计 13 通 15 页，其所蕴含的特殊意义与珍贵性，自然不言而喻。

信札内包含张学良致宋美龄书信 5 通 7 页，分别是：1960 年代致宋美龄中文信札手稿 1 通 1 页；1960 年致宋美龄英文打印信札修改稿及正式打印稿各 1 通 1 页，修改稿上有张学良亲笔修改及签名；1965 年致宋美龄中文信札手稿及英文打印稿各1通1页；未签署确切年代致宋美龄信札草稿2通2页。宋美龄致张学良书札2通2页，分别是1960年致张学良英文信札1通1页，未签署年代致张学良英文信札1通1页。还有宋子安（宋氏家族成员）、陈大庆（负责幽禁张之工作者）、周鲸文（故旧、张作相外甥）、陈谭祥（陈诚之妻，宋美龄干女儿）、沈慧莲（马超俊之妻）、黄仁霖等人致张学良书札6通6页。

我读后，做如下笔记：

其一，张学良致宋美龄中文书札手稿，1通1页，落款时间未署年代，仅写有“七月十二日”。从其内容分析，应为1960年代初期，即1958年11月23日蒋介石与张学良自“西安事变”相隔22年后，在台湾首次见面后不长的时间内。此时的张学良在宋美龄的奔走斡旋下生活条件与人身自由稍有所改善。但是，他深知自身仍在幽禁中，因此凡事处处小心，件件请示。信中所言内容为张学良接到董显光来函，提出计划书写张氏父子传记，以及有关“西安事变”中唯一外国见证人端纳遗存文件事宜。张学良不敢自作主张，故致函宋美龄，讲明缘由，提出“拟向钧座有所请示”并“候钧裁”的请求，希望得到宋美龄的当面指示后再复信董显光。

董显光（1887—1971），浙江宁波人，早年系蒋介石求学之奉化龙津中学英文教师。后留学美国，归国途经日本时与孙中山相识，并经其介绍出任《民国共和报》副主笔兼驻北京记者。率先报道宋教仁被杀内幕，成为二次革命的导火线。在天津创办《庸报》，“皇姑屯事件”后率先披露真凶为日军，引起极大轰动。1934年经蒋介石介绍加入国民党，抗战期间曾任国民党中宣部副部长等职。深受蒋氏夫妇信任，长期担任国民党国际新闻联络负责人。1949年去台湾。1960年经宋美龄派赴与张学良夫妇会面，并在其影响下张学良信奉基督教，同时继续成为张学良的英语教师。1971年移居美国，次年病逝于纽约。

威廉·亨利·端纳（William Henry Donald 1875—1946），祖籍苏格兰，出生于澳大利亚，记者，中国政坛上最活跃的西方人。自1903年到香港任《德臣报》编辑时起，就与中国结下不解之缘，先后出任清两广总督岑春煊以及孙中山、张学良、蒋介石的顾问。1936 年“西安事变”发生后，作为调停人首先飞往西安进行斡旋，建议蒋介石会见周恩来，成为此事件的唯一外国见证人。

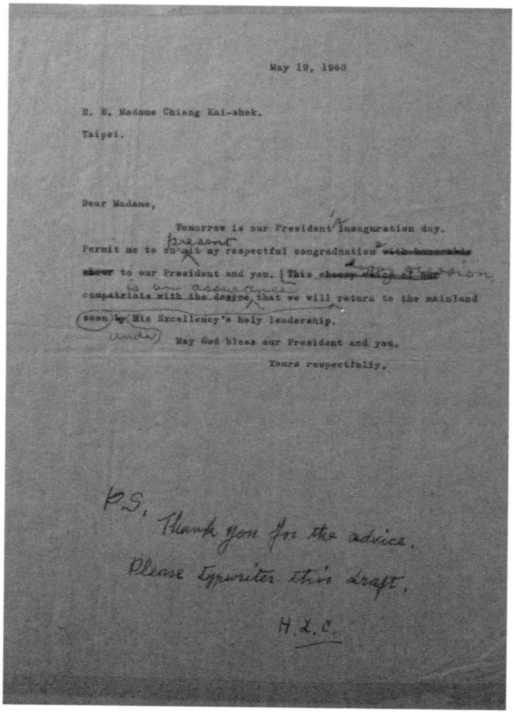

May 19, 1960

H. E. Madame Chiang Kai-shek.

Taipei.

Dear Madame,

Tomorrow is our President inauguration day.

Permit me to submit my respectful congraduation with honorable cheer to our President and you. This cheery voice of our compatriots with the desire that we will return to the mainland soon by His Excellency's holy leadership.

May God bless our President and you.

Yours respectfully,

P.S. Thank you for the advice.

Please typewriter this draft.

H.L.C.

1960 年 5 月 19 日张学良致宋美龄书札（英文，打印稿）

其二，1960 年蒋介石在台湾打破规定连任第三届“总统”后，张学良致宋美龄表示支持及祝贺书札，英文打印修订稿 1 通 1 页，英文打印正式稿 1 通 1 页，打印时间 1960 年 5 月 19 日。修订稿上有张学良亲笔英文签名“H. L. C.”和多处英文修改文字。此时为张学良接受基督教信仰初期，应系较早与宋美龄通信中使用“出于上帝旨意的领导（God-willed leadership）”及“蒙神祝福（May God Bless）”等词汇。张学良自拟的英文信件数量极少，因此颇为珍贵。

其三，1965 年 8 月 18 日至 19 日张学良就复信李太太、董显光事宜致宋美龄书札，中文手稿 1 通 1 页，英文打印定稿 1 通 1 页，其中英文定稿上钤蓝色“Copy”戳记。李太太为何人？我未查出，董显光前面已经有介绍。信中写道“夫人钧鉴：遵谕致李太太之信书就，随章呈上，如无舛错，恭请转致令侃弟”等语，后面再书“谨再禀者：董大使处，遵如钧谕，暂缓作覆”等语。从此封信中不难看出张学良经过长期幽禁后，形成低调、谨慎的处事风格。信中所言“令侃”，应为孔祥熙与宋霭龄之子孔令侃。这说明在当时的处境下，宋美龄是张学良唯一能够信赖的亲友，张学良系通过宋美龄之途径对外联系，或通过宋美龄再转交宋家其他人与外界相互通信，以示归隐及安度余生之心境。且张学良在信中所用语言甚为恭谨，言听计从，显见在与外界的应对上皆需先行请示。

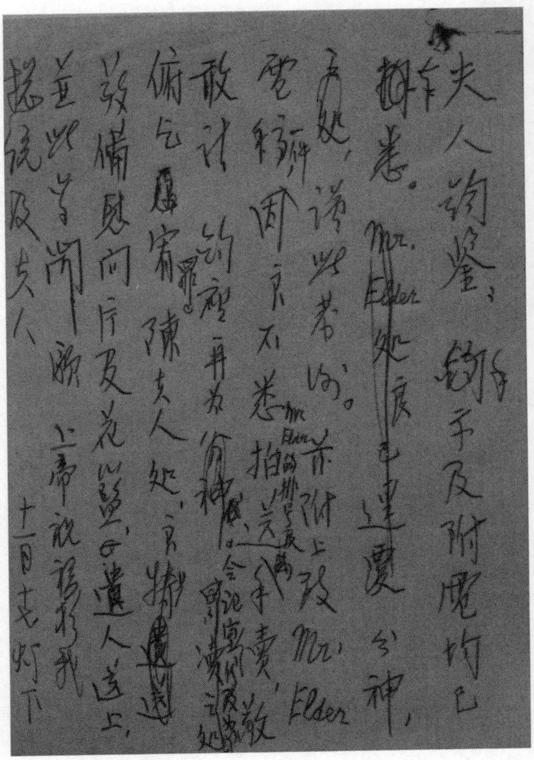

张学良致宋美龄书札

其四，张学良致宋美龄中文书札手稿，1 通 1 页，签署日期为“十一月十七灯下”，具体年代不详。此信为张学良收到宋美龄来信后的回复，开首即写道“夫人钧鉴，手示及附电均已奉悉”，同时张学良将他致伊雅格（Mr. Elder）的电稿一并附上，随后告诉宋美龄“陈夫人（即陈诚之妻谭祥女士）处，良敬备慰问片及花篮，遣人送上”等事宜。信末所写“灯下”二字则别有意义，因张学良在北投新居建成后，宋美龄特送台灯一盏，以示祝贺。故张学良在回信中特别志之“灯下”，以表其感谢赠礼之意。由此不难看出张学良对宋美龄的深厚信赖跃然于字里行间。

同时，我们将陈谭祥致张学良书札与此书札并列读之就会发现张学良在宋美龄授意及开路下，能技巧地通过慰问陈诚之妻陈谭祥，以向曾在“西安事变”中被拘的时任台湾第二号人物陈诚释出善意，展现了宋美龄替张学良筹划恢复社会关系的用心良苦，并蕴有宋细腻且不着痕迹的待人处事智慧。

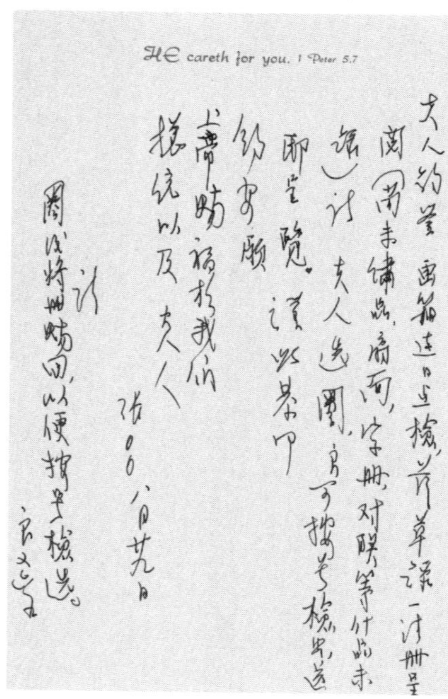

张学良致宋美龄书札

其五，张学良致宋美龄中文书札手稿，1通1页，签署日期为“八月廿九日”，具体年代不详。张学良在信中写到“夫人钧鉴，画箱连日点检，兹草录一清册呈阅（尚未绣品、扇面、字册、对联等什品未录）请夫人选圈，良可按号检出，送邸呈览”云云。张学良亦系当代著名书画收藏家，自迁往北投自宅后，除行动自由有所增加外，并在宋美龄的协助之下取回了自“西安事变”后寄存于海外友人处的书画藏品。此信即应是张学良在开箱检点后，将所藏书画列出清单，请喜爱国画并拜师学艺的宋美龄在清册上随意“选圈”鉴赏，以示感谢。

其六，宋美龄致张学良书札，2通2页，均为英文书写，这也是宋美龄与家人和朋友通信的一贯书写风格。其中一通信中，宋美龄对张学良的英语学习给予了很高的评价，并向张学良赠送了一些学习用书以及刚从马尼拉运到的新鲜芒果等。这看似极为普通的关心与问候式的通信，细观之则不一般，因为所用信笺纸均属“总统府”专用信纸，上面不仅印有“国徽”标识，而且还有英文“总统府”标识和暗纹水印标识。按照惯例，宋美龄致张学良的信函应纯属私人之间的相互往来，而非官方文书，理应使用宋美龄私人专用信纸或无任何标识的普通信纸；但是，此两通信均用“总统府”专用信纸书写，这里面是否含有代表蒋介石的特别问候与关怀之意呢？确实值得探究。

其七，陈大庆等6人致张学良书札简述如下：

1. 陈大庆致张学良书札1通1页，附封。墨笔书写于自己专用的“养浩用笺”宣纸之上。内容为就恭逢张学良“悬弧令旦”表示祝颂。钤朱色阳文“陈大庆印”一方。

陈大庆，字养浩，江西赣州市人。国民政府陆军一级上将。历经东征战役、北伐战争，抗战时期率军参加南口、台儿庄、鄂北、豫南等战役，曾任京沪杭警备副司令兼淞沪警备司令部司令。赴台后历任安全局局长、警备总部总司令、陆军总司令、“台湾省主席”等职。因深受蒋氏父子信任而负监管张学良之责，故为当时极少数能与张学良直接通信之军方人士。

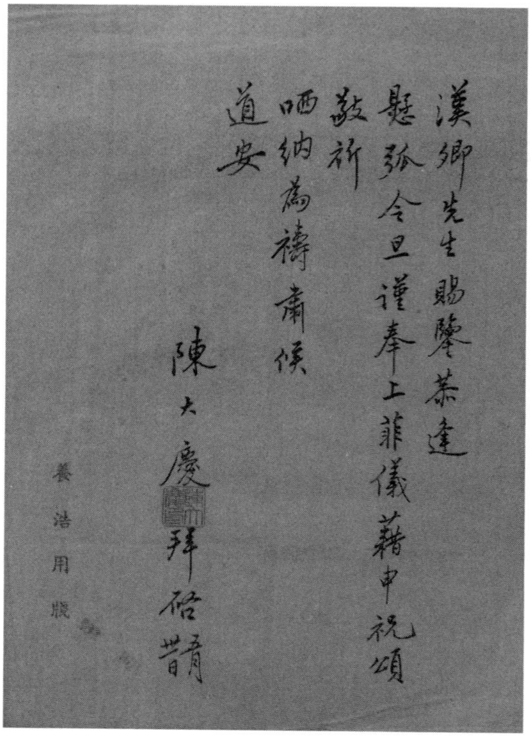

漢卿先生賜鑒：恭逢
懸弧令旦，謹奉上菲儀，藉申祝頌，
敬祈
哂納為禱。肅候
道安
陳大慶拜啓

養浩用牋

陈大庆致张学良书札

2. 周鲸文致张学良书札1通1页，硬笔书写。周氏首先言与张学良已经20多年未见，表述了思念之情及问候，随后介绍了自己的情况并希望在去台湾时能与张学良见面。钤朱色白文“周鲸文”印一方。

周鲸文，辽宁锦县（今凌海市）人。曾任流亡东北大学秘书长、法学院院长、代理校长等职。中国民主同盟会发起人之一。新中国成立后曾任政务院政治法律委员会委员。1956年去香港。在港主编《时代批评》及英文《北京消息》半月刊等。经台湾最高当局特别批准后系为海外少数可与张学良通信之友人。

3. 陈谭祥致张学良书札1通1页，墨笔书写于宣纸之上。内容为感谢在自己因病住院期间张学良的问候与惠赠的花篮。据前述张学良灯下致宋美龄信函草稿中所言，系由宋美龄特别告知陈诚夫人身体有恙，嘱张表示问候，传达善意，以弥前愆，并化解及预防可能的矛盾。钤朱色阳文“陈谭祥印”一方。

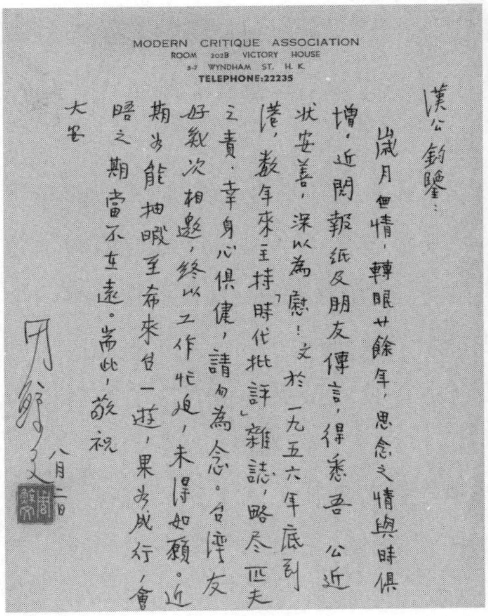

MODERN CRITIQUE ASSOCIATION
ROOM 302B VICTORY HOUSE
5-7 WYNDHAM ST. H. K.
TELEPHONE:22235

漢公鈞鑒：

歲月無情，轉眼廿餘年，思念之情與時俱增，近閱報紙及朋友傳言，得悉吾公近狀安善，深以為慰！文於一九五六年底到港，數年來主持「時代批評」雜誌，略盡匹夫之責，幸身心俱健，請勿為念。台灣友好數次相邀，終以工作忙碌，未得如願。近期如能抽暇，至希來台一遊，果如成行，會晤之期當不在遠。專此，敬祝

大安

周鯨文 八月二日

周鲸文致张学良书札

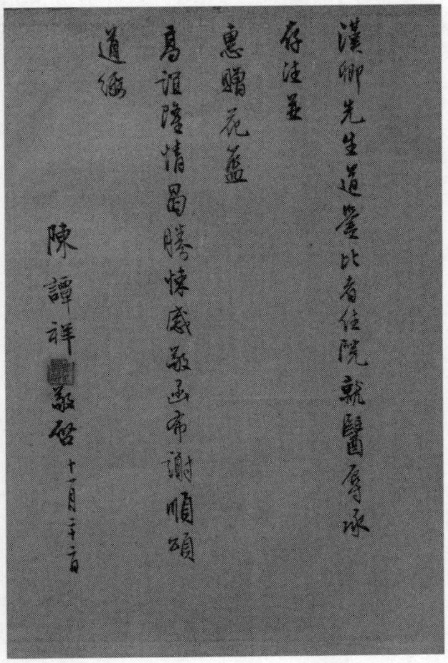

漢卿先生道鑒：比者住院就醫，辱承

存注並

惠贈花籃，高誼隆情，曷勝快感，敬函布謝，順頌

道綏

陳譚祥敬啓 十一月二十二日

陈谭祥致张学良书札

陈谭祥，原名谭祥，字曼意。湖南茶陵人。谭延闿第三女儿。陈诚夫人，故后冠夫姓。宋美龄干女儿。

4. 沈慧莲1964年9月2日致张学良书札1通1页，铅字打印于其夫“星樵用笺”专用信纸上，信首“汉卿先生”4字为墨笔书写。沈氏在信中感谢张学良在自己住院期间前往探视慰问，并告知现已经出院回家调养。钤朱色阳文“沈慧莲印”一方。

沈慧莲，广东番禺人，国民党妇女界历任要职之知名人士。沈与其夫马超俊皆为孙中山同盟会时期之老同志，亦系宋家好友。在陈炯明叛变时，

马氏夫妻曾冒险亲赴激战中的越秀楼营救宋庆龄，经总统府卫队长马湘（马超俊族侄）与黄惠龙保护突围。故沈氏和宋庆龄、宋美龄交情深厚，并与张学良夫妇同属台湾党政高层之基督教会友即士林官邸凯歌堂。故经台湾最高当局批准，允许与幽禁中的张学良书信往返。

5. 黄仁霖夫妇致张学良夫妇书札 1 通 1 页，墨笔书写于“仁霖用笺”专用信纸上。黄氏夫妇告知张学良“欣获一孙”，并邀请张学良夫妇出席满月晚宴。

黄仁霖，字顺龙，江西安义人。“CC 系”骨干分子。幼时其父即与张学良父子交谊渊源，后因黄氏曾任上海基督教青年会干事，故与信奉基督教的宋家为长期好友。后受孔祥熙推荐转任励志社副总干事及总干事，全权负责励志社工作。“西安事变”时，黄仁霖与端纳受宋美龄之托，一同搭机前往西安探视蒋介石。张学良信奉基督教之重要介绍人，故能得以与幽禁中的张学良书信往返。

6. 宋子安 1963 年 4 月 30 日致张学良英文书札 1 通 1 页，附封，硬笔书写于广东银行驻旧金山分行董事会主席专用信笺上。书写内容为对张学良的问候。

宋子安，宋美龄幼弟。曾先后就任中国国货公司董事、广州银行董事会主席、西南运输公司总经理等职。在张学良幽禁期间，为极少获允可直接与张学良夫妇通信者之一。

通过这批张学良与宋美龄之间的相互通信以及他人或其亲属致张学良的信札，我们不仅可以具体而细微地看到“西安事变”发生 20 多年后张学良在台湾的生活，而且也可以看到宋美龄对张学良的关爱与监视，以及张学良与亲朋好友之间的互动情形等。因此无论是从研究的角度去看，或是从收藏的目的上看，这批信札均有着极高的史料价值与收藏价值。

（此文的撰写得到台湾友人曾德宜博士大力协助，在此深表谢意！）

2015 年 2 月 4 日写于北京海王村

“禅让”之风，山高水长

——记《慈禧写照记》《清室外记》的拍卖

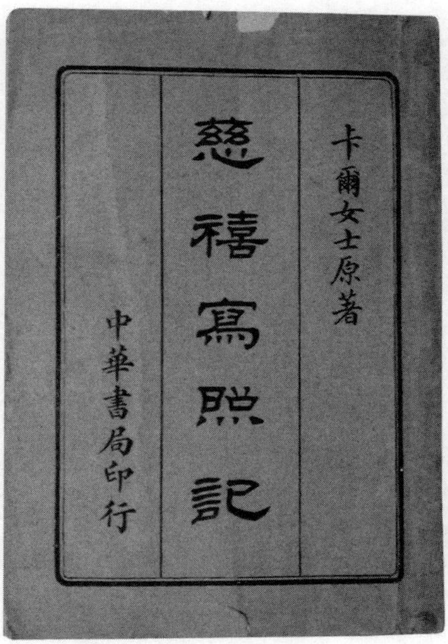

《慈禧写照记》
1916年中华书局出版

2002年6月30日，中国书店第十九期大众收藏书刊资料拍卖会在琉璃厂开拍，第234号拍品是美国卡尔女士的著作《慈禧写照记》和英国人濮兰德与白克好司合著的《清室外记》。此二书均由中华书局出版，分别印刷于1916和1915年，是两部有关晚清历史的专著。拍卖前数日，晚清史研究学者、《末代皇帝的后半生》作者贾英华先生获悉后，认为此二书对他的研究很有帮助，可作清史研究资料和创作素材使用，于是便与我电话联系，告知拍卖之时洽有公务在身，不能亲临拍卖会场参与竞买，请我代办委托竞买有关手续，并告知所出价格在 1000 元至 3000 元之间。

由于拍卖会由我主持，我便将贾先生委托竞买之事交付给了其他工作人员。此两部书，起拍价不高，仅 300 元，按照常规，贾英华先生出到保留价十倍的价钱，应该是比较有把握的，同时也可看出他对此两部书的重视。但是这天的拍卖会不仅参与的人多，而且从一开始就不时出现竞价激烈的场面。至第 234 号拍品时，我刚刚报出 300 元的起拍价，即有数位买家举起了竞买号牌，十几回合后，价位迅速升至千元以上。至 1500 元后，场上只有手持电话的 259 号竞买人在与贾英华先生竞争了。双方互不相让， 你加一次价，我举一下牌。当公司人员报出贾英华先生事先所出最高 3000 元的价位时，259 号竞买人又举牌报出了 3200 元的加价。有鉴于此，只好罢休。随着我手中拍卖槌的落下，234 号拍品被 259 号竞买人收入囊中。

作者与贾英华先生在中国书店留影

当日下午，我电话告知贾英华先生，先生不在家，夫人听说后深感惋惜。夜 11 时，我刚刚睡下，忽然贾先生打来电话，他在为这么晚打扰我而感抱歉同时，详细询问了拍卖的经过，随后提出此两部书对他研究晚清史的重要性，请我是否可与259号竞买人协商，愿意加价将书转让给他。面对贾先生如此迫切求书之情，我即答应试一试。

259号买受人是美国泛太平洋集团公司总裁潘思源先生。潘先生祖籍福建，现居住在台北，其家族在台湾颇为显赫，在美国、香港、台湾以及上海等地均有公司，而且所有公司均为独资控股，因此自嘲为当代“上海滩上的最大个体户”。潘思源先生钟爱中国传统文化，尤其厚爱古籍图书，经常光临拍卖场，竞买自己所喜爱的图书。此次潘先生虽未到拍卖现场，但他在美国旧金山通过国际长途电话给公司的职员下达竞买指令。

次日，我与潘思源先生公司职员金先生取得了联系，转告了贾英华先生对此两本书的需求及希望转让之意，请他代为转告潘先生，看看是否可行。同时也诉说了我同贾英华先生十余年的友情，希望潘思源先生能忍痛割爱，成全贾英华先生求书之美。此虽有些强人所难，但因我与潘思源先生也有多年的交往，彼此极熟，也就不再客气了。

数日后，金先生打来电话，告知潘先生深为贾英华求书之心所感动，愿将此两部书按成交价转让，并希望能与贾英华先生相识并结为好友，共同探索晚清历史。我立即将此消息转告给贾英华先生，他得知此消息似梦中一般，不禁连声叫好，并一再向潘先生表示谢意。

2002年7月30日，第234号拍品漂洋过海，自太平洋对岸辗转美国后又回到北京。当我将此两部书交到贾英华先生手中时，贾英华先生为感谢潘思源先生这种高风转让之风格，将自己新作《末代皇帝最后一次婚姻解密》《末代皇弟溥杰传》两书赠予潘先生与金先生，并在赠予潘先生的书中题写“‘禅让’之风，山高水长”八字。

2003年9月下旬，潘思源先生公司职员岳先生从美国来到北京，带来了潘思源先生于2002年在我公司以4400元竞买到的记述溥仪先生改造的书稿《从皇帝到公民》等资料，让我转交给贾英华先生。贾先生见后深为感动，认为这些资料对他的研究专题很有帮助，并对潘先生的赠予表示深深的谢意。

两部书的买卖，一次拍卖场上的相互竞争，却引出了一段令人意想不到的交往与圆满的结果，这可能就是读书之人、爱书之人、藏书之人之间的友情与崇高的境界吧！

初写于2003年11月20日
修订于2020年6月2日

附：我与中国书店的跨世纪情缘

贾英华

书，是我生命中难以割舍的，而中国书店的旧书店更与我结下了不解之缘。

追忆起少年时光，北京隆福寺的中国书店旧书店，是我从小学起课余就最喜欢逛“泡”之地。长大之后，才知在那里曾“邂逅”不少当代名人，彼时却浑然无知。一次，在书店内偶然遇见了此后任外交部部长的乔冠华，风度翩翩的他亲切而和蔼地询问我：“小鬼，你找什么书呵？”我不知所措地应答了几句，又低头翻阅手中的旧书。直到多次偶遇，渐趋熟悉，他见面便跟我打个招呼。数年后，我才知他与章含之成了恋人。那时候，章含之与我家同属八条胡同居委会。偏巧，十多年前，我的《末代皇弟溥杰传》与章含之追忆红墙往事的自传《跨过厚厚的大红门》，一起被评为美国地区十大华文畅销书。或许，这亦是意外的“书缘”。

20世纪六七十年代以来，我痴迷于东城、西城等中国书店的旧书店。一次，在中国书店灯市口店淘书，一位文质彬彬的中年人听到我询问书店服务员“《续藏书》怎么找不到？”他抬起头，热心地指点我：“小伙子，你找的李贽的《续藏书》在书架顶上，得搬梯子才能够着呢。”

我拱手相谢，且格外留意到这位几次相遇的长者。没过多久，1966 年初夏，在劳动人民文化宫举行的北京中学生动员会上，我才惊诧地认出在台上做报告者，正巧是我遇到的那位好心而博学的读书人——手执一柄扇子侃侃而谈的王照华。

恰与中国书店有缘的是，20 世纪 80 年代末，我撰写的第一部书《末代皇帝的后半生》，签名售书仪式竟也在海王村中国书店院内举行。那天上午，不少爱新觉罗后裔来到书店，并诚恳地留下了联系地址和电话，为我的末代皇帝系列书稿内容采访提供了难得的素材。

因撰写末代皇帝系列，我与溥杰、溥任等“皇室”人物结成忘年之交。当溥杰撰述自传时，苦于史料匮乏，我荐其到中国书店试试。他一拍大腿：“我怎么忘了这茬儿？”即遣四弟溥任骑自行车前去“搜书”，果然大有收获。以致后来溥任退休之后，也在那里购置了旧版《啸亭杂录》《鸿雪因缘图记》等大量参考史料，故而暮年著述颇丰，中国书店功不可没。

前几年，我应邀初登中央电视台《百家讲坛》，讲述《末代皇族的新生》《你所不知道的溥仪》之际，不由得感恩中国书店。只因我登上的第一个讲坛——《解密溥仪十大谜》，乃是20世纪90年代初中国书店在虎坊桥老楼举办的“京味书楼讲坛”。

20 世纪 90 年代，中国书店成立北京海王村拍卖有限责任公司，由老友彭震尧负责筹建。近水楼台，我遂通过正规渠道，先后从拍卖会淘得不少好书，如理藩部印制的蒙汉文《宣统逊位诏书》，其中附袁世凯与清廷往来多封电报，颇具历史价值，正是彭震尧捎信邀我前来参加拍卖会才购得的。我又从海王村拍卖会上陆续拍得《唐土名胜图会》六卷、《清俗纪闻》绘图本十三卷等有价值的古籍，这些古籍反映了乾隆年间宫廷生活及社会风俗。从这里“斩获”载涛贝勒在晚清指挥“永平秋操”的照片，更成了我撰写《末代皇叔载涛》难得的珍贵配图。

起初，我从海王村拍卖会上购得一百多年前英文版《慈禧统治下的中国》德文版《中国》、法文版《光绪》等一系列外国人记述中国晚清历史的书籍，由此一发不可收拾。多年来，我从国外购买并收藏数百部外国人上百年前记述晚清宫廷的外文书籍，包括德龄所撰写的七部记述宫廷生活的英文原著。细忖之，我正是从海王村拍卖会上受到启发而肇始。

颇具戏剧性的是，“海王村”拍卖民国初年版《慈禧写照记》《清室外记》时，囿于公务在身，我无法亲临现场，只得委托海王村拍卖公司代为竞买。因竞拍激烈，竞价远超我的委托，拍卖结束才知，从美国旧金山通过长途电话竞得的买家是泛太平洋集团公司总裁潘思源先生——一位酷爱中国古籍的藏书家。

我当夜给彭震尧打去电话，甚表遗憾。当他得知我欲购的想法，遂设法与潘思源取得联系，诚恳介绍了他与我是多年老友，购买两书旨在研究晚清史料。当潘先生听后，慨然同意忍痛割爱，居然按照成交价转让给我。于是，这两本书在地球差不多转了一圈之后，来到了我的手里。不久，潘思源再次来京赴海王村，邀我和彭震尧同逛琉璃厂。投桃报李，我即赠其几部末代皇帝系列签名本。随后，潘思源又寄来诸如日本图文版《世界地理风俗大系·满洲》等珍贵旧书相赠，与我结下书友之谊。此事被多家媒体报道，称之：两本书缘，一段佳话。

由于母亲酷爱《红楼梦》，我自幼便深受熏染。在海王村另一次拍卖会上，红学泰斗周绍良毕其一生所收藏的《红楼梦》补本——迄自嘉庆至宣统暨民国初年，计十匣九十二册，我有幸将其拍入囊中。两年前，慧眼识珠的人民出版社大众分社社长娜拉拍板与我签订合同，决定再版这一值得珍藏的系列“补梦”，也成了我对于已辞世母亲的特殊纪念。

尤其难忘，《我的前半生》未定稿（灰皮本），居然也在中国书店意外淘得。那是参加一次海王村拍卖会散场时，邂逅故宫博物院版本专家翁连溪，他告诉我，中国书店隆福寺店收藏了一部《我的前半生》未定稿下部，我顿时兴奋至极。缘因我只有此书上部，唯缺下部，便当即赶往隆福寺。

谁知，遍寻整个书店和库房竟无踪影。直至经理发动全店职工翻找，数日后终于找到了《我的前半生》未定稿（灰皮本）下册。至此，《我的前半生》“灰皮本”上下册，珠联璧合。那天当我走出中国书店隆福寺店时，天空零飘碎雪，我内心却是温暖如春，伏身狂嗅淡淡的书香。

多年以来，我手中收藏了多种溥仪生前所著《我的前半生》未定稿，至少两种以上是从中国书店淘得。三年前，人民出版社社长黄书元和人民融媒出版社社长张文勇得知这一信息，立即赶往我家查看这些版本。按照国际《伯尔尼公约》规定，溥仪去世五十年后，其著作自然进入公有领域。当即，人民出版社与我签订合同，将出版三种不同版本的《我的前半生》，奉献给各界读者。

偏爱书店古墨香，独守千秋纸上尘。书，绝非仅是一个城市的点缀，而是城市的智慧之光，亦是一个城市的“慧根”。

此文刊登于《北京晚报》，2020年5月28日

北风那个吹，雪花那个飘

—— 记 1947 年油印本《白毛女》剧本的拍卖

《白毛女》，这个依据 1940 年晋察冀边区流传的“白毛仙姑”故事改编而成的歌剧，可以说是家喻户晓，人人皆知。它的最早剧本创作于 1945 年，是延安鲁迅艺术学院集体创作（贺敬之、丁毅执笔）而成。全剧通过杨白劳和喜儿父女两代人的悲惨遭遇，深刻揭示了地主和农民之间的矛盾，剧情表现的“旧社会把人逼成‘鬼’，新社会把‘鬼’变成人”的主题，也曾教育了无数的中国人。

1947 年，时在国民党统治下的北京大学，校内一个名叫民间歌舞社的团体，成功地在校园内上演了歌剧《白毛女》第一幕，开创了《白毛女》在国统区演出的先例。据有关人员回忆，民间歌舞社是 1947 年由北京大学物理系学生、中共地下党理沙党支部书记张硕文[一]发起组织的。歌舞社自从成立起，就注重将艺术活动与进步的学生运动结合在一起，自编创作了《矿工舞》《凿冰工人舞》《农乐舞》等。随着活动的深入开展，其中有几个去过解放区、看过《白毛女》演出的成员便提出了排演此剧的建议，恰巧法学院法律系学生、地下党员卜超凡（顾肇基）[二]从解放区带回来了《白毛女》剧本，于是党支部决定排演此剧。卜超凡便将剧本进行了翻印，发给每一位参演的人员。排演从 11 月初开始，到 12 月底就排出了第一幕。

此时恰逢学生自治会年底举行义演活动，歌舞社便将此剧搬上舞台，在校内进行了公演。为了躲过国民党特务的检查，演出时将剧名改为了《年关》。首演成功后，歌舞社决定进行《白毛女》全剧的排演。排演自 1948 年 3 月开始，至5月就基本完成了。但是风云突变，随着国民党在战场上的节节败退，他们对进步学生的迫害与逮捕也更加猖獗了。地下党组织为了保护学生的安全，便决定不再公演已经排练好的《白毛女》，并安排部分同学撤离学校，其中一些人还被送往解放区。虽然歌剧《白毛女》全剧最终没能在黎明前的北京大学上演，但是它的成功筹备与排演都为曙光到来前的北京大学留下了浓浓的色彩。

《贫女泪》（白毛女）封面
1947 年北京大学民间歌舞社油印本

2016 年夏季末，我们从民间征集到一部四册名为《贫女泪》的剧本，打开一看，就是1947 年北京大学民间歌舞社蜡版油印的《白毛女》歌剧剧本，这可是《白毛女》众多剧本中存世极为罕见的一种。

剧本高20.5厘米，宽14厘米，装订极为简单，只在书脑处用两个铁质书钉贯穿而成。封面的正中央印有一幅垂首流泪的女性肖像，肖像下面印着剧本名“贫女泪”三字，再下边印有“北大民间歌舞社印”八个小字。剧本没有直接使用“白毛女”作为名称，显然是为了躲避国民党的检查而采取的伪装措施。我细细核对，发现全剧应为六幕，而此四册中有一册是第一幕的唱词曲调部分，另三册分别是第二幕、第三幕和第四、五幕的台词文字，且封面、封底已经遗失。其中收第二幕文字台词的这册是用蓝色油墨印刷，封面上钤有“北大民间歌舞社”印章，其他三册均是用黑色油墨印刷。每册内都有大量红色笔或蓝色笔书写的提示性文字，如“效果”“光渐暗”“孩子哭”“闪光”等，还有大量的移动、修订、增加、删除等文字或复核。从这些文字中不难看出此剧本的最初持有人不仅参与了当年的排演，而且还是现场的导演或组织者。因此，能够通过这个剧本更好地了解当时排演过程，感受那时的气氛。

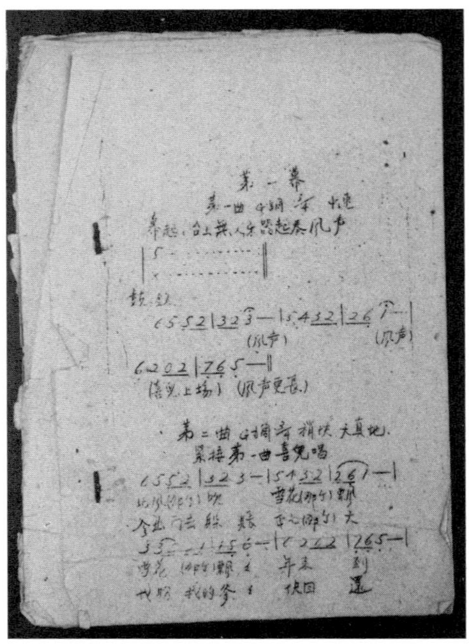

《贫女泪》（白毛女）
1947年北京大学民间歌舞社油印本

在网上查国家图书馆资源总目，获知藏有 1946 年太岳新华书店出版的《白毛女》，列入善本珍藏类。再查北京大学图书馆藏书书目系统，未见藏有。联想到原歌舞社人员回忆所说，当时剧本仅发给了参加演出的人员，因此当时的印刷数量应该不会多，也可能仅仅只有数十本而已。剧本从最初的印刷到今日，算来已经过去七十年了。原歌舞社的人员自学校毕业后也都分散到全国各地工作，随着他们的迁徙与逝去，再加之历次运动的摧残，想来此剧本存世的可能性已经很小了。此四册剧本虽说不是全本，但是今天的面世也可称之为是一次新的发现，它不仅是新中国成立前夕中共北京大学地下党领导学生运动的革命文物，也是《白毛女》诸多不同版本中的一个新的发现，因此具有十分重要的革命文物价值。至于此版本的《白毛女》剧本是否还有他人收藏，我至今还没有发现，也没有查到，可以说它是目前仅知的存世孤本。

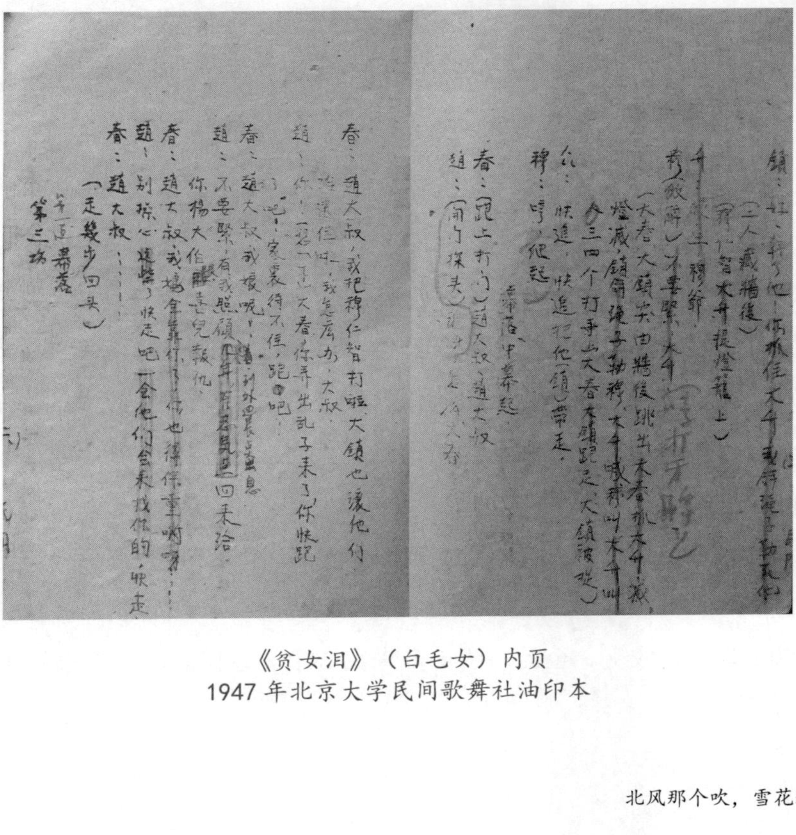

《贫女泪》（白毛女）内页
1947 年北京大学民间歌舞社油印本

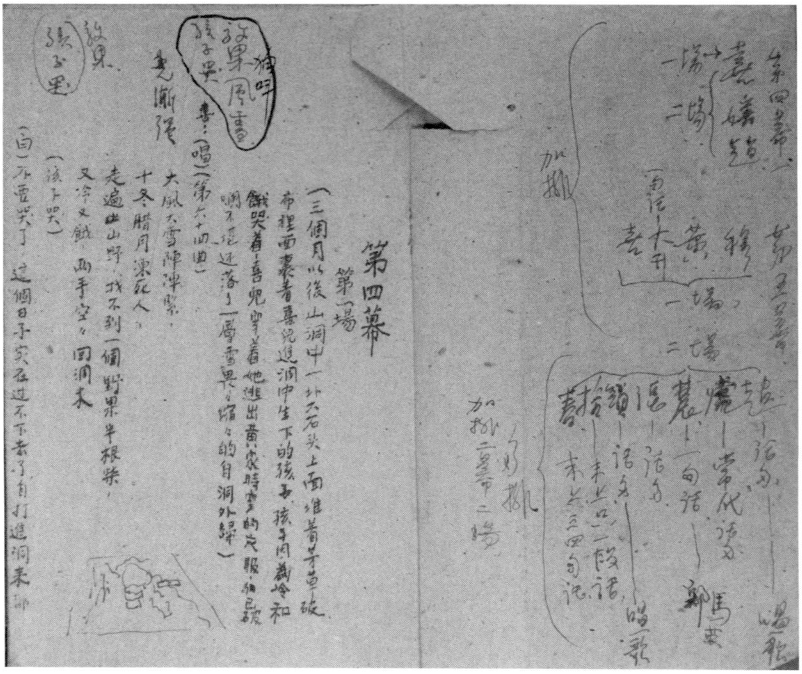
第四幕

第一場

《贫女泪》（白毛女）第四幕台词

1947 年北京大学民间歌舞社油印本

此书安排在 2016 年 10 月 15 日第 74 期大众收藏书刊资料拍卖会上拍卖，保留价人民币 1.2 万元。拍卖前，我将此消息告知了北京大学图书馆，但不知是价位过高还是其他原因，他们没有参与竞买，最终这件藏品流拍了。时至今日，我仍认为此书虽在拍卖中走了“麦城”，但是它的研究价值及史料价值绝不容低估。

2018 年 9 月，此件拍品再次出现在中国书店第 82 期大众收藏书刊资料拍卖会上，序号 311。此时的最低保留价已经提高至 2 万元起拍，经过竞价，最终以 2.3 万元成交。至此，两年多来我心中一直惦念的这部书终于有了好的归处。

初写于 2016 年 11 月 4 日

修订于 2020 年 4 月 2 日

[一] 张硕文，1925 年出生，高级工程师，中国共产党党员。1943 年考入北京大学物理系，并在学校内从事地下党工作，领导学生运动，组建北京大学民间歌舞社，宣传进步思想。新中国成立后曾任中国电力科学研究院院长等职。

[二] 卜超凡，后改名顾肇基，1924 年出生于山东武城，哲学家，教授。1948 年毕业于北京大学法律系，1952 年毕业于中国人民大学马列主义研究部。一生从事马克思主义哲学的研究与教学，先后任教于华北大学、军委空军院校、中央民族学院等。

一份红色特工的原始档案

——记《西里龙夫讯问调书》及拍卖

谍战，历来为各国所重。早在春秋时期著名军事著作《孙子兵法》中就有“用间篇”，曰：“用间有五，有因间、有内间、有反间、有死间、有生间。五间俱起，莫知其道，是谓神纪，人君之宝也。”正因如此，“故三军之事，莫亲于间，赏莫厚于间，事莫密于间，非圣贤不能用间，非仁义不能使间，非微妙不能得间之实”。作为一名间谍，经常会面临着“间事未发，而先闻者，间与所告者皆死”的残酷事实。所以从事这项工作的人，不仅要有一定的胆量、高超的技艺、足够的智慧、坚定的信念，而且还要时时刻刻做好献身的准备。

2019 年，公司从民间征集到一部名为《西里龙夫讯问调书》的拍品，引起了我的注意。细细观看，虽是日文，但好在里面含有大量的汉字，基本上还是可以看懂的。拍品为一厚册，共六百余页，蜡版油印，书的右侧上下分别用简单的线绳穿钉，我们称之为“和装”，即日本的装订法。封面的正中央自上而下印有“西里龙夫讯问调书”八个字，在其左侧偏下的位置印“警视厅特高第一课”，书名的右侧钤盖有“保安队长”“事务官”“田岛”“小室”等印章以及红色笔书写的“中共谍报团最初组织者”等字。

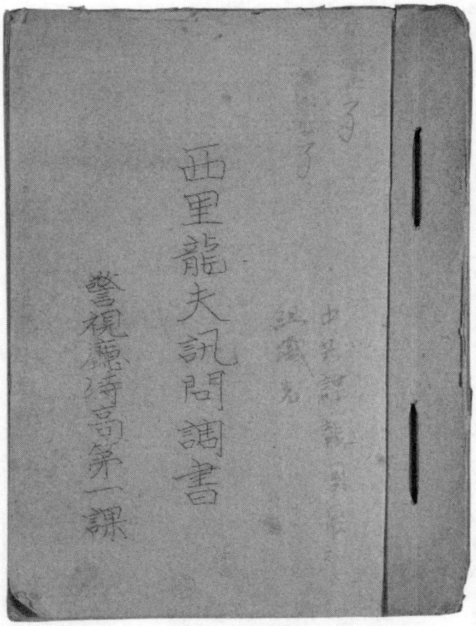

《西里龙夫讯问调书》
20 世纪 40 年代日本警视厅
特高第一课油印本

特高课，全称特别高等警察课，隶属于日本内务省，是 20 世纪 20 年代成立的日本情报特务机构，主要任务是负责侵华特务活动和谍报活动，破坏抗日地下组织，侦捕、审讯、处理特工人员，也在其管理范围之内。我们在很多抗日文学作品或影视作品中经常看到它的身影。

西里龙夫，是一位日本人，1907 年出生于熊本，中学毕业后于 1926 年来到中国上海，进入日本人开设的东亚同文书院读书。在校学习期间，受到中共秘密党员王学文（新中国成立后曾长期在中央组织部工作）的影响，并加入进步组织从事活动。1932 年，“一·二八”淞沪抗战发生后，他为避免卷入对华战争，便返回日本。两年后的 1934 年，西里龙夫再次赴华，并在王学文的介绍下秘密加入中国共产党，成为一名日籍中共党员，此后与另外一位日本人中西功组成红色谍网，开始了为中国共产党提供情报的工作。据中共中央统战部前副部长方知达回忆：“中西功等人搜集到的情报往往要通过留青小筑（中西功住所）、光华眼科医院、齐鲁小学、山东会馆等一步步转到上一级的手里，最终由吴纪光（中共上海局情报科负责人）

转交到延安。”

西里龙夫

中西功

1937年七七事变后，西里龙夫利用担任日军“中国派遣军”随军记者的身份，向我党提供了包括华中日军分布、华北日军改编、“满洲”关东军兵力、华中军特务部和“满铁”上海事务所内幕，以及日汪密谈等诸多情报，其中协助中西村提供的日本将于1941年12月开始南进作战的情报极为重要。中共上海情报科迅速将这一情报通过军统秘密机关发给了重庆，随后转送给了美国。但是，这个情报并没有引起美国政府的注意。12月7日便爆发了珍珠港事件，使驻扎在夏威夷的美军太平洋舰队遭受到毁灭性打击，并由此点燃了第二次世界大战太平洋战争爆发的导火索。

1941年10月，苏联间谍佐尔格的被捕引发了日本特务机关对内部的侦察和搜捕。1942年6月，西里龙夫和中西功分别在东京和杭州不幸被捕。特务机关对西里龙夫进行了残酷的折磨与审讯，但他仍然表示：日本发动的侵华战争，使中日两国人民均深受其害；制止战争，能使中日两国人民从毁灭性的灾难中解脱出来，实现中日和平和中日人民世代友好，这是两国人民莫大的幸福和根本利益之所在。1945年，西里龙夫和中西功被日本法庭判处死刑，但是随着8月15日日本宣告无条件投降，两人也很快被无条件释放，真可谓死里逃生。战后，西里龙夫与中西功均回归日本共产党组织，并长期参与战后日共的和平斗争与建设。西里龙夫曾担任日本熊本县农民联盟书记长、日本共产党熊本县委委员长等职，并著有《在革命的上海——一个加入中国共产党的日本人的记录》。1982年，西里龙夫应有关单位邀请，以中国人民老朋友的身份来华访问。1987年他在日本去世，结束了为世界和平光荣奋斗的一生。

此册《西里龙夫讯问调书》即是由日本警视厅特高第一课依据对西里龙夫的审讯笔录整理而成，可以说是一部红色间谍的原始档案资料。书内收有特高课对西里龙夫共计28次审讯的全部记录和有关资料，内容包括本人简历、参加中国共产党的活动经历、从事谍报工作的经过、谍报工作联络人、谍报工作联系方法、情报收集的内容等。书中很多地方画有红笔标注及校改，可见此册曾被特高课或其他日军高官阅读过。

在网上搜索得知，中西功被捕后的审讯笔录，亦被日本警视厅特高第一课整理为《中西功讯问调书》，与此册《西里龙夫讯问调书》相同，也是蜡版油印，位于南京的江苏国家安全教育馆有藏并展陈在馆内。而此册有关西里龙夫的讯问笔录，则是首次出现，可以说这应该是新发现的有关抗日战争时期中国共产党对日谍报工作以及对红色间谍西里龙夫研究的重要原始档案资料，颇为珍贵，引起了很多热衷抗战史研究及国有馆藏单位的关注。在2021年3月27日举办的中国书店第九十期大众收藏书刊资料拍卖会上，这件排序第681号的拍品，以1.5万元起拍，最终以3.45万元成交。

今天，中国人民取得抗日战争胜利已经七十余年了。我们既不会忘记在战场上冲锋陷阵、英勇杀敌的战士，也不会忘记那些像西里龙夫一样的特

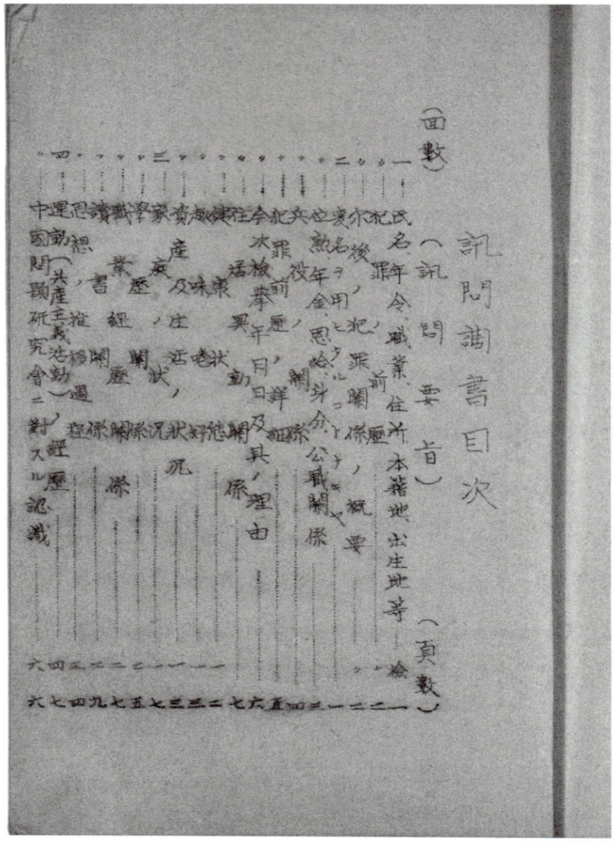

訊問調書目次

（訊問要旨）

（頁數）

《西里龙夫讯问调书》目录
20 世纪 40 年代日本警视厅特高第一课油印本

工人员。他们同样冒着巨大的危险，像一把利剑，战斗在敌人的心脏，为世界反法西斯战争、为中国人民取得民族独立与解放立下不朽丰功。

初写于 2019 年 12 月 4 日

修订于 2022 年 3 月 26 日

存疑的白求恩遗物

2006年8月的一天，经朋友介绍，一对中年夫妻来到公司找我，自我介绍道：我姓米，我的父亲叫米毅，他在1938年加入了八路军。1939年2月，我父亲由晋察冀军区卫生部选派跟随白求恩大夫，并在白求恩大夫亲自组织并领导的晋察冀军区东征医疗队工作并学习。1939年10月，白求恩大夫因抢救伤员不慎感染病毒去世前，他将自己部分用品赠送给了我父亲留作纪念。后来我父亲一直将白求恩大夫赠送的物品珍藏在身边。在"文革"运动中，我父亲受到冲击，白求恩大夫赠送的手术刀和笔筒不慎遗失了，现在还存有钢笔、小便器、军用棉被等物品，想通过拍卖公司进行拍卖或联系一些国有馆藏单位进行收藏。听完他的介绍，我大吃一惊，因为与白求恩大夫有关的遗物肯定属于珍贵革命文物了。我当即请他们在方便的时候将所存物品送到公司来，同时还告诉他，对于是否是白求恩的遗物，我们还要联系有关单位进行鉴定；是否可以通过拍卖进行转让，我们还要请示北京市文物局。

几天后，米先生便送来了钢笔1支、小便器1个、军用棉被1床，他说，这些都是白求恩大夫生前所用的东西；还有1940年晋察冀军区司令部印制出版的白求恩著作《游击战中师野战医院的组织和技术》1册，书的封面上用钢笔书写着"白求恩大夫遗著，敬送112师医院"，并附有米毅与他人的合影照片一张。我仔细查看，钢笔已经比较陈旧，小便器是不锈钢制作的，

刻有“M.D.U.S.N”五个英文字母的不锈钢小便器

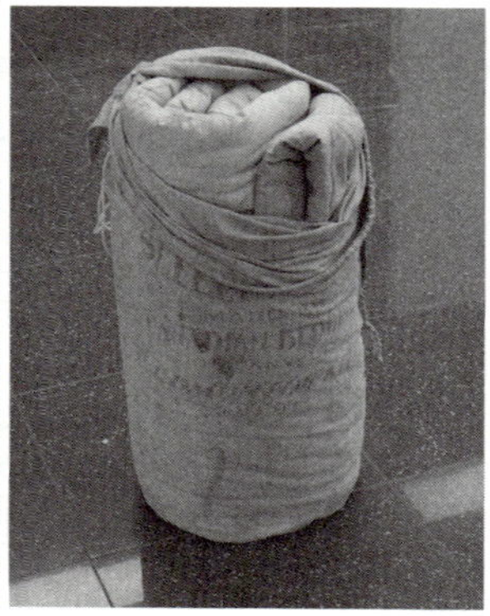

印有北极熊图案和英文字母的军用棉被

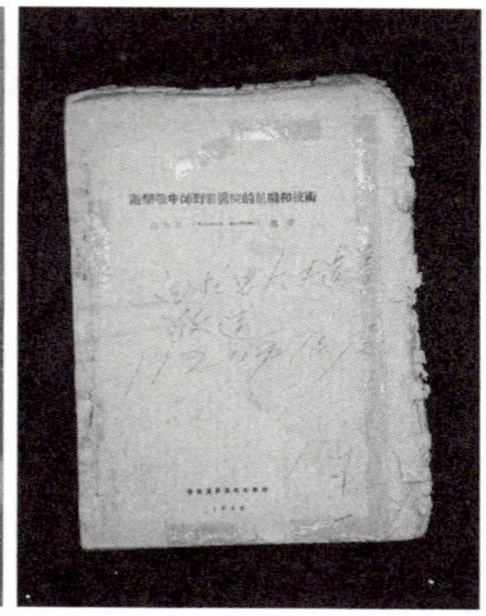

1940 年晋察冀军区司令部印制出版的白求恩著《游击战中师野战医院的组织和技术》

上面刻有“M.D.U.S.N”五个英文字母；军用棉被装在一个与其配套的棉质帆布口袋里，上面印有北极熊图案和英文字母“CREAT BEAR”“DOWN”“SLEEPING ROBL”“CANADIAN BEDDING”“COMPANY LTD.”“EDMONTON ALTA”等，可以看出这是 20 世纪生产于加拿大的物品。

办理好交接手续后，待客人离去，我便开始在网上搜索有关米毅的资料，尤其是他与白求恩大夫的相关资料。经查确有其人，其中由保定市地方志办公室编撰、发表在《河北保定志》中的记述最为详细，摘录部分内容如下。

米毅（1919—1974），定县大西丈村人。1937 年毕业于绥远公立医科学校。1938 年 8 月参加抗日战争，历任晋冀军区四分区后方医院医务科长，司令部卫生所所长，第四纵队野战医院和华北军区第三后方医院总院医务主任、副院长等职。1950 年转业到河北省第一人民医院（今河北大学附属医院），任院长。

1968 年 3 月，身处逆境的米毅应人民解放军驻保定某部卫生科的邀请，参与了对满城郎村巨大肿瘤患者张秋菊的救治。在历时 7 小时的手术中，一直带病坚持站在手术台旁具体指导，成功地为张切除了重45公斤的巨大肿瘤。

米毅一生清正廉明，1974年11月18日因急性心肌梗塞不幸逝世，留给亲人的遗产仅有两木箱医书。

从这些资料可以看出，米毅确实曾在晋察冀军区所属医院工作过，但是他是否与白求恩大夫曾在一起工作过，目前查到的资料里也没有提到。为了慎重起见，我将此事呈文报告了北京市文物局。数日后接到的回复是，如确实属白求恩大夫的遗物，“应放在博物馆供后世瞻仰、怀念。以其谋利是对先烈，对保存先烈遗物的革命战士的不尊重。为此，禁止在北京拍卖市场上拍，建议其委托者与中国革命博物馆、中国人民抗日战争纪念馆、中国军事博物馆等收藏单位联系，妥善处理”。于是我便将这些藏品拍成照片，以公函的形式分别发给了北京的中国人民抗日战争纪念馆、河北省唐县的白求恩纪念馆等有关单位。很快我就接到了白求恩纪念馆的电话，他们详细询问了藏品的情况和委托人的情况，并告知，在他们掌握的资料中，没有发现米毅同志曾与白求恩在一起工作战斗过的记录。抗日战争纪念馆也很快派人到公司审验了藏品，随后他们还派人到河北保定一带进行了调研，走访了一些当时还健在的八路军老战士和有关单位，最终也无法确定这几件藏品是否是白求恩大夫生前的遗物。但是他们认为这几件藏品中的小便器和军用棉被应是抗日战争时期加拿大的援华物资。此外，白求恩的遗著较为少见，馆内没有藏品，经过研究决定收入馆藏。后经我与米先生协商，以双方都可以接受且不算高的价格，将白求恩大夫遗著、小便器、军用棉被入藏了中国人民抗日战争纪念馆。

在整个转让过程中还出现了一个小小的插曲，至今令我难忘。在抗日战争纪念馆同意购进这批藏品后，米先生提出自己要保留下他父亲与他人合影的那张照片留作纪念。但此时，抗日战争纪念馆已将全部藏品取走，并正在办理有关手续。我立刻将米先生的要求转告了抗日战争纪念馆，抗日战争纪念馆领导经过研究后，同意了米先生的要求。数日后，米先生突然来到公司取照片，但是这时照片还没有退回来。于是米先生提出：“那你给我

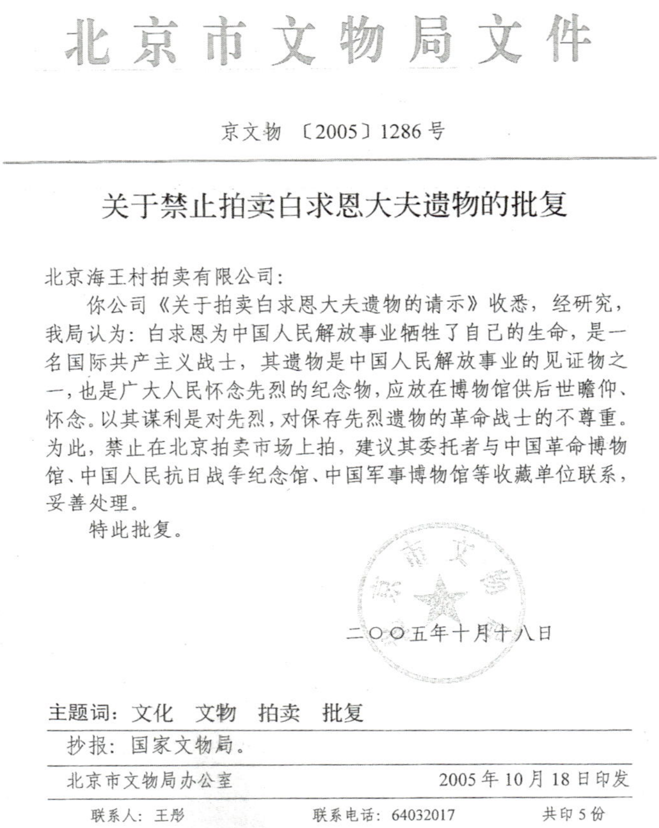

北京市文物局文件

京文物〔2005〕1286号

关于禁止拍卖白求恩大夫遗物的批复

北京海王村拍卖有限公司：

你公司《关于拍卖白求恩大夫遗物的请示》收悉，经研究，我局认为：白求恩为中国人民解放事业牺牲了自己的生命，是一名国际共产主义战士，其遗物是中国人民解放事业的见证物之一，也是广大人民怀念先烈的纪念物，应放在博物馆供后世瞻仰、怀念。以其谋利是对先烈，对保存先烈遗物的革命战士的不尊重。为此，禁止在北京拍卖市场上拍，建议其委托者与中国革命博物馆、中国人民抗日战争纪念馆、中国军事博物馆等收藏单位联系，妥善处理。

特此批复。

二〇〇五年十月十八日

主题词：文化　文物　拍卖　批复

抄报：国家文物局。

北京市文物局办公室　　2005年10月18日印发

联系人：王彤　　联系电话：64032017　　共印5份

北京市文物局关于禁止在北京拍卖市场上拍卖白求恩大夫遗物，致北京海王村拍卖有限公司的批复

写个收条吧。”我说：“这没问题。”于是便提笔写了一张“今收到米先生照片一张，待抗日战争纪念馆退回后即交予米先生”的字据交给了他。数日后，照片退了回来。我立刻电话告知了米先生，他很快就到公司取走了照片。但是我将此前所写字据一事却忘记得干干净净，一点都没有想起

来。没料到数月后米先生突然来到公司找我，说："我还有张照片在你这，你还没有给我呢。"说着就掏出了我此前写的字据。我当时大吃一惊，立刻告诉他，这张照片已经在数月前交给他了，只是我忘记收回当时写的这张字据了，并让他好好回忆一下。他说不记得了，在家中找了很长时间也没有找到。这时库房管理员王慧玲作证说："照片退回来后就保管在库里，你那天来时是我从库房拿出来给你的，照片装在一个牛皮纸的信封内，当时是我和彭经理一起交给你的，你再好好想一想。"米先生听后仍问道："不会是抗日战争纪念馆没有退回来吧？"我回答说："抗日战争纪念馆肯定是退了回来，我可以负责任地告诉你照片我们肯定是退给了你，你再回家去好好找一找。"同时举例说："我们这里保管的古籍善本很多，价值都非常高，从来没有出过什么差错，更何况你这一张照片呢。"他听了我们的解释后略微思考了一下，然后说道："那我再回家好好找找吧。"数日后米先生打来了电话，告知照片在家中找到了，被自己夹在一册书中了。此时，多日来悬在我心中的一块石头也算总可以落地了。

通过这件事，我深深地感到，无论工作中任何细小的事，都必需要做到严谨，切不可粗心大意，否则就容易出现意想不到的差错或问题。此后我加强了库房管理制度，要求凡委托人送来的藏品，无论何种原因，都要登记在册，并需亲笔签字后方可退回取走。

写于2022年2月28日

特殊年代的特殊出版物

—— 记大字线装书的拍卖

拍卖图录，是拍卖公司对拍卖品进行介绍的重要宣传资料，在编排图录时会慎重地安排每一件拍品的前后顺序。首件，也就是排在第 1 号的拍卖品，大多会选择一件吸引眼球、让人心动、具有特殊意义的拍品。但是在 2010 年中国书店秋季拍卖会上，第 1 号拍品既不是古籍善本，也不是名人书札，更不是民国期间稀见的出版物，而是一套 1976 年诗刊社编辑出版的《诗刊》。这套期刊从出版到今天走进拍卖会，区区不到 40 年，是什么原因让它坐在秋季拍卖会的头把交椅上？这就是大字线装书，是我国那个特殊年代的特殊出版物。

20 世纪 60 年代至 70 年代，神州大地经历了一场“文化大革命”。当时全国所有的刊物基本上都停刊了，创刊于 1957 年的《诗刊》，在 1964 年年底宣布“暂时休刊”。1975 年，“文革”运动进入尾声，此时邓小平看到文化界万木凋谢的状况，便向毛泽东主席呈送了《关于〈诗刊〉编辑出版工作的请示报告》，提出了恢复《诗刊》出版的建议。毛主席看完报告后，亲笔批示了“同意”，于是《诗刊》在停刊 12 年后终于迎来了新的春天，并在 1976 年月 1 月 1 日出版了复刊后的第 1 期。当时主管全国出版工作的国家出版事业管理局要求复刊后的《诗刊》“每期同时印少数大字本送主席和中央同志”阅读，费用由财政部直接拨款，这样《诗刊》大字线装书便应运而生了。从1976年1月至12月，《诗刊》共出版了11期大字线装本（其中2月、3月为1期合刊）。依据上级规定，每期印刷60部，其中45部直接送给毛泽东主席和其他中央领导阅读，剩余的15部留存在人民文学出版社和诗刊社。大字线装本《诗刊》的出版时间不长，印刷数量极少，再加之时代意义与岁月流逝中的自然损灭，存世量更是极为稀少了。果不其然，拍卖自1.5万元起拍，多人举牌竞价，直至价位停留至13万元时，我才落下手中的拍卖槌，再加上买家应支付给公司的佣金，成交额高达14.3万元。

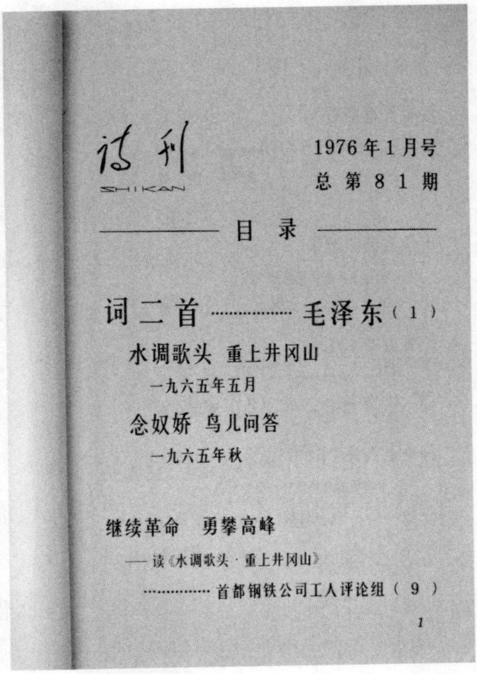
诗刊
SHIKAN
1976年1月号
总第81期

目录

1

《诗刊》1976年1月号扉页与目录页
1976年诗刊社大字本

大字线装书为什么受到藏书家如此地青睐？除去我上面简单的介绍以外，如果细细道来，这还要从毛泽东晚年说起。1972年毛主席由于眼内白内障加重，视力下降，已经无法阅读一般的图书了。据当时为毛主席管理图书的徐中远在所著《毛泽东的读书生活》一书中回忆到：毛主席十分爱读鲁迅的著作，他“在1971年生病以后，用放大镜看书越来越困难。工作人员建议把鲁迅著作印成大字本，他说，国家目前还很困难，印大字本又要花钱。后来，有关方面一是为了毛泽东等老同志阅读鲁迅著作的方便，二是可以馈赠外宾，三是便于长久地保存鲁迅著作，于1972年特意将50年代出版的带有注释的10卷本《鲁迅全集》，排印成少量的大字线装本”，供毛主席与中央领导人阅读。印制工作的起始时间是1972年2月，在历经9个月的编辑、注释、校对、印刷、装订等一系列紧张工作后，至10月下旬全部出齐，共印刷了500套，除去提供给毛泽东主席及中央领导人阅读以外，余下的部分大多对口分配给了相关的领导和部门负责人。也正是自《鲁迅全集》开始，拉开了历时数年的大字线装书出版序幕。与此同时，根据毛泽东主席的需要，还影印了部分古籍，其中既有按原大影印本，也有放大字体影印本，以供毛泽东主席等中央领导阅读。

大字线装书出版的题材，即便今天看来，选择面也是比较广泛的，既有马列著作、毛泽东著作，还有社会科学、哲学、中国历史、中国古典文学、外国文学小说等方面的专著和名著，此外也有“文革”中“批林批孔”“评法批儒”运动方面的文章以及“四人帮”呈送给毛主席的报刊文摘等。这里面既有毛主席本人需要看的书，也有“四人帮”为了篡党夺权所需要的读物。出版题材广泛、印刷品种多样、要求时间紧急，是当时编辑、印刷、装订出版的实际情况。但是由于当时我国印刷能力有限，仅靠北京一地无法按期保质保量完成，于是国家出版局在1974年12月向中央做了“关于排印大字线装书的情况汇报”，提出请国家计委主持，国家出版局协助，在京津沪三地选择印刷厂并扩建厂房、添置设备和人员来完成这项“光荣而又神圣”的工作。

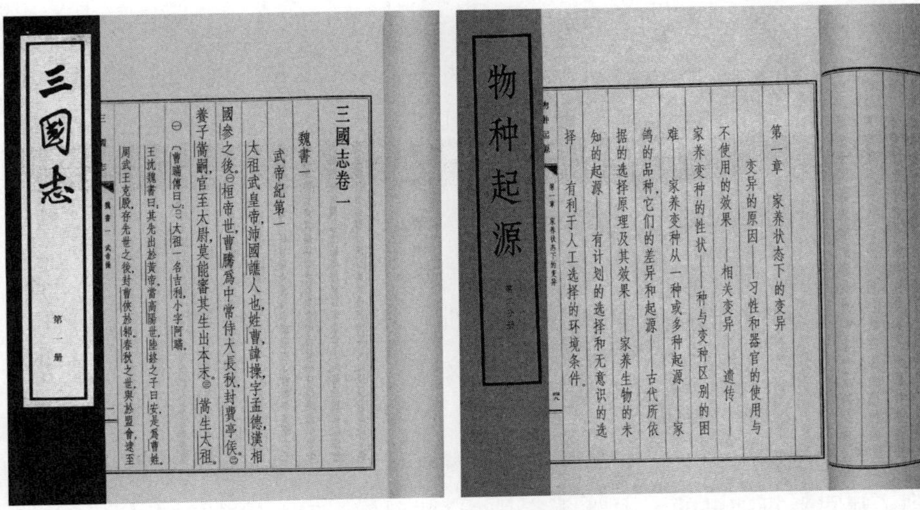

20 世纪 70 年代印制的大字本《三国志》《物种起源》

20 世纪 70 年代印制的大字本《一千零一夜》

在大字线装书的编辑出版工作上，可以说把当时国内最权威、最有能力的出版社都集中起来办此事，这里包括有中华书局、商务印书馆、人民出版社、人民文学出版社、文物出版社、上海人民出版社等。编辑人员除各家出版社原有的编辑人员外，还有一批来自工厂、学校的“大批判组”成员和“四人帮”的写作班子，以借此来显示“文革”的“成果”。但是由于其中部分人的水平及实践能力确实不能胜任如此重要的编辑、注释、校对等工作，有关主管部门不得不又从各大院校、社科院、历史研究所等处调来了一批经过组织审查，认为“接受改造较好”的专家、教授共同参与了进来。此书的编辑出版队伍既有被称之为“臭老九”的知识分子，也有被留在出版社的原有编辑，还有一批“文革”运动中所谓“根红苗正”的“造反派”以及“四人帮”下的“文痞”。因此我们不难理解在很多注释中为什么带有一些极左时代的产物。

大字线装书一共出版了多少种？每部书的印刷量是多少？出版后都送到了哪里？每部书的工本费是多少？这些问题，现在似乎已经无法查找到原始档案了。要想搞清楚这些问题，我们只能从一些零星的资料以及一些当事人的回忆或文章中去查找。

就一共出版了多少种而言，似乎还好统计一些。有人查证，自 1972 年 2 月印刷《鲁迅全集》始，至毛主席去世后的 1978 年底全部停止印刷止，7 年间总共出版了 177 种，其中包括部分影印本。这里包括马列著作和毛泽东著作 10 种，古典诗词曲赋 33 种，古典小说 10 种，其他古籍 13 种，笑话 10 种，近代著作 23 种，今人著作 23 种，外国译著 8 种，杂志 3 种，“评法批儒”著作与文章 44 种。

至于每部书的印刷量是多少，统计起来就比较难了。因为当时版权已经被“破四旧”了，每部书内基本上都没有版权页。如果我们从现在已知的出版数量去估算，不知是否可以作为依据？如《鲁迅全集》，这是印刷大字线装书的第一部书，印刷数量要大些，500 套；而《诗刊》复刊出版时间是 1976 年，临近毛主席去世及“文革”运动结束，每期大字线装书的印刷数量是 60 册；其他各类不同的图书，同样都面临着出版时间紧、原材料匮乏、成本费用开支较高等诸多问题，因此我推算每部书的印刷数量可能也就在百部左右，不会再多。当然，如果是为了出口换汇等需要，也不排除印刷数量会稍微多些的可能。

大字线装书出版后从未在新华书店公开发行，从当时主管全国出版工作的国家出版事业管理局就《诗刊》大字线装书出版后规定的“45 部直接送主席和中央领导阅读，剩余 15 部留存人民文学出版社和诗刊社”的文件中可以看出，直接送中央的数量占据了四分之三，其余四分之一留存在了出版社，这是我们目前所知道的最清楚分配比例。其他大字线装书的分配比例，是否也可以按此进行，我们尚不清楚，但以此数作为一个参考基数，我认为是可行的。

由于很多大字线装书都没有版权页，我们不仅不清楚具体的出版数量，而且也不知道每部书的定价，更何况很多书上根本就没有印刷定价。具体到每部书的印刷出版工本费用是多少，这就需要我们从已知的资料中去进行推算了。首先我们来看《诗刊》每期的出版费用，据当时参与工作的人员回忆，《诗刊》每期的排版费是 1478.36 元，印刷费是 1874.18 元，装订费是 187.50 元，这三项加起来是 3540.04 元，每期出版大字线装本 60 部，平均每部是 59.00 元，再加上纸张的费用，可以看出仅印刷这部分的工本费用就不低于 60.00 元。再加上出版社的编辑、整理、校对等费用，估计每部的工本费可能会达到近百元。当时远在黑龙江生产建设兵团务农的我，每天的工资是 1.25 元，每月按 26 天计算，一个月的收入是 32.50 元。由此可知，一部大字线装本《诗刊》的工本费可能相当于我当时近三个月的工资。此外，我们还可以通过为数不多的、印有定价的大字线装书去进行核算，如 1973 年 9 月中华书局影印清嘉庆秦氏石研斋影雕宋蜀本《骆宾王文集》，1 函 2 册，定价 12 元；1974 年 7 月中华书局据北京图书馆藏宋淳熙八年尤袤刻本影印的《昭明文选》，4 函 20 册，定价 155 元；1974 年 2 月人民出版社大字排印本《鲁迅批判孔孟之道的言论摘录》，1 册，定价 14 元；1974 年 8 月人民出版社依据科学出版社 1958 年版特大字排印本《马叙伦学术论文集》，1 函 8 册，定价 110 元。通过这些书，我们可以估算出均摊在影印本每册的价钱是在 6 至 8 元，均摊在排印本的价钱是在 13 至 15 元。这在那个国家经济极为困难、物质生活极为匮乏、人民生活极为贫困的年代，算是昂贵的出版物了。

今天，当我们静下心来，回过头再看大字线装书，我认为它的出版问世具有以下几个特性。

其一，大字线装书不是由哪个出版社决定出版的，它是在中央的统一部署下编辑出版的，主要负责单位是当时的国务院出版口和1973年7月后成立的国家出版事业管理局。

其二，出版目标明确，供应对象专一，就是为毛泽东主席及中央一些领导人的阅读而出版，而为毛泽东主席服务的目标更为明确。

其三，从出版的这些书中可以看到毛泽东主席晚年的读书状况，从另一个侧面为研究毛泽东主席的晚年生活提供了参考依据。

其四，选题广泛，取材丰富，这里既有毛泽东主席要看的书，也有“四人帮”出于篡党夺权需要的文章，可见“文革”后期中央内部政治斗争之激烈。

其五，编辑队伍虽然庞大，但文化水平参差不齐，这里面既有冯友兰、周一良等著名历史学家，也有当时的“工人理论组”“大学批判组”以及“梁效”等“四人帮”的写作班子，因此很多书中带有极左观点。

其六，在编辑、出版、选纸、印刷、装帧等各个方面，可以用精心、认真、上乘、优良、考究来概括，在一定程度上代表着我国1970年代最高水平的出版物。

其七，绝大部分书没有版权页，这也是“文革”期间的一种特殊情况，这在世界出版史上也是绝无仅有的。

其八，印制成本高，出版数量少，是中国出版史上“前无古人，后无来者”的绝版之作。

鉴于以上八点，大字线装书虽然出版的时间距离我们并不遥远，但它本身所具有的特殊性是其他出版物所没有的，因此被藏书家称之为“当代官印本”“现代红色殿本”，故成为他们追逐的新宠，以至部分书的成交价甚至超过了明版古籍，成为图书收藏中的一枝奇葩。

初写于2016年11月30日

修订于2020年4月19日

扑朔迷离的《北京大学薪金底册》

2022年8月27日，由于受疫情影响，一场推迟了近十个月的拍卖会——中国书店2022年春季书刊资料文物拍卖会，终于在北京琉璃厂中国书店的拍卖大厅拉开了帷幕。一位名叫李健的收藏家，自上午拍卖会开始就坐在前排，偶尔举牌竞买一些自己喜爱的藏品。十余个小时过去了，拍卖会已经进行到了夜深人静的晚上十一点多钟。原坐在拍卖场内的众多买家大多已耐不住煎熬，早早办理了电话委托或网上委托，纷纷打道回府了，但李先生依然没有离去。空荡的大厅内，只有他和最后排的两个年轻的竞买人，仍然在大厅内坚守，没有离去，似乎他们还在等待着什么。终于拍卖到了第967号，只见李先生迅速举起了手中的号牌，在拍卖师还未报出起拍价时便一口报出2.8万元的价位，这比图录上所印5000元的起拍价足足高出了近五倍。坐在后排的两位竞买人也不甘示弱，立刻举牌应价，刹那间，电话委托、网上委托、现场委托都纷纷参与了竞价。转瞬间，价位就上升到了10万元，但竞价仍在继续，11万元，12万元，13万元……当价格超过20万元时，只见李先生首先打破万元阶梯，报出了再加5000元的价位，后排的竞买人也立即追加5000元，相互之间似乎谁都不肯相让，价位还在继续上升。当拍卖师报出“后排先生出价25万元”时，李先生再次举起手中的号牌，继续加价5000元，瞬间场内安静了下来。随着拍卖师的再次询问，在报出“最后一次”后，落下了手中的拍卖槌。第967号拍品终于让苦等了十余个小时的李先生收入囊中。这是一件什么藏品，竟能让人苦苦等至深夜？这件拍品在图录上是这样介绍的。

《北京大学教员薪俸册》，民国写本，两册，纸本，毛装，是为北京大学教员薪俸册，一月份居首位的是中国共产党创始人之一陈独秀先生，月薪俸大洋300元。二月份蔡元培先生居首位，月薪俸大洋600元；中国共产党的另两位创始人李大钊、毛泽东也排列其中，前者月薪俸大洋120元，后者月薪俸大洋8元。此《薪俸册》不仅旁证了北京大学早期历史，而且更重要的是印证了中国共产党创始人陈独秀、李大钊、毛泽东在北大期间的工作与生活，颇为珍贵。

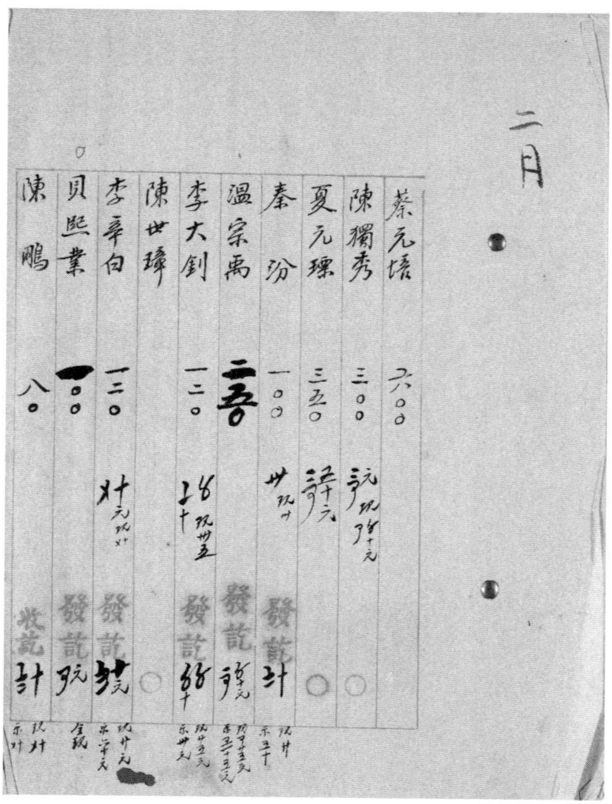

民国写本《薪金底册》第二册首页

《北京大学教员薪俸册》，也称《北大教职员薪金底册》《北京大学薪金底册》（以下简称《薪金底册》），是当时北京大学财务部每月发与教职员工薪酬的底册，里面详细记有当时全校教职员工的姓名和每人所领薪酬以及发兑后钤盖的印章。尤其是1918年的《薪金底册》，由于此时陈独秀、李大钊、许德珩、毛泽东等都在北京大学教书和工作，因此这既是重要的历史档案资料，也是重要的历史文物。

要说起这件拍品，还要从2021年讲起。那年夏季，一位客户来到公司，随身携带的箱内装满了他的藏品，既有古书，也有刊物，还有档案资料，足足60件。刘建章经理负责接待，徐昌负责登记。夹杂在其中的《薪金底册》引起了他的注意，待签订完委托拍卖协议书，客人离开后，刘经理立刻将这件拍品送到了我的办公室。当时让我颇感吃惊，因为对《薪金底册》早就有所耳闻，知道这里面记有毛泽东主席年轻时曾在北京大学图书馆工作的资料。我一直认为它应该藏在某个图书馆或档案馆里，怎么会出现在这里？这是不是一件影印件，或是一件复制品，或就是一件赝品？当然还有另外一种可能，那就是这件拍品与此前世上所存的北京大学《薪金底册》完全没有任何关系，而是一件新发现的北京大学《薪金底册》。出于多年工作的经验与本能，我便让刘经理将《薪金底册》暂时存放在我这里，以便进行细细的审鉴。

《薪金底册》共为两册，尺寸略有不同，第一册高28厘米，宽20.5厘米，右侧留有曾经装订过的痕迹，但现在已经拆为散页；第二册高27.5厘米，宽20.5厘米，右侧由两个金属圆钉装订成册。每册均为7页，上面印有红色细线板框。半框高19.1厘米，宽14.2厘米，分为10行，每行内自右向左、自上而下按顺序书写着北京大学教职员工的姓名及每人每月所得薪金，并钤盖有朱色“清”“对”“发讫”等印章。每页纸张呈淡黄色，有着明显的年代陈旧感，从清晰的帘纹上一眼便可看出这是手工造宣纸。文字全部用毛笔书写，墨色透纸，用高倍放大镜看，墨汁浸入纸内，绝无影印痕迹。印章四周有明显的油迹侵蚀，印油呈自然状向四周散开。没有一定的时间与岁月，这种状况是很难形成的。

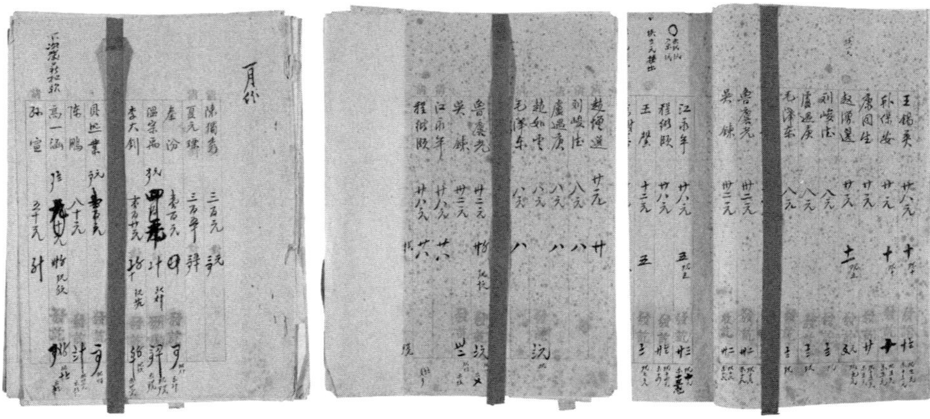

民国写本《薪金底册》第一册首页以及册内有关“毛泽东”“八元”等的登记

两册内书写的文字也略有不同。第一册首页右上角书写“一月份”3个字，版框内第1行书“陈独秀　三百元”，第2行书“夏元瑮　三百五十元”，第3行书“秦汾　壹百元”，第4行书“温宗禹　二百五十元”（此处虽有涂改，但参考第二册及修改后的数字仍可辨认出具体数字），第5行书“李大钊　壹百廿元”，以下依次为李辛白、贝熙业、陈鹏、高一涵、孙宣、周同煌、罗文、吴继哲、徐之杰、刘钜锟、卢恩、卫梓松、邓秉钧、章士锳、郭须静，共计20人。第2页至第6页每页也均记20人，第7页则记8人，共计128人。在第4页背面第5行记有“毛泽东　八元”，第7页第3行记有“许德珩　十元”等字，同时页末还记有本月总薪金开支统计数额。第二册首页右上角书写“二月”2字，版框内第1行书“蔡元培　六〇〇”，第2行书“陈独秀　三〇〇”，第3行书“夏元瑮　三五〇”，第4行书“秦汾　一〇〇”，第5行书“温宗禹　二五〇”，第6行书“李大钊　一二〇”，后面依次为陈世璋、李辛白、贝熙业、陈鹏等。第1页至第4页、第6页，每页均收20人，第5页收19人，第7页收11人，共计130人。其中第4页背面第7行书“毛泽东　八元”等字，第7页第6行书“许德珩　十元”等字。此册末页写有“职、教员共付现洋玖千（仟）捌百（佰）肆拾陆元，中票陆千捌百（佰）拾五元”等字。

在第一册第 1 页、第 4 页，第二册第 4 页，凡写有李大钊、毛泽东名字的旁边，均粘贴有长长的红色笺条，以提示人们注意。而且此三页与其他页相比较，明显可以看出纸张有些陈旧，尤其是写有“毛泽东”的两页，纸面上已经出现了很多大小不一的黄色斑点，应是过去展陈时由于长时间受到空气侵蚀而形成的痕迹。

观察至此，我认为无论是从内容、字迹、纸张、墨迹、印章等哪个方面看，都丝毫看不出是它是仿制品或复制品。征求刘建章的意见，他亦同意我的看法。考虑到这是北京大学的历史文存，我便在 2021 年 8 月 19 日通过微信将《薪金底册》的部分照片发给了北京大学图书馆前馆长朱本军，并询问道：“这个资料我记得您馆里有。”朱馆长很快就给予了回复：“薪资表图片见过，但是不知道原件是不是有。按道理，应仅此一份。您这里有，那说明北大档案馆可能没有。”“我问问北大档案馆的同志。”随后朱馆长回信告知：“刚问了，北大档案馆原来有这个材料，但被调走了，现在没有原档。”“我们档案馆的同志很感兴趣，不知是否真品，要价多少？”同时还问道：“是哪一年的，您这边知道具体的年份吗？”由于我当时我还没有进行更深入的研究，便依据第一册首行书写的是陈独秀，第二册首行书写的是蔡元培，便匆匆地回答道：“一月首行为陈独秀，二月首行为蔡元培，应该是蔡元培刚调到北大的那年，即 1917 年的薪资薄。”并还解释道：“因为蔡元培是 1916 年底到的北大，所以 1 月份没有他的名字，2 月份就有了他的名字。”次日朱馆长回复说：“李大钊 1917 年年底才到北大，如果是 1917 年 1 月、2 月的，不应该有李大钊。”看来我的定论是完全错误的，便回复朱馆长:“如果有兴趣可以先看看原件，如有问题的话可以一起研究研究。”朱馆长答道:“主要考虑经费来源，还有评估必要性。有需要了，和您联系。”

朱馆长的回复，无疑对我此前的轻率判断打了大大的错误符号，再加上我又发现《薪金底册》里“毛泽东”的“东”字和“刘峻德”的“刘”字，以及其他刘姓教职员工的 “刘”字均是用简体字书写，这更让我对此前的判断产生了怀疑，难道这真的是一件赝品吗？

此后由于受疫情的影响，《薪金底册》一直存放在库房，我也就没有对它进行更深一步的研究。进入2022年后，《薪金底册》的拍卖再次被提到日常工作中，并决定将其安排在2022年春季拍卖会上进行拍卖。此时，有关它的真伪问题又一次摆在了我的面前，让我再次陷入了思考。

2022年7月11日，应中国共产党早期北京革命活动纪念馆杨家毅馆长邀请，前往北大红楼开会。会上，杨馆长谈到馆里正在征集有关中国共产党建党初期在北京活动的有关资料，特别提到希望能征集到有关李大钊的资料和文物。我便想到《薪金底册》，这不正是一件有关李大钊、陈独秀、毛泽东等人的资料吗？它不仅与中国共产党创建前在北京的活动有关，而且更与北大红楼有关。于是我便将照片发给了杨馆长和馆里的其他工作人员，并直言目前我对这件拍品的真伪还存有疑问的看法。杨馆长很快回复说："二月薪金册的原件应该在新文化运动纪念馆吧，我们馆里展览的就是从他们那复制的。这份不知从哪里来的。"尽管存有疑问，但是杨馆长还是派了馆里的两位同志到公司查看了原件。

与此同时，我也依据北大红楼与中国共产党早期北京革命活动主题展图册《光辉伟业 红色序章》中所收的《薪金底册》照片进行了仔细比对。虽然图册中的照片不大，而且只有一张，但是可以明显看出，即将拍卖的《薪金底册》与出版物中所收《薪金底册》的照片完全一致，不仅"东"字、"刘"字都是简体，而且哪怕是细小入微处的笔画也丝毫不差。我再上网搜索、查询资料，发现网上公布的所有有关《薪金底册》的照片都与我们即将拍卖的这册完全一致。这些新的发现，否定了我最初认为这可能是一件新发现的资料的想法，同时还疑惑，它到底是赝品，还是原件？这都需要搞清楚。

要想搞清楚这件《薪金底册》是不是就是原来保存在北京大学档案馆里的原件，首先要解决的问题就是要查清楚原件现在保存在何处。依据北京大学图书馆朱馆长所说，原件现在没有存放在北京大学档案馆，而是被调走了。再依据中国共产党早期北京革命活动纪念馆杨家毅馆长所说，馆里现在展陈的《薪金底册》是从新文化运动纪念馆复制的。难道《薪金底册》的原件存在新文化运动纪念馆吗？此时我突然想到新文化运动纪念馆与鲁迅博物馆是一个单位，于是我立刻联系相熟多年、曾在鲁迅博物馆工作多年的研究员肖振鸣老师，请他帮忙查询。随后肖老师告诉我："馆藏的应该是复制品，原件藏哪里不清楚。"看来新文化运动纪念馆所藏也不是原件，那原件到底存在那里呢？随后我在网上搜索，查询到这样一条消息：2017年，北京大学校史研究室黄文一老师在回复《新文化史料》编辑部的咨询函中写道：

《新文化史料》编辑部：

来函收悉，经查北大档案馆1918—1920年教职员薪俸发存根，未见毛泽东领取月薪的存根。据档案室负责同志记忆，约在解放初期，北京档案馆将这部分档案集中管理，我校只留北大教职员薪金底册（毛泽东八元）照片一张，现将照片复印寄上。

另外，斯诺《西行漫记》中，记载了毛主席的自述，说他在北大时，是做"图书馆助理员的工作，工资不低，每月有8块钱"。

北大校史研究室黄文一

既然黄老师复函里提到《薪金底册》原件有可能被调到了北京市档案馆，那档案馆里是否存有呢？如果存有，到底是原件还是复制件呢？我随即联系了大学同班同学、曾在北京市档案馆任职的王春柱主任，请他代为查询。很快便收到了回复，告知20世纪20至30年代的《北大薪金底册》存有几本，现已经属于开放档案，可以凭借身份证直接到馆查阅。还没等到我抽时间过去查阅，中国共产党早期北京革命活动纪念馆工作人员彭淼淼便告知我，她们已经联系过北京市档案馆了，得到的信息是他们那里所藏的也是复制件。这彻底否定了原件存在北京市档案馆的可能。

2022年8月12日，应中国人民抗日战争纪念馆邀请，我前去协助鉴审拟将入馆收藏的藏品，遇到了中国革命博物馆原馆长夏燕月、国际友谊博物馆原副馆长相瑞花以及国家博物馆安莉老师，便将《薪金底册》的照片分别发给她们三人，并请帮助鉴审。三人看后也深感吃惊。安莉老师说：

"我记得这件东西我们馆有，我回头查对一下。"8月16日接到安老师的回复，告知："彭老师，我们馆的《薪金底册》是复制件，只有4页。"同时还告知："我问了同事（网上也有说）原件在北大档案馆。"我回复道："北大图书馆朱馆长说这件东西已经不在北大了。"同时还告知她："我对照了一下展览图册中的照片，与这件完全相同。"

既然北京大学档案馆、新文化运动纪念馆、北京市档案馆、国家博物馆、中国共产党早期北京革命活动纪念馆所存的《薪金底册》均为照片或复制件，难道这件拍品真的是原件吗？于是我再次将它从库房里调出，放在办公桌上一页一页地仔细查看，同时还请刘建章过来一起研究，最终我们两人得出的结论是：无论是从内容、纸张、墨迹、印章等哪个方面来看，这件拍品都不像是仿制品，极有可能就是1918年1月、2月的《薪金底册》原件；同时我们还认为，它之所以流失到社会上，有可能是原保管单位保管不善，不知何时，或许无意之间将它与其他需要报废处理的资料混在了一起，流失到了社会上，几经辗转，最终出现在了古玩旧货市场上，被委托人发现并收入囊中。而且，我们在工作中曾经多次遇到此类情况，并非是首次出现。

对《薪金底册》最终认定后，我深感这件拍品的重要性，同时也认为它如果能够进入国家馆藏单位最好。此时距离2022年8月27日的拍卖时间已经比较近了，北京大学图书馆方面至今没有发来回信，中国共产党早期北京革命活动纪念馆方面也没有传来想要购买的信息。思来想去，我便立即将这个消息告知了国家博物馆，希望他们能够收藏这件重要的拍品。国家博物馆文物征集部张安昊先生很快给予了回复，并约定近几天即到公司来看实物。19日上午，他便与该馆精通复制工艺的王老师一同来到我的办公室，对《薪金底册》进行了仔细的鉴定。在否定了是复制品的可能性后，最终给出的结论是：这件东西不错。并告知我，我们回去后马上向领导汇报。同时又说道："但是您也知道，国家有规定，是不准许博物馆在拍卖会上买东西的。"看来他们要购买这件拍品，也是有一定困难的。傍晚回到家后，我的心中仍久久不能平静。考虑再三，拿起手机拨通了时任国家图书馆张志清副馆长的电话。张副馆长听说后，立即让时任国家古籍保护中心办公室陈红彦主任与我联系。陈主任详细询问了情况后说：“今天时间已经比较晚了，周一上午我安排古籍馆谢东荣副馆长去你那看看东西吧。”22日上午9点多钟，谢副馆长与一位同事来到了公司，仔细审看了《薪金底册》，然后又听取了我和刘建章经理的意见，临走时表示，回去后立即向馆领导进行汇报。24日上午，谢副馆长再次来到公司，告知因馆内有不同意见，他们决定放弃购买了。

拍卖会预展24日开始，27日就将开拍了，此时的我真是有些着急啊。25日中午，我决定再与中国共产党早期北京革命活动纪念馆联系一下，因为我始终认为这件拍品最适合他们馆收藏，如果错过这次机遇，将来一定会后悔莫及。随后我便发微信给彭淼淼，我们的拍卖预展已经开始了。微信刚刚发出，马上就收到了她的回复，她们正准备过来再次进行审看。午后二时许，彭淼淼陪同一位年轻的先生来到了拍卖大厅，对预展中的《薪金底册》再次进行了仔细的审看与研究。约近一个小时后，他们来到了我的办公室，我与他们进行了坦率的沟通并谈了自己的看法，直言依据自己数十年的工作经验，我认为这件《薪金底册》极有可能就是最初收藏在北京大学档案馆的原件，不可能是复制品，不知在何时、也不知是何原因流失到了社会上。我们还明确表示：“除非你从其他地方再找出一件与此相同的东西，经过鉴定，确认那件才是真正的原件后，我才会承认我的看法是错误的。否则，无法否定我的判断。”陪同小彭来的先生自称姓李，他对我的判断给予了认可，并明确表示，尽管现在的复制技术虽然很高，但这件《薪金底册》无论从哪个方面看都不是复制品。随后小彭表示，我们要马上回馆向领导进行汇报，便匆匆离开了。

次日上午，李先生打来电话告知，中国共产党早期北京革命活动纪念馆还是很想收藏这件拍品，但是限于有关规定，他们不能出面参与竞买，所以想请他代为竞买，待办理完有关手续后再进入馆藏。同时还提出是否可以与委托人联系一下，将拍品撤拍，直接转让给他。

关于直接转让，那还要从2021年说起。那年的8月，我将《薪金底册》的图片发给北京大学图书馆朱馆长后，他在回复中也询问了一下是否有直接转让的可能，如果有，价格多少。当时经我们与委托人联系，委托人提出了 8 万元的要求。但是由于一直没有再接到朱馆长的消息，此事便就停止了。2021 年秋季拍品公示后，即有一家馆藏单位提出了同样的要求，并开出了 6 万元的价格，经过我们与委托人沟通，也获得了同意；但是这家单位临时又出现了一些不同的意见，最终也放弃了购买。由于此前有过类似的情况，我们也曾征求过委托人的同意，于是我便告知李先生，此件拍品在底下购买的价格是 6 万元。但是李先生仍希望我们能与委托人再次进行协商，并提出了 4 万元的转让价格。其实我认为，此件拍品 6 万元的转让价格已经不高了。但是，为了能让它最终进入国家馆藏单位，我还是答应了李先生的要求，让刘经理与委托人再次进行沟通。委托人回复说，既然已经安排上拍了，还是拍卖吧，不论拍到多少钱都可以，底下就不要再谈了。至此，协商的大门关闭了。

2022 年 8 月 27 日 9 时 30 分，由于受到疫情影响，推迟了数月的中国书店 2022 年春季书刊资料文物拍卖会终于拉开了帷幕。虽此时已过立秋时节，但考虑到深秋初冬还要再安排一场拍卖会，便仍沿用了“春季”两个字。当拍卖会进行到午夜时分时，便出现了文首描写的情况，最终《薪金底册》25.5 万元落槌，再加上 15% 的佣金，成交价高达 29.325 万元。

28 日晨，我即告知彭淼淼，《薪金底册》在昨日深夜已经以 29 万余元成交，买受人是一位私人收藏家。她回复说：“我昨天也一直在线上观看，超出我们的预算太多了，没想到竞价这样激烈。”次日上午，我又接到她的询问：“不知《薪金底册》是否已经办理完手续？我们想扫描复制这件拍品，您是否方便帮我们和藏家联系一下？”因为依据《拍卖法》的有关法规，在未征得买受人同意的情况下，我们是不能随意透漏买受人信息的。

30 日上午，我与买受人李健先生进行了联系，转告了中国共产党早期北京革命活动纪念馆的想法并征求他的意见。李先生是一家银行的职员，任职客户经理，也是我们公司的一位老客户了。我还记得数年前的一场拍卖会，当时到场的人很多，竟然出现了稍晚些到场的李先生找不到座椅的窘况。但是他没有表示任何不满，便一屁股坐到地上参与竞买，让我颇感不好意思。

李先生听完我的述说，立即痛快地回答道："彭老师，既然您说了，没有问题，如果他们需要，我可以提供帮助，你可以把我的电话号码告诉他们，让他们与我联系。"听到李先生爽快的答应，我也十分高兴，旋即将他的联系方式告知了小彭。晚上八时许，接到李先生的电话，我们畅聊了近一个小时。他首先告诉我，下午接到了博物馆的电话，他已经答应了他们的要求，并说有彭经理的介绍，今后如果馆里有展出原件的需要，他也愿意提供藏品。随后，我与他也对这件拍品的真伪展开了讨论。我谈了自己此前的看法，他完全认同，并说道："依据他自己多年收藏的经验，这件东西一看就是原件，也就是俗话说的'一眼真'。"他还说："在预展时为了不引起别人的注意，我都没有从展柜里拿出来进行仔细地观看，只是别人看时，我靠近悄悄扫了两眼。凭借自己多年的收藏经验，就认准了这件藏品。竞买到手后真是兴奋无比，我还与那两个与我竞争的年轻人在外面聊了一个多钟头才打道回府。到家休息时，已是凌晨三点多钟了。"我试探地问道："您是否方便告诉我，您竞买这件拍品的预算是多少？"他回答道："最初看图录的时候我就认准了这件拍品，计划出 7 万元，后来在预展中看了实物后，我的预算提高到了 50 万元；如果在拍卖会上真遇到更牛的买家，我最高可以出到 150 万元。"听到此，我明白了，他这是志在必得啊！

拍卖会结束了，最终李健先生以 29 万余元竞买到了第 967 号拍卖品《薪金底册》，而多家国家馆藏单位或放弃、或错失了此次购藏的良机。这里面的原因，我想，除去国家的有关规定以外，还有一个重要的因素，那就是谁都不敢相信《薪金底册》原件会流失到社会上。

今天，尽管《薪金底册》已经拍卖成交了。但是有关它的研究与最终定论还没有最终完结，那就是：这件拍品到底是不是最初存于北京大学档案馆里的原件？如果是，那它又是何时、因何原因、从什么地方流失到社会上的？如果不是，那原件现在到底存放在哪里？国家博物馆安莉老师发与我的微信中还谈到一个信息，国家博物馆所藏复制件的"卡片上注明原件存文物博物馆研究所，但是这个单位没有查到"。后有人告诉我，文物博物馆研究所极有可能就是现在的北京市文物研究所。我不知那里是否存有《薪金底册》，如果有，那到底是原件呢，还是与其他馆藏一样，也是复制件呢？

这些谜，还有待一一破解。

2022 年 9 月 8 日
写于京南思溪斋

李大钊在北洋法政专门学校毕业册入藏国家博物馆记

中国共产党创始人之一李大钊，于 1907 年至 1913 年曾就读现位于天津市河北区新开河西岸志成道 33 号的北洋法政专门学校，毕业后即东渡日本，开始了他在东京早稻田大学的留学生活。留学期间，李大钊很快便开始接触社会主义思想和马克思主义学说，树立起了革命的理想与信念。这与他在北洋法政专门学校学习期间接受的新式教育和新思想有着密切的关联，正如他 1923 年回校参加校庆十八周年讲演中所说的那样："那时中国北部政治运动，首推天津，天津以北洋法政学校为中心，所以我校在政治运动史上很是重要。"

北洋法政专门学校建于 1906 年，是当年直隶总督袁世凯推行"新政"时创建的几所高等学府之一，也是我国最早培养法政人才的专门学校。学校招生始于 1907 年 8 月，同年 9 月 2 日正式开学上课。学校创建之初，设法律科、政治经济科、别科三科专业，学生学制分预科三年、本科三年，经过六年学习和毕业考试及格者方准予毕业。后学校多次改名，到 1949 年新中国成立前夕宣告撤销。学校撤销后，经济、商学两系转入南开大学，成为南开大学的一部分。

李大钊是在 1907 年即其 18 岁时进入该校学习的，他既是北洋法政专门学校的首批学生，也是完成了全部六年学业的首届毕业生。

近日，一客户打电话于我，告知在旧货市场上购买到民国二年（1913）《北洋法政专门学校毕业学生履历分数表册》等资料，内包括钤盖有教育部印章的教育部专门教育司第二科公函，冯国璋、刘若曾签署的直隶行政公署咨文，北洋法政专门学校造具的毕业生履历分数册，以及每学期教授起止表等。内容涵盖北洋法政专门学校民国二年毕业生有关事宜，并包括学校法律科、政治经济科、别科三科应届毕业生名单，以及三科毕业生三年六学期所学全部课程安排等。其中，在毕业生名单中发现有李大钊的名字。此时我虽然未在公司，但是听罢，多年的工作经验使我感觉到此批资料的重要性。于是，我便让他将资料即刻送到公司，并通知公司安排人负责接待。与此同时，并一再叮嘱负责接待的人，一定要把资料留下。

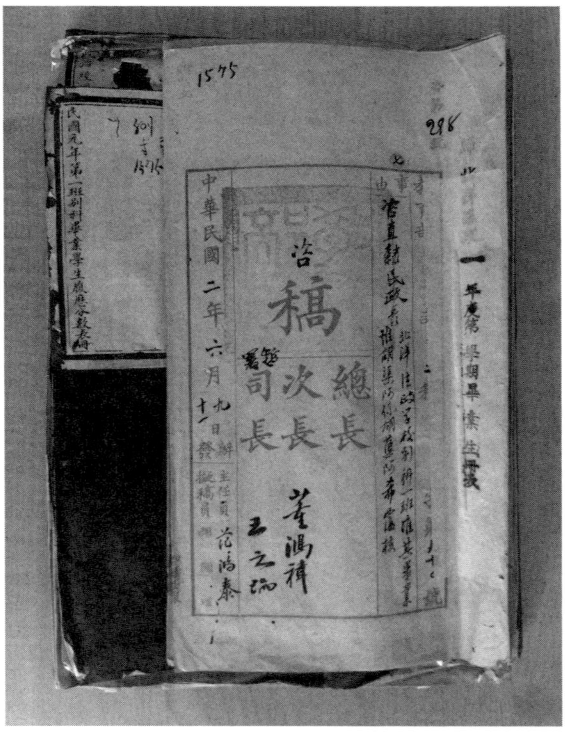

《北洋法政专门学校毕业学生履历分数表册》等资料
民国二年（1913）写本

第二天，我来到公司后，立刻让库管同事将昨日收下的这份资料送过来，细细查看。资料共计 13 件，合订为一册，内容分别是：

第一册，《教育部专门教育司第二科致直隶民政长咨文》，一件两页，民国二年（1913）六月九日办，十一日发，公文第 970 号，朱格公文纸。文首钤盖朱色正方形“教育部印”一方，有次长董鸿祎[一]、暂署司长王之瑞[二]墨笔签名。内容为北洋法政学校别科一班准其毕业，唯毕业生胡渠阿名称有误，需进行复核等。

第二册，《教育部专门教育司收第二科转来直隶行政公署公文》，一件一页，民国二年（1913）六月二日收讫，公文第 629 号，朱格公文纸，钤盖有“董鸿祎”印章一方。后附《直隶省行政公署呈教育部咨文》一件一册，民国二年（1913）五月二十八日报呈，纸本，折装。文内钤盖朱色正方形“直隶民政长印”四方，“直隶民政长”印一方，“教育司长”印一方。此时直隶民政长为冯国璋[三]，教育司长为蔡儒楷[四]，故文末钤盖有二人签署墨色印章各一方。内容为就教育部咨询北洋法政专门学校别科考试毕业事宜以及部分学生清册中出现的学生姓名及籍贯不相符合等情况的说明。

第三册，《教育部专门教育司收第二科转来直隶都督兼民政长公文》，一件一页，民国二年（1913）七月十二日收讫，公文第 963 号，朱格公文纸，钤盖有“董鸿祎”印章一方。后附《直隶都督兼署民政长呈教育部公函》一件一册，民国二年（1913）七月八日报呈，函字第 954 号，朱格纸本，折装。公函内钤盖朱色正方形“直隶民政长印”“直隶民政长”“教育司长”印各一方。文末有冯国璋、蔡儒楷签署墨色印章各一方。内容为北洋法政专门学校别科一班毕业生胡渠阿姓名书写有误所作说明等。

第四册，《教育部专门教育司收第二科转来直隶行政公署公文》，一件一页，民国二年（1913）九月八日收讫，公文第 841 号，朱格公文纸，钤盖有“董鸿祎”印章一方，司长王之瑞墨笔签名。后附《署理直隶民政长刘若曾呈教育部咨文》一件一册，民国二年（1913）九月五日呈送，纸本，折装。文内钤盖朱色正方形“直隶民政长印”四方，“直隶民政长”印一方，“教育司长”印一方。此时民政长已改由刘若曾[五]任职，故文末钤盖刘若曾、蔡儒楷二人墨色签署印章各一方。内容为北洋法政专门学校法律、政治经济科毕业生考试毕业事宜以及部分学生出现姓名不符等情况的报告。同时，就考试成绩、毕业人数、未能毕业人数及原因等也一同报上。

第五册，《教育部专门司第二科致直隶民政长咨文》，一件两页，民国二年（1913）九月十日办，十二日发，公文第1470号，朱格公文纸。文首钤盖朱色正方形“教育部印”一方，有次长董鸿祎、司长王之瑞墨笔签名。内容为就北洋法政专科学校咨询正科部分毕业生准予毕业事宜的回复。

第六册，《教育部专门司第二科致直隶民政长咨文》，一件三页，民国二年（1913）八月九日至十三日撰写并发，公文第1349号，朱格公文纸。文首钤盖朱色正方形“教育部印”一方，有次长董鸿祎、司长王之瑞墨笔签名。内容为北洋法政专科学校法律科学生张济之等人、政治经济科学生张润之等人姓名与原报表不符，请查覆等事宜。

第七册，《教育部专门司收第二科应办之公文》，一件一页，民国二年（1913）七月十五日收讫，公文第619号，朱格公文纸。后附《直隶都督兼署民政长冯国璋呈教育部咨文》一件一册，民国二年（1913）七月十一日呈送，纸本，折装。文首、文内、文末各钤盖朱色正方形“直隶民政长印”一方；文末另钤盖朱色“直隶民政长”“教育司长”印各一方，墨色“冯国璋”“蔡儒楷”签署印章各一方。内容为直隶民政长冯国璋就北洋法政专门学校学生毕业有关课程问题、毕业分数问题等所作说明。

第八册，《民国元年第一班别科毕业学生履历分数表册》，一册九页，北洋政法专门学校造具，蓝格纸本，包背装，版心印（写）有“北洋法政专门学校学生履历分数表”“中华民国二年五月造报”字样。内收别科毕业生学生91名，详记每人姓名、三代、籍贯、年岁、入学年月、毕业平均分数、备考以及分数等级。其中，毕业平均分数80分及以上者甲级学生21名，70至79分乙级学生35名，60至69分丙级学生31名，50至59分丁级学生4名。册末钤盖朱色长方形“北洋法政专门学堂监督关防”印一方。

第九册，《政治经济科每学期各科教授起止表》，一册四页，北洋政法专门学校造具，铅笔画格，纸本，包背装。内记学校教授各学科细目以及第一学期至第六学期每学期所教课程。学科包括人伦道德、大清会典、大清律例、宪法、行政法、政治学、财政学、货币银行论、农业政策、工业及社会政策、商业政策、交通政策、殖民政策、统计学、簿记学、民法、刑法、商法、国际公法、政治史、德文进阶、英帝国读本、国学文编、蔓期福文法、法文，计25门课程。封面钤盖朱色长方形“北洋法政专门学堂监督关防”印一方。

第十册，《政治经济科毕业学生履历分数表册》，一册七页，北洋政法专门学校造具，蓝格纸本，包背装，版心印（写）有“北洋法政专门学校学生履历分数表”“中华民国二年七月造报”字样。内收政治经济科毕业学生68名，详记每人姓名、三代、籍贯、年岁、入学年月、毕业平均分数、备考以及分数等级。其中，毕业平均分数80分及以上者甲级学生15名，70至79分乙级学生34名，60至69分丙级学生19名。封面钤盖朱色长方形“北洋法政专门学堂监督关防”印一方。

第十一册，《法律科每学期各科教授起止表》，一册四页，北洋政法专门学校造具，铅笔画格，纸本，包背装。内记学校教授各学科细目以及第一学期至第六学期每学期所教课程。学科包括人伦道德、大清会典、大清律例、宪法、行政法、刑法、民法、商法、破产法、刑事诉讼法、民事诉讼法、国际公法、政治学、财政学、强制执行法、中国法制史、外国法制史、实习、德文进阶、英帝国读本、国学文编、蔓期福文法、法文，计23门课程。封面钤盖朱色长方形“北洋法政专门学堂监督关防”印一方。

第十二册，《法律科毕业学生履历分数表册》，一册六页，北洋政法专门学校造具，蓝格纸本，包背装，版心印（写）有“北洋法政专门学校学生履历分数表”“中华民国二年七月造报”字样。内收学生51名，详记每人姓名、三代、籍贯、年岁、入学年月、毕业平均分数、备考以及等级。其中，毕业平均分数80分及以上者甲级学生14名，70至79分乙级学生27名，60至69分丙级学生10名。封面钤盖朱色长方形“北洋法政专门学堂监督关防”印一方。

第十三册，《别科第一班毕业各科每学期起止表册》，一册四页，北洋政法专门学校造具，蓝格纸本，包背装。内记学校教授各科细目以及第一至第六学期每学期所教课程。学科包括人伦道德、大清会典、大清律例、宪法、民法、刑法、商法、国际公法、国际私法、刑事诉讼法、民事诉讼法、裁判所构成法、行政法、法学通论、财政学、经济学、统计学、辩学、算学、世界史、世界地理、政治学、格致、日文、体操，计 25 门课程。封面钤盖朱色长方形“北洋法政专门学堂监督关防”印一方。

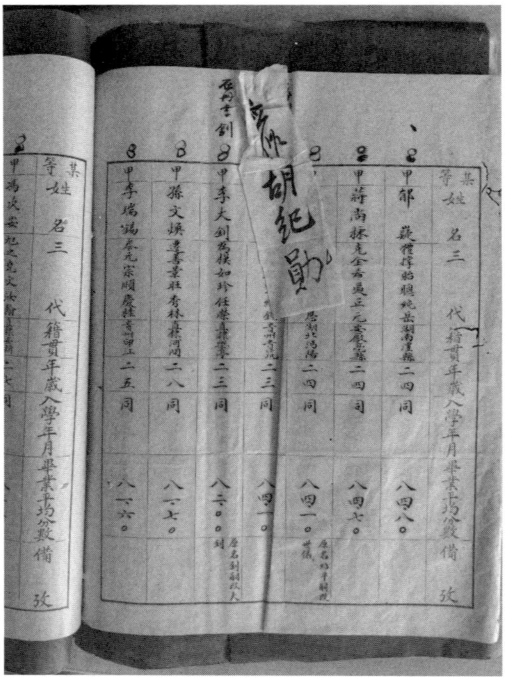

民国二年（1913）写本《政治经济科毕业学生履历分数表册》中记有李大钊页

李大钊的名字记于第十册《政治经济科毕业学生履历分数表册》中，排位第十二名。内容为：某等，甲；姓名，李大钊；三代，为模、如珍、任荣；籍贯，直隶乐亭；年岁，二三；入学年岁，同（即前清宣统二年七月）；毕业平均分数，八二．〇〇。此外，在天头处写有“在册李钊”；地脚“备考”处亦写有“原名钊嗣改大钊”。通过以上文字记述及此批资料，我们可以了解并补充有关李大钊生平以下资料。

1. 李大钊原名耆年，字寿昌，后依据发音将“寿昌”改为“守常”。笔名则比较多，过去很多资料都认为“李钊”是李大钊曾经使用过的一个笔名或别名。但是在此《表册》登记中，李大钊处清楚写有“在册李钊”四字。由此可以确认，李大钊在1907年进入北洋法政专科学堂时使用的名字是“李钊”，而不再是“李耆年”，也不是“约1908年突更名‘钊’”[六]。此外，1908年、1910年的《北洋法政学堂同学录》中，也都记李大钊的名字为“李钊”。在李大钊与郁嶷[七]创办的《言治》月刊里，他所写文章的署名也是“李钊”。因此，可以判定，“李钊”是李大钊在考入北洋法政专门学校前以及在校学习期间曾经使用过的一个名字，而不是他的笔名或别名。

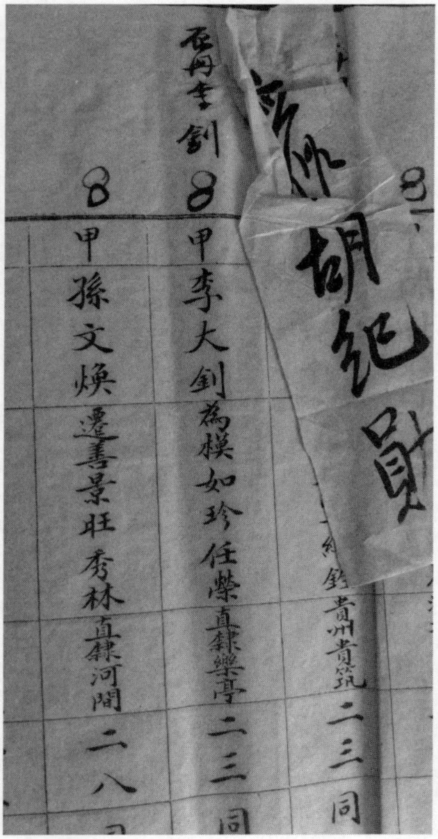

民国二年（1913）写本
《政治经济科毕业学生履历分数表册》
李大钊栏天头处记有“在册李钊”四字局部

2. 既然李大钊考入北洋法政专门学校时使用的名字是“李钊”，而不是此后的“李大钊”，那他是在什么时候，因何原因将自己的名字改为“李大钊”的呢？我们可以清楚地在《表册》中看到，虽然登记的署名是“李大钊”，但是在天头、地脚所注“在册李钊”“原名钊嗣改大钊”中，可以判定，李大钊改名的时间应是在校学习期间，即 1910 年至 1913 之间。至于改名的原因，有学者认为是受早年同学、抗俄志士蒋卫平的影响所改。蒋卫平（1883—1910），字大同，河北滦县人，上学时与李大钊相识，后入位于河北保定的陆军速成学堂（保定陆军军官学校前身）学习。其后在辽阳与人创办奉天陆军小学、奉天商业专门学校，在发展文化教育的同时宣传革命思想。1908 年，在中俄边境被沙俄警察逮捕，并被关押在西伯利亚。1909 年释放后，在长春为反清起义做准备工作，后因叛徒出卖逃到黑河。在黑期间，他接受道尹的邀请，承办与沙俄交涉事宜。因其据理力争，被沙俄视为眼中钉，遂在赴俄谈判归国登船时被俄军枪杀。李大钊得知消息后极为悲痛，作《哭蒋卫平》诗两首。正是由于“蒋卫平对李大钊革命思想的形成有启蒙意义。‘大钊’之名或受‘大同’之名影响”[八]，故将自己的名字由“李钊”改为“李大钊”，以作纪念，我想这是不无道理的。但是，我查阅李大钊在校期间创办的《言治》月刊，发现在 1913 年 4 月 1 日出版的创刊号上、6 月 1 日出版的第三期上，李大钊分别发表的《大哀篇》《隐忧篇》两篇文章的署名，仍是“李钊”，而不是“李大钊”。这是否可以说明，此时李大钊使用的名字仍是“李钊”，还没有改为“李大钊”？但随之此后，李大钊又作《题蒋卫平遗像》[九]五言绝句诗一首，诗文中充满了对蒋卫平的怀念和悲悼感叹。这首诗的写作时间，恰是在李大钊毕业前的 1913 年 6 月。由此联想到，李大钊的改名与蒋卫平被害有关的考据以及毕业《表册》登记的时间是 1913 年 7 月。故我认为李大钊由“李钊”改名为“李大钊”的时间应在 1913 年 6 月至 7 月间，极有可能就是在其作《题蒋卫平遗像》诗的同时。

3. 李大钊就读北洋法政专门学校政治经济科，其所学课程都有哪些？此前只见到过一些笼统的介绍，却从未得知详细资料。而此批资料中的《政治经济科每学期各科教授起止表》，详细记有 1910 年至 1913 年李大钊在本科六个学期间所学全部课程。课程共计二十五门，分别是人伦道德、大清会典、大清律例、宪法、行政法、政治学、财政学、货币银行论、农业政策、工业及社会政策、商业政策、交通政策、殖民政策、统计学、簿记学、民法、刑法、商法、国际公法、政治史、德文进阶、英帝国读本、国学文编、蔓期福文法、法文；其中人伦道德、大清会典、大清律例三科在民国成立后停止讲授，改由其他课程取代，而外国语课自第二学期后所选教材均是与法政有关，可见教学以实用为标的。我认为，这种全新的教育，必定开阔了李大钊的眼界，而且对启蒙李大钊的新思想并接受马克思主义，起到了铺垫基石的作用。

4. 李大钊就读北洋法政专门学校时的成绩如何？此前我从未查到过任何有关资料，但是通过此批资料中的《政治经济科毕业学生履历分数表册》，则可一目了然。《分数表册》中清晰记：李大钊毕业平均分数为82分，位于全班68名毕业生第12位。按照学校“计算成绩其总平均分数在六十分上者为合格毕业”之规定，李大钊不仅取得了毕业证书，而且被列入“甲等”。可见其学习之刻苦，为政治经济科毕业生中的佼佼者。

5. 通过此批资料，我们得知北洋法政专门学校当时设有法律科、政治经济科、别科三系；1913届毕业生共计213人，其中210人平均分数超过六十分，取得毕业证书，2人不及格，未取得毕业证书，1人因病未参加考试，暂未取得毕业证书。在取得毕业证书的210人中，有与李大钊交往密切、同时被称之为“北洋三杰”的同班同学郁嶷、法律科同学白坚武[十]。郁嶷毕业平均分数84.8分，名列政治经济科第8位，白坚武毕业平均分数82.9分，名列法律科第10位，二人与李大钊同为甲等生。

通过以上研究，我认为此批资料不仅完整再现了北洋法政专门学校的教学情况，而且还记录了中国共产党创始人之一的李大钊青年时期在天津生活学习的经历。通过这些资料，我们可以更全面地了解李大钊在北洋法政专门学校期间的学习情况，探源李大钊由“李钊”改名“李大钊”的具体时间，了解、掌握北洋法政专门学校的教学安排以及李大钊同班同学等情况。可以说，这批资料既是一份有关北洋法政专门学校的重要文献，也是一份有关李大钊就读北洋法政专门学校的珍贵史料，更是李大钊在天津期间学习的原始档案，对于研究李大钊革命的一生具有十分重要的历史文献价值。想到此，我认为如果这批珍贵的资料能够进入国家馆藏单位，那该有多好。

好在委托人是公司的一位老客户，经过我与他的沟通，便爽快地同意了我的建议，决定可以不通过公开拍卖的方式转让给国家馆藏单位。

于是，我便立即联系了中国共产党早期北京革命活动纪念馆和国家博物馆，同时考虑到此批资料与天津最为有关，于是通过天津的朋友，又联系到了天津市博物馆，将有关资料与介绍分别发送给了他们。位于河北唐山的李大钊纪念馆，也是我联系的单位之一，但是通过数次电话，始终没有联系上。谁知 10 月 18 日下午近 5 时，突然接到他们打来的电话，告知获悉了此消息，希望得到有关照片和更为详细的资料。我随即按照他们的要求，将资料中有关李大钊及乐亭、滦县、玉田、丰润四个属于唐山市管辖地区的人名单一一告知了他们。

在这四家国有馆藏单位中，国家博物馆行动最快。10 月 11 日告知他们后，立即就接到了文物征集处张安昊先生的回信，并回复说："我马上汇报。"10 月 21 日，他便与馆内两位专家来到琉璃厂公司内审查实物。10 月 26 日，便邀我携带资料原件去国家博物馆进行馆内专家鉴定与评估。随后，按照国家博物馆文物征集流程，开始了购进手续的报批。期间，就有关价格问题，三方也进行了协商。最终，在委托人、中国书店、国家博物馆三方都可接受的条件下达成了一致。随后，我便将后续的有关事宜交给了公司同事金川来具体办理。11 月 17 日，金川告知国家博物馆馆务会已经同意购藏《北洋法政专门学校毕业学生履历分数表册》等资料，有关后续手续正在逐步完成。12 月 22 日，我接到国家博物馆文物征集处张安昊发来的消息，告知："《毕业册》的所有事情全部办妥，已成功入藏国博。"同时还告知："已有两个展览在抢着要展了。"并表示"感谢您的鼎力支持！期望借此成案，日后多多合作"。

2022 年，是中国书店建店七十周年，也是我即将踏进古稀的岁月，还是我结束海王村拍卖公司返聘的最后一年，更是我与工作了四十五年的中国书店说声再见的时候。在这极具特殊的一年里，有幸连续两次接触到与中国共产党创始人之一李大钊有关的实物，并为它们寻找到了好的归宿，我不知这是天意，还是缘分。总之，我认为这也是我自 1969 年下乡黑龙江生产建设兵团，历经五十余年来为党、为国家、为人民辛勤工作的最好尾声。

初写于2022年10月10日

修订于2022年12月28日

[一] 董鸿祎（1878—1916），字达甫、恂士，浙江仁和（今属杭州）人。同盟会会员。清光绪庚子辛丑并科举人，官学部候补主事。1901至1904年就读日本早稻田大学，毕业后回国。民国成立后历任教育部秘书长、教育部次长、代理教育总长、平政院庭长等职。1912年、1913年任教育部次长、代理教育总长期间，鲁迅先生在其属下工作，二人交往甚密。

[二] 王之瑞（1888—1979），即王云五，字日祥，广东香山（今中山市）人，出生于上海。教育家、现代出版家，“四角号码检字法”的发明人。在任商务印书馆总经理期间，主持编辑《万有文库》《丛书集成》《大学丛书》等大型丛书，对商务印书馆的发展起到了重要作用，亦对我国近代文化教育事业做出了巨大贡献。1949年去台湾，1979年病逝于台北。

[三] 冯国璋（1859—1919），字华符，直隶河间人，直系军阀首领，与王士珍、段祺瑞并称为“北洋三杰”。早年毕业于北洋武备学堂，曾任北洋步兵学堂总办兼督练营务处总办、中央练兵处军令司副使等职。民国成立后任江苏都督，黎元洪继任大总统时补选为副总统，黎辞职后进京任代理总统，后通电辞去副总统，返回故里。1912年9月出任直隶省都督兼民政长。

[四] 蔡儒楷（1867—1923），字志赓，江西南昌人。清光绪举人，援例以知府用，出任直隶，佐理教育行政，为北洋大学创始人之一。后任直隶提学使、直隶教育司司长兼北洋大学校长、北洋政府教育总长、山东巡抚使等职。

[五] 刘若曾（1860—1929），字仲鲁，号沂庵，直隶盐山（今属河北黄骅）人。清光绪进士，授翰林院编修，官各国考察政治大臣参赞、湖南长沙府知府、大理院正卿、修订法律大臣等，民国后任直隶民政长官、北洋政府参政院参政等，曾会审清末四大奇案之“春阿氏”案。

[六] 见《李大钊早年求学史事新探》，王勇则撰，2016年5月16日中国共产党新闻网。

[七] 郁嶷（1890—1938），字宪章，号愤园，湖南沣县人。法学家、政治人物，参与民国《民法典》的起草工作。与李大钊为挚友，二人共同编辑出版《言治》《晨钟》《宪法公言》等期报刊。曾任江宁地方审判厅厅长、湖南财政厅厅长、中国大学教授、河北大学法律系主任、北京大学教授等职。

[八] 见《李大钊早年求学史事新探》，王勇则撰，2016年5月16日中国共产党新闻网。

[九]《题蒋卫平遗像》诗全文：斯人气尚雄，江流自千古。碧血几春花，零泪一抔土。不闻叱咤声，但听呜咽水。夜夜空江头，似有蛟龙起。

[十] 白坚武（1886—1937），字颠昙，号惺亚，河北交河（现泊头市）人。李大钊同学、挚友，

曾共同编辑出版《言治》。曾任江苏督军李纯顾问，后被军阀吴佩孚赏识，任两湖巡阅使署、直鲁豫巡阅使署政务处长等职。1933 年开始与日本人接触，后沦为汉奸。1937 年被冯玉祥逮捕，以叛国罪枪决。

清末官府验收漕粮的真实写照

——观影集《仓场验米图》记

自从元朝定都大都（今北京）后，京师每年所征税粮，大部均由南方经过水路运到京师。为了使粮食运输更加便利，元世祖忽必烈任用水利工程学家郭守敬，开凿了从元大都至通州的通惠河水利工程，使运粮船可自通州直达积水潭。至明朝嘉靖间，由于京师南侧加筑外城，城内河道已不便漕运，故漕粮大多运至东便门外的大通桥下，然后再经东护城河水路或陆路运至朝阳门内，入储各仓廒。入清后，清政府仍沿用明制。直至道光六年（1826），通过雇佣商船进行了第一次海运漕粮的尝试，后由于种种原因，时断时续，海运迟迟未能形成定制。同治十一年（1872），随着轮船招商局在上海的创立，在轮船参与下的漕运进入到了崭新的阶段，漕粮海运成为了主要的运输方式。首先将漕粮集中运至上海，由上海装船，经海运运至天津，然后再通过运河运抵通州。光绪二十七年（1901）“新政”施行后，又改为漕粮由轮船运至塘沽，再由塘沽装火车直接运抵北京朝阳门外，从而实现了“朝发午至”，并实现了“昔日拨运之弊遂除”之目的。

自元朝至清末，为了保证京师所用漕粮的存储安全，入廒前必需要经过验粮官员查验，只有经过他们认可，达到储存标准的漕粮方可入廒存储。为此，清朝特设仓场衙门监管此事。仓场衙门最高长官称总督仓场侍郎，简称仓场侍郎，又因其是仓场的总管，也简称仓场总督，品秩为正二品。为便于管理，仓场侍郎由满族、汉族各一人兼任；下辖坐粮厅、大通桥监督、京仓监督、通仓监督四个机构。至光绪末年，随着“新政”的实行与河运的废止，仓场侍郎的职能也有所变动。

漕粮的验收与入廒收藏，是南粮北运的最后一环，也就是说，从南方运送到北京的漕粮，只有通过验收，进入廒仓，方可谓全过程的结束。因此，监管验粮的仓场侍郎在验收过程中可称是一位举足轻重之人。但是，有关仓场验粮的过程、期间仓场侍郎的监管、其他参与验粮官员的职责等资料，似乎在史料中所记并不多，很多考证漕运历史的文章谈到此处时大多一笔带过。尤其是清末实行“新政”后，漕粮的运输进行了较大的变动与改革，日进京量有了大幅增长后，漕粮的验收又是如何进行的？这似乎一直是个谜。

《仓场验米图》影集为清光绪三十一年（1905）京城仓场满籍侍郎桂春[一]、汉籍侍郎刘恩溥[二]二人所编；内收照片八张以及桂春所写序言、刘恩溥所写跋文和每张照片所附文字介绍。可以说，影集通过现场拍摄的照片与文字，全面、详细地记述了漕粮验收的全部过程。这无疑是清末“新政”实行后漕粮验收情景的真实再现，也是有关南粮北运极为珍贵的原始档案资料。

影集高 40.5 厘米，宽 49.6 厘米，封面、封底均为楠木板装饰；封面上镌刻有隶书题名“仓场验米图”五字。装帧采用了中国传统技艺“推篷装”法，即由下向上逐页阅览的方式，计 1 册 20 页。打开影集，册首上下对开两页为桂春所写近五百字序言。此后上下对开各八页，均为记述验粮过程的文字与验粮现场拍摄的照片。照片高 26.8 厘米，宽 37 厘米，采用当时最先进的湿版火棉胶摄影法拍摄并洗印。照片不仅尺幅阔大、保存完好，而且图像极为清晰。册末上下对开两页，收刘恩溥所写五百余字跋文。序言、跋文及册中文字，均用墨笔书写于洒金蜡笺纸上，再以传统的挖镶装裱法将洒金蜡笺纸与照片收于册内，并在四周附以淡青色龙纹花绫。纵览整部影集，无论是做工，还是装饰，都极为考究，颇显高贵，绝非民间之物。

依据文字记述，影集内照片所呈现的分别是“火车到京”“卸米入廒”“运米备验”“米台呈样”“分段验米”“斛收进仓”“迎风销袋”“潮湿风飏”八个漕粮验收场景。序言、跋文以及每张照片所附文字则详细记述了“新政”施行后，漕粮验收的各道工序、各级官员所附责任以及消除昔日弊端后所取得的政绩。为了更好地了解漕粮验收过程及照片记录下来的图景，全文抄录序、跋及每张照片所附文字如下：

1. 仓场侍郎桂春序言与照片

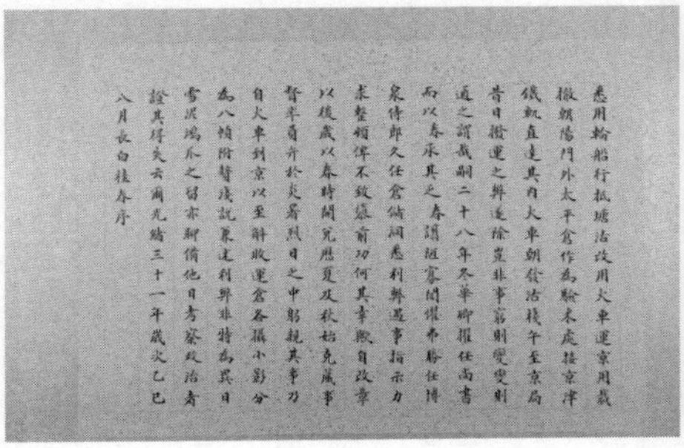

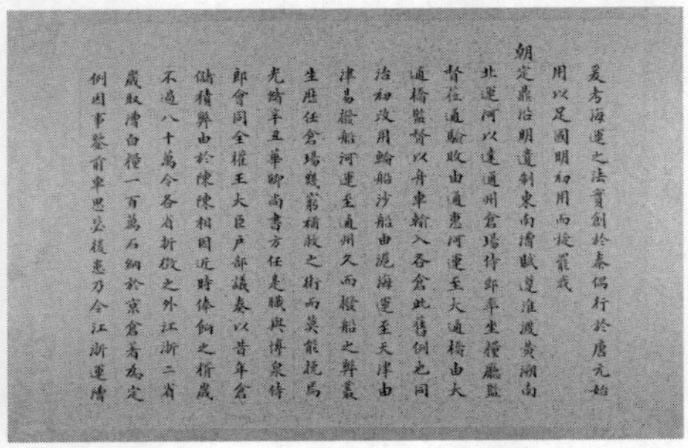

爰考海运之法，实创于秦，偶行于唐，元始用以足国，明初用而旋罢。我朝定鼎，沿明遗制。东南漕赋，遵淮渡黄，溯南北运河以达通州，仓场侍郎率坐粮厅监督莅通验收。由通惠河运至大通桥，由大通桥监督以舟车输入各仓。此旧例也。同治初，改用轮船、沙船，由沪海运至天津，由津易拨船河运至通州。久而拨船之弊丛生，历任仓场几穷补救之术，而莫能挽焉。光绪辛丑，华卿尚书[三]方任是职，与博泉侍郎[四]会同全权王大臣户部议奏，以昔年仓储积弊，由于陈陈相因，近时俸饷之糈岁，不过八十万。令各省折征之外，江浙二省岁取漕白粮一百万石，纳于京仓，著为定律。因事鉴前车，思毖后患，乃令江浙运漕悉用轮船，行抵塘沽，改用火车运京。用裁撤朝阳门外太平仓作为验米处，接京津铁轨直达其内。火车朝发沽栈，午至京局。昔日拨运之弊遂除。岂非事穷则变，变则通之

谓哉！嗣二十八年冬，华卿擢任尚书，而以春承其乏。春谫陋寡闻，惧弗胜任。博泉侍郎久任仓储，洞悉利弊，遇事指示，力求整顿，俾不致隳前功，何其幸欤。自改章以后，岁以春讨开兑，历夏及秋，始克蒇事。督率员弁，于炎暑烈日之中躬亲其事。乃自火车到京以至斛收运仓，各摄小影，分为八帧，附赘浅说，兼述利弊，非特为异日雪泥鸿爪之留，亦聊备他日考察政治者证其得失云尔。光绪三十一年岁次乙巳八月，长白桂春序。

2.“火车到京”原文与照片

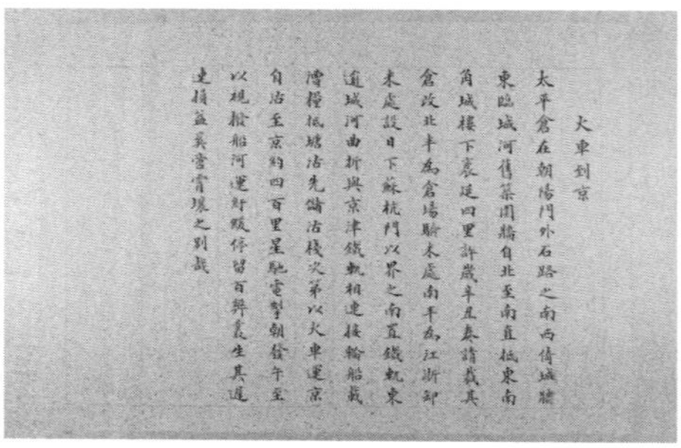

火車到京

太平倉在朝陽門外石路之南西倚城牆東臨城河舊築圍牆自北至南直抵東南角城樓下袤延四里許歲辛丑奏請裁其倉改北半為倉場驗米處南半為江浙卸米處設日下蘇杭門以界之南置鐵軌東逾城河曲折與京津鐵軌相連接輪船載漕糧抵塘沽先儲沽棧次第以火車運京自沽至京約四百里星馳電掣朝發午至以視撥船河運紆緩停留百弊叢生其遲速損益奚啻霄壤之別哉

火车到京。太平仓在朝阳门外石路之南，西倚城墙，东临城河。旧筑围墙，自北至南，直抵东南角城楼下，袤延四里许。岁辛丑，奏请裁其仓，改北半为仓场验米处，南半为江浙卸米处。设日下苏杭门，以界之南置铁轨，东逾城河，曲折与京津铁轨相连接。轮船载漕粮抵塘沽，先储沽栈，次第以火车运京。自沽至京约四百里，星驰电掣，朝发午至。以视拨船河运，纡缓停留，百弊丛生，其迟速损益，奚啻霄壤之别哉！

3.“卸米入廒”原文与照片

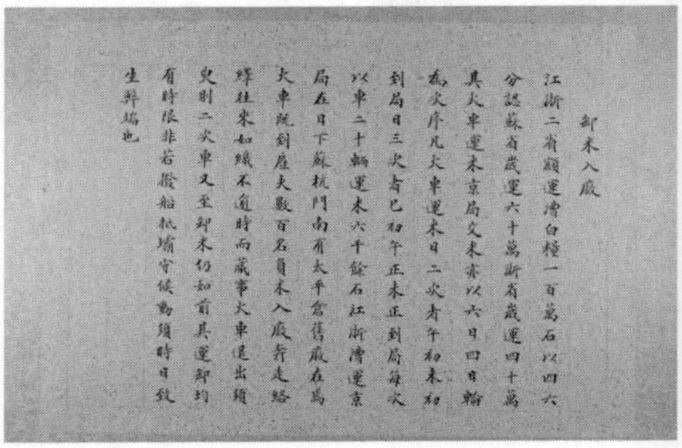
卸米入廒

江浙二省額運漕白糧一百萬石以四六分認蘇省歲運六十萬浙省歲運四十萬其火車運米京局交米亦以六日四日輪爲次序凡火車運米日二次者午初未初到局日三次者巳初午正未正到局每次以車二十輛運米六千餘石江浙漕運京局在日下蘇杭門南有太平倉舊廒在焉火車既到雇夫數百名負米入廒奔走絡繹往來如織不逾時而蕆事火車退出須臾則二次車又至卸米仍如前其運卸均有時限非若撥船抵壩守候動須時日致生弊端也

卸米入廒。江浙二省额运漕白粮一百万石，以四六分认。苏省岁运六十万，浙省岁运四十万。其火车运米、京局交米，亦以六日四日轮为次序。凡火车运米日二次者，午初、未初到局；日三次者，巳初、午正、未正到局。每次以车二十辆，运米六千余石。江浙漕运京局在日下苏杭门南有太平仓旧廒在焉，火车既到，雇夫数百名，负米入廒。奔走络绎，往来如织，不逾时而蒇事。火车退出，须臾则二次车又至，卸米仍如前。其运卸均有时限，非若拨船抵坝守候，动须时日，致生弊端也。

4.“运米备验”原文与照片

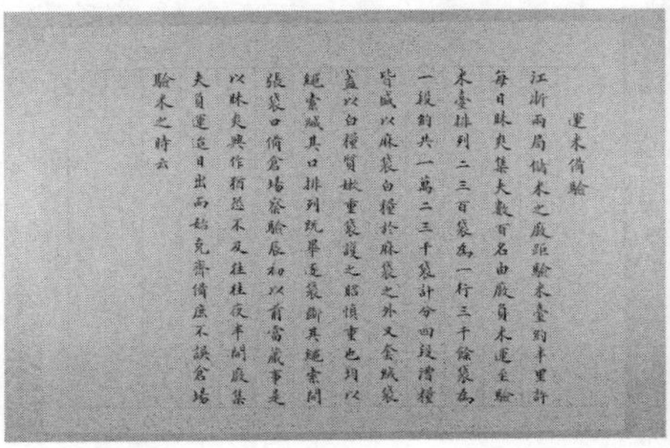
運米備驗

江浙兩局儲米之廒距驗米臺約半里許每日昧爽集夫數百名由廒負米運至驗米臺排列二三百袋爲一行三千餘袋爲一段約共一萬二三千袋計分四段漕糧皆盛以麻袋白糧於麻袋之外又套蒲袋蓋以白糧質嫩重護之昭慎重也均以繩索緘其口排列既畢送袋斷其繩索間張袋口備倉場簽驗辰初以前當蕆事是以昧爽興作稍惡不及往往夜半開廒集夫負運迨日出而始克齊備庶不誤倉場驗米之時云

运米备验。江浙两局储米之廒距验米台约半里许，每日昧爽，集夫数百名，由廒负米运至验米台。排列二三百袋为一行，三千余袋为一段，约共一万二三千袋，计分四段。漕粮皆盛以麻袋，白粮於麻袋之外又套绒袋，盖以白粮质嫩，重袋护之，昭慎重也。均以绳索缄其口，排列既毕，逐袋断其绳索，开张袋口，备仓场察验。辰初以前，当蒇事，是以昧爽，兴作尤恐不及，往往夜半开廒，集夫负运。迨日出而始，克齐备庶，不误仓场验米之时云。

5.“米台呈样”原文与照片

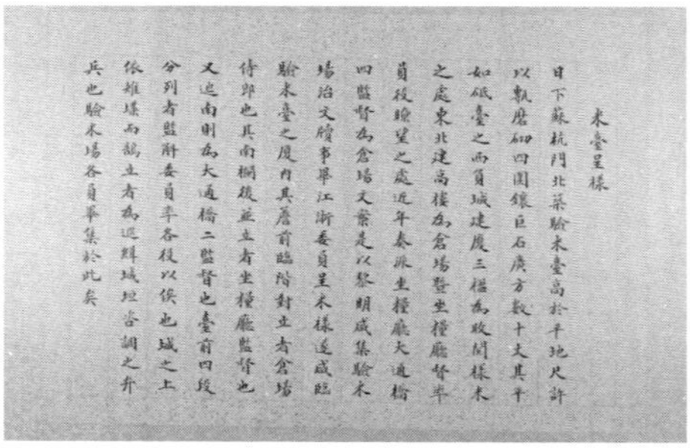
米臺呈樣
日下蘇杭門北築驗米臺高於平地尺許
以甎磨砌四周鑲巨石廣方數十丈其平
如砥臺之西負城建廈三楹為收閱樣米
之處東北建高樓為倉場暨坐糧廳督率
員役瞭望之處近年奏派坐糧廳大通橋
四監督為倉場文案是以黎明咸集驗米
場治文牘事畢江浙委員呈米樣遂咸臨
驗米臺之廈內其簷前臨階對立者倉場
侍郎也其南欄後並立者坐糧廳監督也
又迤南側為大通橋二監督也臺前四段
分列者監斛委員率各役以俟也城之上
依雉堞而鵠立者為巡緝城垣咨調之弁
兵也驗米場各員畢集於此矣

米台呈样。日下苏杭门北筑验米台，高于平地尺许，以砖磨砌，四周镶巨石，广方数十丈，其平如砥。台之西，负城建厦三楹，为收阅样米之处。东北建高楼，为仓场暨坐粮厅督率员役瞭望之处。近年奏派坐粮厅大通桥四监督为仓场文案，是以黎明，咸集验米场治文牍。事毕，江浙委员呈米样，遂咸临验米台之厦内其檐前。临阶对立者，仓场侍郎也。其南栏后并立者，坐粮厅监督也。又迤南侧，为大通桥二监督也。台前四段分列者，监斛委员率各役以俟也。城之上依雉堞而鹄立者，为巡缉城垣咨调之弁兵也。验米场各员毕集于此矣。

6. “分段验米”原文与照片

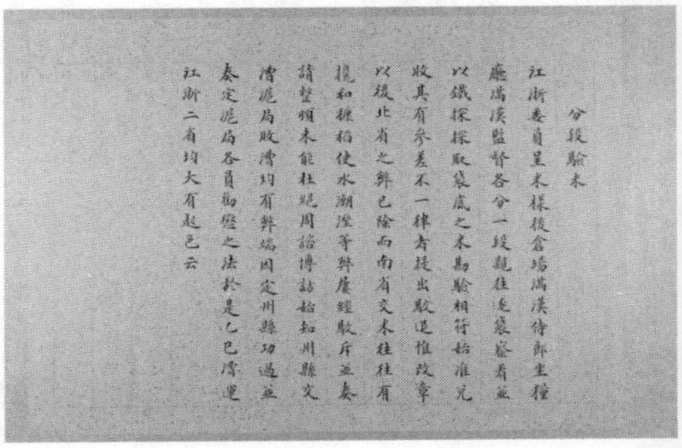

分段驗米

江浙委員呈米樣後倉場滿漢侍郎坐糧廳滿漢監督各分一段親往逐袋察看並以鐵探探取袋底之米勘驗相符始准兌收其有參差不一律者提出駁退惟改章以後北省之弊已除而南省交米往往有攙和糠稻使水潮溼等弊屢經駁斥並奏請整頓未能杜絕周諮博訪始知州縣交漕滬局收漕均有弊端因定州縣功過並奏定滬局各員勸懲之法於是乙巳漕運江浙二省均大有起色云

分段验米。江浙委员呈米样后，仓场满汉侍郎坐粮厅，满汉监督各分一段，亲往逐袋察看，并以铁探探取袋底之米。勘验相符，始准兑收。其有参差不一律者，提出驳退。唯改章以后，北省之弊已除，而南省交米往往有掺和糠稻、使水潮湿等弊，屡经驳斥，并奏请整顿，未能杜绝。周咨博访，始知州县交漕、沪局收漕均有弊端。因定州县功过，并奏定沪局各员劝惩之法。于是，乙巳漕运，江浙二省均大有起色云。

7. “斛收进仓”原文与照片

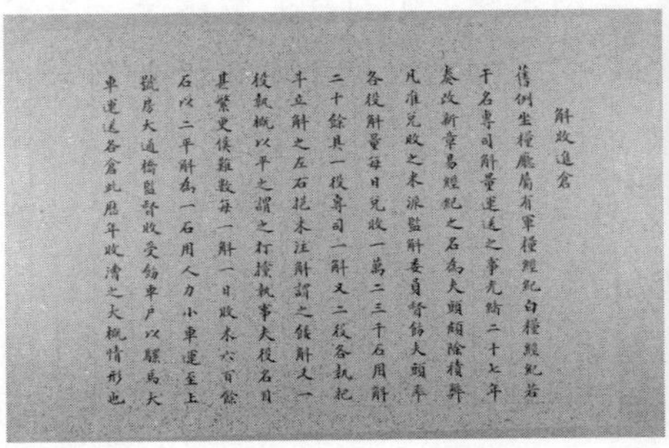

斛收進倉

舊例坐糧廳屬有軍糧經紀白糧經紀若干名專司斛量運送之事光緒二十七年奏改新章易經紀之名為大頭頗除積弊凡准兌收之米派監斛委員督飭大頭率各役斛量每日兌收一萬二三千石用斛二十餘具一役專司一斛又二役各執杷斗立斛之左右杷米注斛謂之張斛又一役執概以平之謂之打擋執事夫役名目甚繁更僕難數每一斛一日收米六百餘石以二平斛為一石用人力小車運至上戡房大通橋監督收受飭車戶以騾馬大車運送各倉此歷年收漕之大概情形也

斛收进仓。旧例，坐粮厅属有军粮经纪、白粮经纪若干名，专司斛量、运送之事。光绪二十七年奏改新章，易经纪之名为夫头，颇除积弊。凡准兑收之米，派监斛委员督饬夫头率各役斛量，每日兑收一万二三千石，用斛二十余具。一役专司一斛，又二役各执把斗，立斛之左右，挹米注斛，谓之喂斛；又一役执概以平之，谓之打挡。执事夫役名目甚繁，更仆难数。每一斛一日收米六百余石，以二平斛为一石，用人力小车运至上号房。大通桥监督收受，饬车户以骡马大车运送各仓。此历年收漕之大概情形也。

8. “迎风销袋”原文与照片

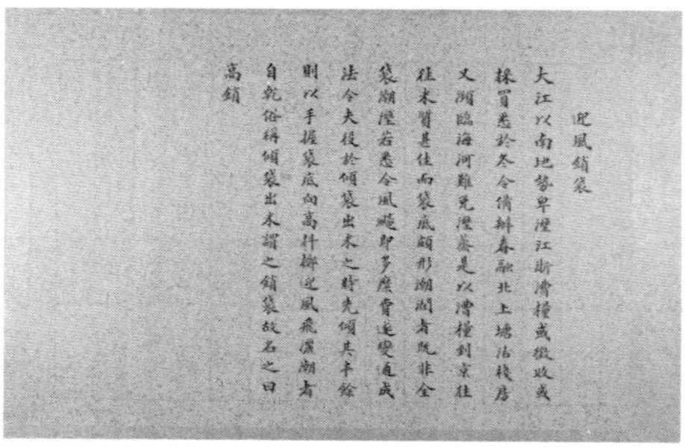
迎風銷袋
大江以南地勢卑溼江浙漕糧或徵收或
採買悉於冬令備辦春融北上塘沽棧房
又瀕臨海河難免溼蒸是以漕糧到京往
往米質甚佳而袋底頗形潮潤者既非全
袋潮溼若悉令風颸即多糜費遂變通成
法令夫役於傾袋出米之時先傾其半餘
則以手握袋底向高抖擲迎風飛灑潮者
自乾俗稱傾袋出米謂之銷袋故名之曰
高銷

迎风销袋。大江以南，地势卑湿。江浙漕粮，或征收、或采买，悉于冬令备办。春融北上，塘沽栈房又濒临海河，难免湿蒸。是以漕粮到京，往往米质甚佳而袋底颇形潮润者。既非全袋潮湿，若悉令风飏，即多糜费，遂变通成法，令夫役于倾袋出米之时，先倾其半，余则以手握袋底，向高抖掷，迎风飞洒，潮者自干。俗称倾袋出米，谓之销袋，故名之曰高销。

9. “潮湿风飏”原文与照片

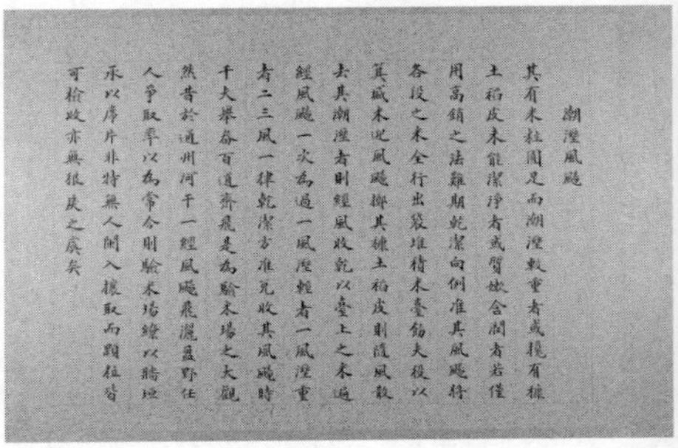
潮溼風颺

其有米粒圓足而潮溼較重者或攙有糠土稻皮未能潔淨者或質嫩含潤者若僅用高銷之法難期乾潔向例准其風颺將各段之米全行出袋堆積米臺飭夫役以箕盛米迎風颺擲其糠土稻皮則隨風散去其潮溼者則經風收乾以臺上之米遍經風颺一次為過一風溼輕者一風溼重者二三風一律乾潔方准兌收其風颺時千夫舉畚百道齊飛是為驗米場之大觀然昔於通州河干一經風颺飛灑盈野任人爭取率以為常今則驗米場繚以牆垣承以席片非特無人闌入攘取而顆粒皆可檢收亦無狼戾之虞矣

潮湿风飏。其有米粒圆足而潮湿较重者，或掺有糠土稻皮未能洁净者，或质嫩含润者，若仅用高销之法，难期干洁。向例准其风飏，将各段之米全行出袋，堆积米台，饬夫役以箕盛米，迎风飏掷。其糠土稻皮则随风散去，其潮湿者则经风收干。以台上之米遍经风飏一次，为过一风。湿轻者一风，湿重者二三风，一律干洁，方准兑收。其风飏时，千夫举畚，百道齐飞，是为验米场之大观。然昔于通州河干，一经风扬，飞洒盈野，任人争取，率以为常。今则验米场缭以墙垣，承以席片，非特无人阑入攘取，而颗粒皆可检收，亦无狼戾之虞矣。

10. 仓场侍郎刘恩溥跋文与照片

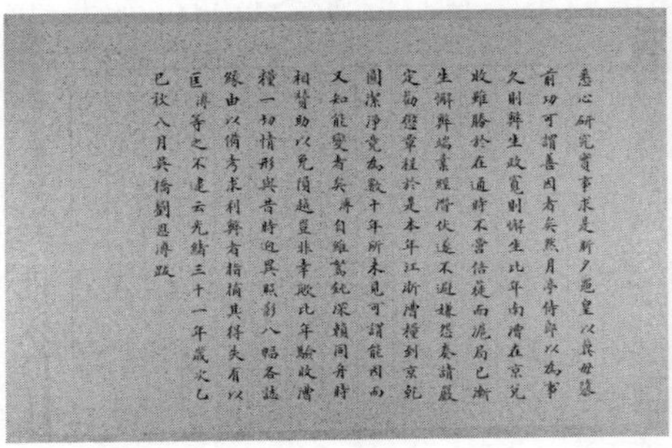
悉心研究實事求是[illegible]邀皇[illegible]以[illegible]毋[illegible]前功可謂善因者矣然月亭侍郎以為事久則弊生政寬則僻生比年南漕在京兌收雖勝於在通時不啻倍蓰而流弊已漸生斛弊端素難潛伏近不避嫌怨奏請嚴定勸懲章程於是本年江浙漕糧到京乾圓潔淨竟為數十年所未見可謂能因而又知能變者矣溥自維駑鈍深賴同舟時相贊助以免隕越豈非幸歟比年驗收漕糧一切情形與昔時迥異攝影八幅各誌緣由以備考求利弊有指摘其得失有以匡溥等之不逮云光緒三十一年歲次乙巳秋八月吳橋劉恩溥跋

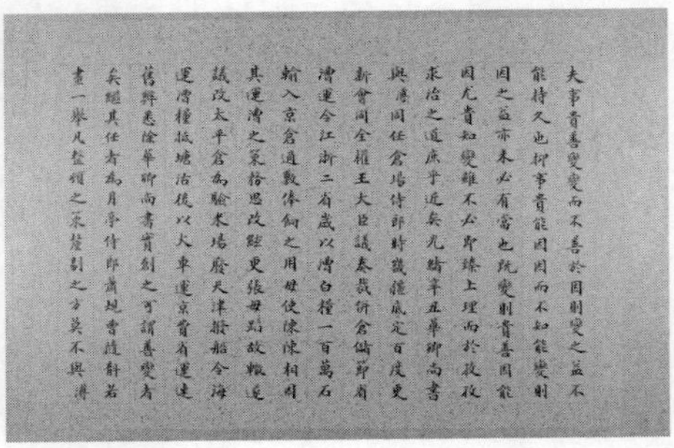
大事貴善變變而不善於因則變之益不能持久也抑事貴能因因而不知能變則因之益亦未必有當也既變則貴善因能因尤貴知變雖不必即臻上理而於救敝求治之道庶乎近矣光緒辛丑畢卿尚書與溥同任倉場侍郎時議據成定百度更新會同全權王大臣議奏裁併倉儲節省漕運令江浙二省歲以漕白糧一百萬石輸入京倉通融備餉之用毋使陳陳相因其運漕之策[illegible]改[illegible]更張毋蹈故轍近議改太平倉為驗米場廢天津撥船令海運漕糧抵塘沽後以火車運京實有運速舊弊悉除畢卿尚書實創之可謂善變者矣繼其任者為月亭侍郎肅規曹隨斟若畫一舉凡整頓之策釐剔之方莫不與溥

夫事贵善变，变而不善于因，则变之益不能持久也。抑事贵能因，因而不知能变，则因之益亦未必有当也。既变，则贵善因；能因，尤贵知变。虽不必即臻上理，而于孜孜求治之道，庶乎近矣。光绪辛丑，华卿尚书与溥同任仓场侍郎。时畿疆底定，百度更新，会同全权王大臣，议奏裁并仓储，节省漕运。令江浙二省，岁以漕白粮一百万石输入京仓，适敷俸饷之用，毋使陈陈相因。其运漕之策，务思改弦更张，毋蹈故辙。遂议改太平仓为验米场，废天津拨船，令海运漕粮抵塘沽后以火车运京。费省运速，旧弊悉除，华卿尚书实创之，可谓善变者矣。继其任者，为月亭侍郎，萧规曹随，斠若画一，举凡整顿之策、厘剔之方，莫不与溥悉心研究。实事求是，昕夕黾皇，以冀毋隳前功，可谓善因者矣。然，月亭侍郎以为事久则弊生，政宽则懈生。比年，南漕在京兑收，虽胜于在通时，不啻倍蓰，而沪局已渐生懈弊端，业经潜伏，遂不避嫌怨，奏请严定劝惩章程。于是，本年江浙漕粮到京，干圆洁净，竟为数十年所未见，可谓能因而又知能变者矣。溥自维驽钝，深赖同舟时相赞助，以免陨越，岂非幸欤！比年验收漕粮，一切情形与昔时迥异。照影八幅，各志缘由，以备考求利弊者指摘其得失，有以匡溥等之不逮云。光绪三十一年岁次乙巳秋八月，吴桥刘恩溥跋。

纵观影集，我们可获知以下史料与资料：

1. 南粮北运，自元朝始至清朝末，一直是历朝历代的重要国策。通过桂春的序言与刘恩溥的跋文我们可知清末“江浙二省岁取漕白粮一百万石，纳于京仓”，以及“令江浙二省，岁以漕白粮一百万石输入京仓”之细目。由此可见，江浙二省不仅是物产丰盈的鱼米之乡，也是京师漕粮的主要供奉产地。

2. “新政”实行前后，漕粮自南方运至京师发生过怎样的变化？通过桂春所写序言、刘恩溥所写跋文亦可知晓。桂春曰“我朝定鼎，沿明遗制。东南漕赋，遵淮渡黄，溯南北运河以达通州”，然后再“由通惠河运至大通桥，由大通桥监督以舟车输入各仓”。至同治初年，漕粮的运输“改用轮船、沙船，由沪海运至天津，由津易拨船河运至通州”。直至光绪二十七年

（1901）“新政”施行后，方改为“悉用轮船，行抵塘沽，改用火车运京”。刘恩溥亦曰“废天津拨船，令海运漕粮抵塘沽后以火车运京”，可见运输方式改变之大。《清史稿·卷一百二十二·食货志三》载：“是年（光绪二十六年，1900）南漕改用火车由津运京。”早于桂春序言所云时间一年。而《清史稿·卷四三九》中的《荣庆传》述及漕运“新政”情况：“二十七年（1901），擢大理卿，署仓场侍郎。以剥船盗米，改由火车径运，并仓廒，增经费，杜领米弊端，裁稽查仓务御史，皆如所请行。”与桂春序言所述一致。桂春是漕运改革的亲历者和参与者，其序言可视作一手材料。又与《荣庆传》一致，也基本证实了《食货志》光绪二十六年（1900）“南漕改用火车由津运京”之说不确，更知此影集有为史书拾遗补阙的重要价值。

3. 运输方式的改变，消除了哪些弊端，带来了哪些政绩？在桂春所写序言、刘恩溥所写跋文中均有详细记述。如“以昔年仓储积弊，由于陈陈相因，近时俸饷之糈岁，不过八十万。”而实行“新政”后，“令各省折征之外，江浙二省岁取漕白粮一百万石，纳于京仓，著为定律。”同时改“江浙运漕悉用轮船，行抵塘沽，改用火车运京”，这不仅改变了过去“百弊丛生”的局面，而且达到了“费省运速，旧弊悉除”之目的。更为可观的是漕粮的运输次数、数量竟可达到“日二次者，午初、未初到局；日三次者，巳初、午正、未正到局。每次以车二十辆，运米六千余石”到京的庞大数量。

4. 京师验米处自明朝始就设在通州大光楼，“新政”实行后，改朝阳门外太平仓为验米处。此一改动，不仅“接京津铁轨直达其内”，而且彻底根除了原在通州扬晒漕粮过程中出现的“飞洒盈野，任人争取，率以为常”情况，变身为“验米场缭以墙垣，承以席片，非特无人阑入攘取，而颗粒皆可检收”的场景。

5. 制定新的管理措施，改革官衙机构中存在的弊端，也是“新政”实施内容之一。在漕粮验收中亦不例外，正如跋文中所言：“沪局已渐生懈弊端，业经潜伏，遂不避嫌怨，奏请严定劝惩章程。于是，本年江浙漕粮到干圆洁净，竟为数十年所未见”，从而达到了“比年验收漕粮，一切情形与昔时迥异”的局面。在人员管理上也同样进行了改革，“光绪二十七年（1901）奏改新章，易经纪之名为夫头”，采取“派监斛委员督饬夫头率各役斛量”漕粮等验收措施。此外，“裁并仓储，节省漕运”，“改弦更张，毋蹈故辙”等多项“新政”后措施的实施，在影集中多处凸显出来。

6. 光绪二十七年（1901）京师验米处改设在太平仓。太平仓位于北京何处，验米场地有多大？这在北京的史料中似乎记载也不多。而此影集记述则颇详，在“火车到京”照片所附文字中记：“太平仓在朝阳门外石路之南，西倚城墙，东临城河。旧筑围墙，自北至南，直抵东南角楼下，袤延四里许。”并且“改北半为仓场验米处，南半为江浙卸米处”，中间建有“日下苏杭门”为界。由此可知，此验米处太平仓绝非现在位于北京市西城区的太平仓胡同，尽管它的名称是因太平仓而得名。此外，太平仓南北竟然有四里多地长，而且中间还建有“日下苏杭门”将卸米与验米分开。今天，朝阳门外的太平仓早已不存，有关它的资料与影像也极为稀少。此影集无疑既可补北京史料之不足，也可补南粮北运之资料。

7. 验米台的建筑形式、漕粮验收中的程序，以及各级官员在验米过程中所负职责等，通过影集亦可一目了然。在“米台呈样”文字中记，验米台“高于平地尺许，以砖磨砌，四周镶巨石，广方数十丈，其平如砥”，并且在台的西侧，紧靠城墙“建厦三楹，为收阅样米之处”，在台的东北“建高楼，为仓场既坐粮厅督率员役瞭望之处”，而绝非今日通州复建大光楼之宏伟。漕粮验收的程序及各级官员的检验，在“分段验米”文字中也有记述，这就是“江浙委员呈米样后，仓场满汉侍郎坐粮厅，满汉监督各分一段，亲往逐袋察看，并以铁探探取袋底之米。勘验相符，始准兑收；其有参差不一律者，提出驳退”，可见分工明确，各负其责，无疑可充实南粮北运中漕粮验收的史料。

8. 针对漕粮在长途海运中出现的受潮情况，除去“提出驳退”外，还采取了哪些补救措施？影集中亦有说明，这就是采取了“迎风销袋”“潮湿风飏”的办法。对于仅仅袋底受潮的漕粮，“令夫役于倾袋出米之事，先倾其半余，则以手握袋底，向高抖擞，迎风飞洒，潮者自干”的办法；

而对受潮严重者，则“饬夫役以箕盛米，迎风飏掷。其糠土稻皮则随风散去，其潮湿者则经风收干”。并针对潮湿程度的不同，规定“湿轻者一风，湿重者二三风，一律干洁方准兑收”。可见，漕粮储存前所采取的防潮措施是依据实际情况，采取不同方法加以解决的。

综上所述，《仓场验米图》影集以文字与影像的形式，再现了百年前南粮北运、漕粮验收的真实场景。这无疑对研究大运河在历史上的作用、南粮北运中诸多环节的变化，以及漕粮验收中的诸多细节增添了颇为丰富的资料。同时，亦可作为研究清末“新政”实施的有关资料。尽管“新政”的实施，如同照射在已经病入膏肓、气息奄奄的大清帝国的一缕残阳，并没能挽救封建帝王最后覆灭的命运，但作为中国近代史上的一次变革，还是值得关注与研究的。

查公藏著录，《仓场验米图》影集仅国家图书馆、故宫博物院图书馆、北京大学图书馆各藏一部，其中国家图书馆、北京大学图书馆所藏，或缺图，或缺文字。反观此影集，不仅图文俱全，保存完好，而且文字均写于洒金蜡笺纸上，明显看出规格要高于其他馆所藏之上，可见其颇为稀见与珍贵。

[一] 桂春（1857—1913），字月亭，满洲正蓝旗人。历官军机章京、刑部主事、山东督粮道、正蓝旗汉军统领、甘肃按察使等职。光绪二十八年十二月十八日（1903 年 1 月 16 日）至宣统三年正月二十六日（1911 年 2 月 24 日） 任仓场侍郎，后改署绥远城将军，同年闰六月二十一日（1911 年 8 月 15 日）署民政大臣。武昌起义后以病免。

[二]〔清〕刘恩溥（？—1908），字博泉，直隶吴桥（今属河北）人。清同治四年进士，授散馆授编修，历官御史、给事中、内阁侍读学士、鸿胪寺卿、通政副使、太仆寺卿等职。光绪二十四年七月二十二日（1898 年 9 月 7 日）至光绪三十二年正月月二十三日（1906 年 2 月 16 日）任仓场侍郎。同年正月二十四日（1906 年 2 月 17 日）开缺另候简用。

[三] 荣庆（1859—1917），字华卿，号实夫，鄂卓尔氏，蒙古正黄旗人。为人“持躬谨慎”，稳健随和。以科甲入仕途，并经历了甲午战争、义和团运动、戊戌变法、辛亥革命等。光绪二十七年署仓场侍郎，二十八年任仓场侍郎，同年迁刑部尚书。辛亥革命后，避居天津。著有《蜀游草》《师友渊源录》《茜园同人集》等。

［四］博泉侍郎，即刘恩溥。

［五］月亭侍郎，即桂春。

初写于 2023 年 5 月 6 日

修订于 2023 年 5 月 21 日

说明：本文与中国书店李泽明共同撰写。

附录

新中国第一代拍卖师彭震尧

风风雨雨三十年 见证古旧书业兴起与繁荣

李喆 整理

彭震尧是中国书店北京海王村拍卖有限责任公司的第一代拍卖师，也是新中国第一代拍卖师。他自1977年到中国书店工作，一干就是46年。尤为难得的是，作为新中国第一代拍卖师，他从事古籍拍卖工作30年来，不仅以独树一帜的拍卖风格成为众多书迷与藏家心目中的“最强拍卖师”，更亲历了北京拍卖市场从起步到发展，一路风雨见证了古旧书业的兴起与繁荣。

前不久，众多藏家期待已久的《孟宪章先生珍藏碑帖专场拍卖会》在北京海王村拍卖公司举办，并以7345万元、百分之百成交的夺目战绩，受到藏书界广泛关注。而这场分量重、影响大的拍卖会也是彭震尧三十年拍卖生涯的收山之作，很多老朋友和藏友们赶来现场，参与、分享他主持的这场别具意义的“最后一拍”。

在接受《北京青年报》记者独家专访时，彭震尧感慨地说：“这场拍卖会是我主槌拍品最精、档次最高的一场拍卖会，其中不乏国宝级的珍品与藏品。我希望通过这场拍卖会，不仅给自己的拍卖生涯画上一个完美的句号，也希望通过这场拍卖会，能让孟先生一生珍藏的典籍以及高品位、高格调的收藏观念继续传承下去，真正实现：金石永寿，传之其人。”

40 年前跟老师傅学的技能，到今天都有用

1977 年 12 月，彭震尧从黑龙江生产建设兵团返回北京，被分配到中国书店工作。他清晰记得当时的情况，“中国书店是 1952 年 11 月成立的，后来通过公私合营，把全北京市的古旧书商，其中包括琉璃厂、西单、东单、隆福寺等地区共计 111 家私营古旧书店、书摊都归到了中国书店旗下。过去那些私营书店的老师傅们也都到了中国书店，他们的经验与知识非常丰富，也受到很多专家学者的信赖。”

此后的十多年间，彭震尧经历过门市营业员、仓库管理员、古旧书收购员以及区店业务经理等诸多岗位。不过，令他感触最深的还是做古旧书收购的那段工作经历：“那时，正赶上落实政策，发还抄家物资。随着一批批东西回到原主人手中，有不少人选择了转让；特别是有些老人已经去世的家庭，孩子们也不太懂古旧书，想要转让基本都是找中国书店进行收购。正是在那段时间，我接触到了大量古籍文献，积累了不少实践经验，也为自己的古旧书生涯打下了坚实的基础。”彭震尧还清楚地记得，自己曾经跟着老师傅收购了一册宋版书，当时的收购价是人民币 100 元，相当于那时一个普通工人两个多月的工资，“在当时也算不便宜了，但跟现在比，那还是差得很多了”。

不久以后，老师傅们陆续退休，古旧书业面临人才匮乏、青黄不接的状况，培养新人成为这个行业的当务之急。1983 年 9 月，中国出版工作者协会、新华书店总店委托中国书店在北京开办了“全国古旧书发行业务学习班”，作为学员，彭震尧和来自全国各地古旧书店的 40 多名学员脱产学习了三个月。

“当时中国书店去了五六个人，老师基本上都是由全国各地古旧书店的老师傅担任，有中国书店的张宗序、上海书店的宣稼生、天津古籍书店的张振铎、苏州古旧书店的江澄波等。”彭震尧回忆说，“那时候没有教材，完全靠老师傅们自己编写讲义，然后再刻蜡板油印出来。他们所讲的，都是依据数十年工作经验总结整理出来的，像张宗序老师主讲的《古籍版本源流》

《古书分类》，宣稼生老师主讲的《期刊浅说》《旧书浅说》，张振铎老师主讲的《中国图书雕版源流》，江澄波老师主讲的《怎样鉴别古籍版本》，等等，那些笔记我一直保留着，40年前学的东西到今天都有用。”

后来，这个学习班的很多学员都成了全国各地古籍书店的骨干，他们与古旧书打了一辈子交道。即便多年后的今天，回想起当年学习的受益，以及老师傅们对古籍保护的关切与重视，彭震尧不由深深感叹：“那可真是名副其实的言传身教啊！”

“古旧书拍卖”，开辟了全新的交易方式

20世纪90年代，在改革开放的春风中，拍卖市场也得到恢复。1992年，北京举办了一场文物艺术品拍卖会，一下子有了一种把文物收藏带热的趋势。

1993年9月，中国书店和北京拍卖市场联合举办了一场名为“北京首届稀见图书拍卖会”，彭震尧被抽调派去参加拍卖前期准备工作，“古籍的介绍都是由老师傅来写，我当时还是个配角，主要负责写民国书刊和唱片的介绍”。彭震尧坦言，那时候完全没有市场标准，拍品的起拍价有些“蒙着定”的感觉。如今回头再看当年的拍卖图录，就会发现有的拍品即便是在今天看来，定价还是比较合适的；也有的拍品定的价格就明显偏高，比如第133号拍品《贝叶经》，非常具有稀缺性，而且当时对国外市场也不了解，所以定的是全场拍品的最高价——人民币80万。他笑着说：“现在，通过这么多年的拍卖，拍品的市场价位已经基本成熟，再也不会出现类似的误判了。”

1993年9月22日，彭震尧一大早就来到北京市劳动人民文化宫，并站在二大殿主席台上宣布了“北京首届稀见图书拍卖会开始”。那天的场景，他记忆犹新：“当时一共167件拍品，成交了36件，成交额也达到36万余元。看到这个成绩，我感觉看到了古旧书业的春天。”

自那次以后，彭震尧步入了古籍拍卖这个行业，从此之后就再也没有

北京青年报 BEIJING YOUTH DAILY

天/天/副/刊　与我们一起发现人生传奇　人间事 B1　2023年7月25日　星期二

彭震尧是中国书店北京海王村拍卖公司的创始人，他自1977年到中国书店工作，一干就是46年。尤为难得的是，作为新中国第一代拍卖师，他从事古籍拍卖工作30年来，不仅以独树一帜的拍卖风格成为众多书迷与藏家心目中的“最强拍卖师”，更亲历了北京拍卖市场从起步到发展，一路风雨见证了古旧书业的兴起与繁荣。

前不久，众多藏家期待已久的《孟宪章先生珍藏碑帖专场拍卖会》在北京海王村拍卖公司举办，并以7345万元、百分之百成交的夺目战绩，受到藏书界广泛关注。而这场分量重、影响大的拍卖会也是彭震尧三十年拍卖生涯的收山之作，很多老朋友和藏友们赶来现场，参与、分享他主持的这场别具意义的“最后一拍”。

在接受北京青年报记者独家专访时，彭震尧感慨地说：“这场拍卖会是我主槌拍品最精、档次最高的一场拍卖会，其中不乏国宝级的珍品与藏品。我希望通过这场拍卖会，不仅给自己的拍卖生涯画上一个完美的句号，也希望通过这场拍卖会，能让孟先生一生珍藏的典籍以及高品位、高格调的收藏观念继续传承下去，真正实现：金石永寿，传之其人。”

人物

风风雨雨三十年 见证古旧书业兴起与繁荣

新中国第一代拍卖师 彭震尧：

2001年，与国家图书馆善本部的工作人员清点、鉴定从国外购回的宋版《思溪资福藏》。

40年前跟老师傅学的技能，到今天都有用

“古旧书拍卖”，开辟了全新的交易方式

1994年至1995年，在中国嘉德国际拍卖公司协助工作。

1993年9月22日，彭震尧在北京市劳动人民文化宫主持“北京首届稀见图书拍卖会”。

传统文化得到重视，古籍图书成为更多人的收藏热点

2007年，在台湾征集到有关1945年国共两党在重庆谈判的重要档案资料《参政员毛泽东在渝市之动态》，现入藏重庆红岩纪念馆。

浸润了书香的古旧书拍卖，更是一份文化事业

2022年，在民间征集到有关李大钊的重要档案资料《北洋法政专门学校毕业学生履历分数表册》，现入藏国家博物馆。

文/本报记者 李喆
供图/彭震尧

出来。一如他的直觉，“古旧书拍卖”这个新鲜事物给古旧书销售开辟了一种全新的交易方式。

1994年，中国嘉德拍卖公司在秋季拍卖会上增加了古籍业务，应嘉德公司要求，经中国书店批准，彭震尧到嘉德拍卖公司协助工作。那期间，除了学到很多拍卖知识与技能，还有深深的触痛。“我印象最深的是，很多人看到古旧书时脱口而出的是：‘哎哟，这书还能卖哪，我们家都当废纸给处理了。’‘哎呀，我们家都扔垃圾了。’我就想到，自己刚进中国书店时，如果收到数术方面的古旧书，还认为这都是宣传封建迷信的书，不能卖，都拉去造纸了。我曾经亲眼见到店里的木匠师傅拿雕刻好的书板当柴火烧。”

1995年，店里拿了几块旧书板让他送到嘉德公司参加拍卖。“没想到都卖掉了，那时大家才认识到雕刻的书板也有价值。”彭震尧直言，“这次大家才意识到以前古旧书的价钱非常便宜，而且也没有得到重视。”

1996年，中国书店获得了拍卖业务资质，成立了拍卖部。1997年，彭震尧接手中国书店拍卖业务并主持了1998年夏季拍卖会。同年，依据《拍卖法》创建了北京海王村拍卖有限责任公司，并于次年成功举办了公司成立后的首场拍卖会。

有一件事让彭震尧印象很深。曾经有一位图书界的“大咖”去世，他的儿女对老人留下的古书不感兴趣，也不懂，就把藏书当废纸处理掉了。进行到一半时，突然想到了中国书店，便打电话问能不能收购。接电话的门店经理赶紧过去，把剩下的古书按价收购了。“后来有一些书送来拍卖，我发现其中一套很好的古书就剩半套了，便问：那半部书呢？门市的工作人员说那一半没有，估计当废纸卖了。我说赶紧上潘家园、报国寺去找找，说不定能在那儿出现。后来，果真有人在报国寺旧货市场找着了另一半。”

这也让彭震尧感触颇深：“对于一般人来说，一部书无论怎么宣传，怎么说这部书是‘国宝’，可搁在那儿，有什么深层次的价值和意义，大家可能不能很快理解；但是如果你给它标上一个真实的市场价格，他可能就要想想，这书怎么这么值钱呢？”

在他看来，拍卖的恢复，不仅很大程度推动了古旧书业市场的活跃与发展，也使大家真正认识到古籍图书是祖国文化的传承，是珍贵的文物，是宝贝。从某种意义上来讲，正是拍卖起到了古籍文化的普及、推广与保护。

传统文化得到重视，古籍图书成为更多人的收藏热点

说到“拍卖”，大多数人觉得离自己的日常生活很遥远。彭震尧笑言，其实拍卖和收藏是互通的，既不神秘，也不遥远。经过多年市场观察，他甚至觉得当下确是收藏史上最繁华的时候。

“过去书行有一句话叫‘黄金有价书无价’，就很好地说明书的价值不是能用钱来衡量的。过去，藏书家一般都是非常有钱的人，特别是一些版本稀见的古籍。明末大藏书家毛晋为寻访善本秘籍孤本，就在门上贴出告示高价征书：有持宋椠本至者，门内主人计叶酬钱，每叶出二百。再如清末民国期间的大藏书家们，基本上也都是财力雄厚的人。”彭震尧直言，“但是现在，有很多平民百姓都加入到了藏书圈里，成为藏书家。而且据我了解，其中有些人，就是很普通的人，在收藏的过程中根据自己的学识、喜好、研究，以及多年的专题收藏成为专家，‘小残卷斋’主人孟宪钧先生就是最具有代表性的‘工薪阶层’藏书家。”

彭震尧始终认为，拍卖就是一种普通的商业活动，只不过它经营的商品有时会是一些“高大上”的产品，价值上千万，甚至过亿。2011 年，他参观了佳士得、苏富比等多家拍卖公司后，更是深受启发。

“我们到这些世界闻名的拍卖公司参观，感觉当地人参加拍卖，在拍卖会上参与竞买如同在商店买东西一样。明显可以看出，拍卖在英国已经成为人们日常生活中购买商品的一种渠道。无论是佳士得，还是苏富比，几乎每天都在举办各种不同类型的拍卖会，并不是只有艺术品一种模式。还有一种拍卖会叫‘乡村拍卖会’，就是利用节假日在农村举办的拍卖会，几乎什么东西都可以拿出来进行拍卖，价钱也非常便宜。具体说到海王村拍卖，我们就是坚持除了春秋两季大拍外，还不定期举办日常小型拍卖会。

不是说大拍才能出精品，小拍中也时常有好东西。往往花不了多少钱，就有可能买到一件很不错的藏品，而且有时拍卖会上买的东西比市场还便宜。”

“我经常开玩笑说，古旧书就跟一座山似的，我们如同挖山人，经过30年的拍卖，这山也挖得差不多了。最早的时候，藏家追求的都是宋元本、精善本、珍稀本等，经过二三十年的拍卖、发掘，现在这类珍稀藏品已经越来越少了，即便出现，也不是一般藏家可以买得起的。”彭震尧笑言，“这也是古籍收藏的一个特点——周转很慢。往往是一部书出现后，收藏人在十年二十年内不会很快拿出来转让，所以现在好的书、稀见版本的书在拍卖场上越来越少。”

近些年，彭震尧感受到一个可喜的变化，各个地方都越发重视古籍图书的利用与研发，开始进行古籍的归纳整理。“过去不太被重视的方志、碑帖、地图、名人手稿等开始成为新的收藏热点。就拿地图来说，民国以前的地图一般都是官方绘制，数量不多，流传到民间的更稀少。但是地图对于疆域变动、区域管理、经济税收、军事战争等都有极为重要的作用。前些年，我们在民间发现了数百张清晚期绘制的舆图，其中包括中法战争期间中国军队与法国军队在台湾岛的交战图。我认为这些舆图有非常重要的文献价值，便马上告知了国家图书馆。最终，经过专家审定，这些舆图全部入藏了国家图书馆。”

经常有人问他，现在是否还能像过去那样，用非常少的钱买到非常好的东西？彭震尧直言，搞古旧书收藏一定要有一颗平常心，他举例说：“从我此前经历的拍卖看，会有这样的情况，同样一件东西，今年卖一百块钱，过几年可能就卖一万块钱。1998年，我曾主持过一册《镇江沦陷记》稿本的拍卖，书中记述了1937年12月日军攻占镇江后所犯罪行。这部书曾在上海进行过拍卖，但没有成交。此次拍卖前，我认真通读，写了介绍文章，在社会上引起了很大的关注。最终，从8000元起拍，以12.65万元成交，在当时是很高的成交价，相当于一册宋版书的价位。2011年，这部书又出现在匡时拍卖公司的首拍上，经过激烈竞价，最终以119.84万元成交。类似情况在拍卖中不是没有，但绝不是件件都有这种可能，关键还要看拍品本身所包含的史料价值、文献价值等诸多因素。”

浸润了书香的古旧书拍卖，更是一份文化事业

从业数十年，彭震尧直言自己从不收藏古籍，这让很多人感到不理解。他解释道：“在我刚刚进入中国书店的时候，老师傅就跟我讲，既然干这一行了，你就不要参与到这里头去。这是老师傅多年工作中的切身体会，也是对自己的关爱，所以我一直坚持着这条原则。当然，还有一个客观原因，作为工薪阶层，在经济上也没有那么大的承受能力。”

回首过往，彭震尧感到最自豪的就是从境外为国家图书馆购回了300余册极为珍贵的宋版《思溪资福藏》。从中国台湾地区征集到的记录1945年国共两党重庆谈判的重要资料《参政员毛泽东在渝市之动态》被重庆红岩纪念馆收藏；记录日军侵华暴行的《镇江沦陷记》经历种种曲折最终走进镇江博物馆。还有著名学者周绍良先生珍藏的2000多件唐墓志，经过他的牵线搭桥，被国家图书馆和天津市图书馆收藏。也是经过他的介绍，旅美华侨招思虹女士把数百件有关海外华侨抗战的实物与资料无偿捐赠给了中国人民抗日战争纪念馆。

即将结束返聘前夕，彭震尧在民间挖掘到一册名为《北洋法政专门学校毕业学生履历分数表册》的资料，里面记有中国共产党创始人之一李大钊当时的学习资料与信息，其中包括李大钊曾祖、祖父、父亲三代的记录，李大钊的入学时间、考试成绩、所学课程等，最为重要的是考证清楚了李大钊在校学习时初名李钊，后改名李大钊的时间与过程。彭震尧为此专门撰文，经《北京青年报》刊发后，立即引起各方关注。最终，这件极为珍贵的档案资料在他与同事的共同努力下，顺利入藏国家博物馆。

古籍收藏群体充满文化修养和文化气息，也因此，彭震尧在工作中也与很多知名专家学者结下深厚友情，如著名学者启功先生、红学专家周绍良先生、北京大学教授吴小如先生、人民日报社原图书馆馆长谢兴尧先生、全国古籍保护工作专家委员会委员杨成凯先生、古籍版本专家吴希贤先生

和李新乾先生等。令他十分感念的是，先生们丰富的学养和严谨谦和的学术风范使他受益良多。

有不少年轻人向彭震尧请教如何干好拍卖工作。每当这时，他都会十分中肯地告诉他们："干这行，就要爱这行。中国五千年历史正是由于文字的存在，才没有出现断代；文字的记述就留存在书中，这就是古籍收藏的最高境界与意义。要想做好拍卖工作，就一定要学习并掌握版本知识、历史文化知识。"

在三十年古籍拍卖生涯中，彭震尧一贯秉持深明大义、严谨做事的作风，为国家、为读者服务，这使他在古籍收藏拍卖界口碑很好。国家图书馆张志清副馆长评价："彭先生和善诚信，宽以待人，从不掠人之美，是真正的仁义之士。"古籍版本专家黄永年先生还曾题诗一首书赠予他："恢宏气势善评量，旧椠名钞聚一堂。我亦其中曾阅历，闲寻陈迹感沧桑。"

在彭震尧荣休之际，张志清副馆长代表国图善本部将中央文史馆馆员程毅中先生题写的诗句赠予他："古籍纷来拍卖场，琉璃厂甸继书香。唐抄宋刻原无价，彭祖敲槌寿更长。"句短情长，浓缩了大家对他的赞誉，更寄托着对古籍事业的未来期许。

本文刊登于《北京青年报》，2023 年 7 月 25 日第 12720 期

彭震尧，中国书店一位有着四十余年“工龄”的古旧书从业者，多年来，他从门市营业员、仓库管理员、古旧书收购员，到科室工作人员、区店副经理，再到新中国第一代古旧书拍卖人，每天都在跟古旧书打交道，见证了古旧书业的曲折发展，也积累了一身“硬功夫”。他是“商人”，但爱书情怀、爱国情怀，让他常常舍弃“商人逐利”的本色，在发掘、保护文化遗产，充分发挥古旧书的文献资料价值方面做了大量工作，他说：“说到底我们做的是文化事业，在大义面前还是要保持清醒头脑的。”

他是新中国第一代古旧书拍卖人

“拍卖”为古旧书业送来春风

刘晓立 整理

四十年，从初出茅庐的返乡青年到令人敬仰的业界名家，他用自己的人生故事见证着古旧书业的风雨历程。

我是 1976 年从下乡的黑龙江生产建设兵团返回北京，1977 年 12 月被分配到中国书店工作的，多年来，做过门市营业员、仓库管理员、古旧书收购员，还做过部门主任、区店业务经理，中间也在办公室待过，算是科室人员，到 1993 年才开始真正接触拍卖。

回想这数十年的工作，虽然经历了多种岗位，但我印象最深的还是搞收购和拍卖的那一段时间。做古旧书收购的时候，正赶上“文革”结束后落实政策，发还抄家物资。随着一批批东西回到原主人手中，有不少人选择了转让，特别是有些老人已经去世的家庭，孩子们也不太懂古旧书，想要转让基本都是由我们中国书店进行收购，所以在那一段时间接触得比较多。我记得曾经和老师傅收购了一册宋版书，当时的收购价是人民币100元，相当于一个普通工人两个多月的工资，要说也不便宜了，但跟现在比还是低得不正常。也是在那段时间，我有机会接触了大量珍稀古籍文献，积累了大量的经验。1983 年又参加了新华书店总店委托中国书店承办的“全国古旧书业业务学习班”，脱产学习了三个月的古籍版本知识，这些都为自己的古旧书从业生涯打下了坚实的基础。

拍卖这块最早接触是 1993 年，那时候拍卖刚刚恢复，中国书店和北京拍卖市场联合举办了一场拍卖会，我被抽调参加拍卖的前期准备工作，参与了部分拍品提要的撰写。那时自己还是个配角，主要写民国书刊和唱片的介绍，古籍的介绍则由老师傅来写。拍卖当天，领导让我上台当主持人，宣布拍卖会开幕。当时的感受是既新奇又兴奋，并且隐隐约约感觉到，拍卖也许会给今后的古旧书业开辟一种全新的交易方式。自那次以后，伴随着古旧书拍卖的兴起，我进入这行后就再也没出来，到现在算起来也有 27 个年头了。

这些年来，随着时代的变迁，古旧书业也发生了很多变化。自清乾隆以后一直到民国年间，古旧书业都是比较辉煌的，那时候古旧书店、书摊儿非常活跃，但新中国成立前，经过多年战乱，古旧书业已经比较萧条了，到 20 世纪 50 年代公私合营时，北京只剩了 110 多家古旧书店、书摊儿，全都合并到中国书店后，私营业主们生活有了一定的保障，古旧书市场开始由国家进行统一管理，很多好书得以进入国家公藏单位，应该说古旧书业算是获得了一种“新生”。但这种公私合营的方式也在一定程度上限制了古旧书业的经营方式与商品的流通。通过改革开放的实践，我认为，整个古旧书业还是应该私营与国有书店并驾齐驱，这样无论是对市场的繁荣，还是对古旧书事业的发展都比较好。

遗憾的是，在经过外敌入侵、内战以及“文革”后，古旧书业受到了非常大的损害，很多珍贵的古籍被毁灭或流失到海外，如清朝末年著名藏书家陆心源“皕宋楼”所藏古籍全部流失东瀛；1932 年上海东方图书馆 40 多万册图书毁于日机的轰炸；“文革”时大量古籍图书被当成“四旧”

送进了造纸厂，以至于在此之后货源越来越枯竭。改革开放初期，在经济浪潮的冲击下，难以为继的古旧书业再次受到了冲击，拿中国书店来说，曾经遍布京城繁华地区的店面，如原来的西单古旧书收购处、宣武门内门市部、东单门市部、东安市场古旧书门市部等或被其他经济实体侵占，或在旧城改造中逐渐消失。

党的十九大后，中华优秀传统文化受到了极大重视，在北京市政府和有关部门的支持下，中国书店的门市又有所恢复和发展，比如在北京景山后街的燕翅楼开设了24小时营业的门店，在海淀中关村、北京市规划展览馆、西皇城根等地也先后开设了门店。虽然从全国范围看，国有古旧书店现在保有的数量已经不多了，但是令人欣喜的是私营古旧书店或书摊儿遍地开花，这无疑使古旧书业得到了再生，市场被盘活，不仅养活了更多的人，而且重新发挥着越来越重要的作用。

从宣布拍卖会开幕的那一刻起，他感受到了“春风”，也直面了“争议”，伴随着古旧书拍卖的兴起不断扎根。

1992年，北京举办了首场文物艺术品拍卖会，尽管当时存在着很大的争议，但恰如春风，给冰冻的文物艺术品市场带来了暖意，当时中国书店也送了几部古籍参与拍卖。也就是在这次拍卖之后的第二年，中国书店与北京拍卖市场联合举办了新中国成立以来的首次古旧书拍卖会——北京首届稀见图书拍卖会。

我记得特别清楚，前期准备时要给上拍的古旧书定一个最低保留价，大家都拿不准，几位老师傅相互商量着来定，有人说这本定1000吧，另一个说1000有点儿高吧，定500如何？再有人说要不就取中间，定800吧。下一部书定多少，两万吧，两万低了点儿？那就三万吧。那会儿完全没有市场标准，倒真有些“蒙着定”的感觉。所以如果你今天打开当年的拍卖图册，就会发现有的拍品定价比较合理，有的则偏高，甚至在今天都达不到那个价位。比如有一部贝叶经，因为那时在国内很少见到，非常具有稀缺性，而且我们对国外市场也不了解，所以定的是全场拍品的最高价——人民币 80 万。可实际上，经过这么多年的拍卖，到现在别说 80 万，可能 10 万都卖不出去。

当时整场拍卖会，我们上的拍品只有 167 件，经过拍卖成交了 36 件，成交额是 36 万元。虽然成交率仅为 21.5%，成交额也不高，但我感觉还是非常成功的，确实是给古旧书今后如何销售、怎么定位，找到了一个新的渠道。当然也有很多不同意见，有记者在报纸上评论此次拍卖就用了“拍场斗富”的词汇；还有很多买书人，包括一些专家、学者、教授，他们以前是古旧书店的主要客户，也不认可这种拍卖的形式，认为会让他们买不起书。尽管这个新鲜事物在当时带来了一些争议，但是通过拍卖，古旧书确实实现了本身应有的经济价值，所以我就跟他们解释，今天通过拍卖，古籍的价钱确实很贵了，但您家里存的古籍，您以前在我们这儿买的古籍是不是也同样得到了升值呢？

后来的几年，中国书店也一直在坚持拍卖方面的尝试，并于 1996 年获得拍卖资质，成立了拍卖部。而在中国书店获得拍卖资质之前的 1994 年秋季，中国嘉德拍卖公司举办了首场古籍善本专场拍卖。当时嘉德公司刚刚成立不久，无论是工作人员还是拍品资源都比较紧缺，因此包括中国书店在内的一些古旧书店都给他们送去了拍品，中国书店还派了我去帮忙，直接参加了嘉德公司 1994 年秋季、1995 年春季、1995 年秋季的拍卖活动。通过这种直接参与，学到了很多东西，为以后的拍卖生涯积累了不少的经验。

经过一段时间拍卖市场的培育，古旧书的经济价值不仅得到了真正的体现，而且社会价值也同样得到了认可和提高。在嘉德帮忙时，我听到最多的就是：这书还能拍卖？我们家都当废纸给卖掉了。还有很多人说，我们家也有古书，明天也拿过来看看。所以说，是拍卖让人们提高了对古籍图书的认识，让人们认识到这是文物，是文化，是宝贝，是非常值钱的，这种影响是非常巨大的。

也就是从那儿以后，文物，当然也包括古籍图书，受到了社会的广泛重视，提高了全民的保护意识。以前无论怎么宣传，多少人说这部书是“国

新中国成立70周年
10
2019年9月30日 藏书报

古旧书业

□彭震尧口述 刘晓立整理

彭震尧，中国书店一位有着四十余年“工龄”的古旧书从业者，多年来，他从门市营业员、仓库管理员、古旧书收购员，到科室工作人员、区店副经理，再到新中国第一代古旧书拍卖人，每天都在跟古旧书打交道，见证了古旧书业的曲折发展，也积累了一身“硬功夫”。他是“商人”，但爱书情怀、爱国情怀，让他常常舍弃“商人逐利”的本色，在发掘、保护文化遗产，充分发挥古旧书的文献资料价值方面做了大量工作，他说：“说到底我们做的是文化事业，在大义面前还是要保持清醒头脑的。”

他是新中国第一代古旧书拍卖人

“拍卖”为古旧书业送来春风

四十年，从初出茅庐的返乡青年到令人敬仰的业界名家，他用自己的人生故事见证着古旧书业的风雨历程。

我是1976年从下乡的黑龙江生产建设兵团返回北京，1977年12月被分配到中国书店工作的。多年来，做过门市营业员、仓库管理员、古旧书收购员，还做过部门主任、区店业务经理，中间也在办公室待过，算是科室人员，到1993年才开始真正接触拍卖。

回想这数十年的工作，虽然经历了多种岗位，但我印象最深的还是搞收购和拍卖的那一段时间。做古旧书收购的时候，正赶上“文革”结束后落实政策，发还抄家物资。随着一批批东西回到原主人手中，有不少人选择了转让，特别是有些老人已经去世的家庭，孩子们也不太懂古旧书，想要转让基本都是由我们中国书店进行收购。所以在那一段时间接触得比较多。我记得曾经和老师傅收购了一册宋版书，当时的收购价是人民币100元，相当于一个普通工人两个多月的工资，要说也不便宜了，但跟现在比还是低得不正常。也是在那段时间，我有机会接触了大量珍稀古籍文献，积累了大量的经验。1983年又参加了新华书店总店委托中国书店承办的“全国古旧书业业务学习班”，脱产学习了三个月的古籍版本知识，这些都为自己的古旧书从业生涯打下了坚实的基础。

拍卖这块最早接触是1993年，那时候拍卖刚刚恢复，中国书店和北京拍卖市场联合举办了一场拍卖会，我被抽调参加拍卖的前期准备工作，参与了部分拍品提要的撰写。那时自己还是个配角，主要写民国书刊和唱片的介绍，古籍的介绍则由老师傅来写。拍卖当天，领导让我上台当主持人，宣布拍卖会开幕。当时的感受是既新奇又兴奋，并且隐隐约约感觉到，拍卖也许会给今后的古旧书业开辟一种全新的交易方式。自那次以后，伴随着古旧书拍卖的兴起，我进入这行后就再也没出来，到现在算起来也有27个年头了。

这些年来，随着时代的变迁，古旧书业也发生了很多变化。自清乾隆以后一直到民国年间，古旧书业都是比较辉煌的，那时候古旧书店、书摊儿非常活跃，但新中国成立前，经过多年战乱，古旧书业已经比较萧条了，到上世纪50年代公私合营时，北京只剩了110多家古旧书店、书摊儿，全都合并到中国书店后，私营业主们生活有了一定的保障，古旧书市场开始由国家进行统一管理，很多好书得以进入国家公藏单位，应该说古旧书业算是获得了一种“新生”。但这种公私合营的方式也在一定程度上限制了古旧书业的经营方式与商品的流通。通过改革开放的实践，我认为，整个古旧书业还是应该私营与国有书店并驾齐驱的，这样无论是对市场的繁荣，还是对古旧书事业的发展都比较好。

遗憾的是，在经过外敌入侵、内战以及“文革”后，古旧书业受到了非常大的损害，很多珍贵的古籍被毁灭或流失到海外，如清朝末年著名藏书家陆心源“皕宋楼”所藏古籍全部流失东瀛；1932年上海东方图书馆40多万册图书毁于日机的轰炸；“文革”时大量古籍图书被当成“四旧”送进了造纸厂，以至于在此之后货源越来越枯竭。改革开放初期，在经济浪潮的冲击下，难以为继的古旧书业再次受到了冲击，拿中国书店来说，曾经遍布京城繁华地区的店面，如原来的西单古旧书收购处、宣武门内门市部、东单门市部、东安市场古旧书门市部等或被其他经济实体侵占，或在旧城改造中逐渐消失。

党的十九大后，中华优秀传统文化受到了极大重视，在北京市政府和有关部门的支持下，中国书店的门市又有所恢复和发展，比如在北京景山后街的燕翅楼开设了24小时营业的门店，在海淀中关村、北京市规划展览馆、西皇城根等地也先后开设了门店。虽然从全国范围看，国有古旧书店现在保有的数量已经不多了，但是令人欣喜的是私营古旧书店或书摊儿遍地开花，这无疑使古旧书业得到了再生，市场被盘活，不仅养活了更多的人，而且重新发挥着越来越重要的作用。

从宣布拍卖会开幕的那一刻起，他感受到了“春风”，也直面了“争议”，伴随着古旧书拍卖的兴起不断扎根发展。

1992年，北京举办了首场文物艺术品拍卖会，尽管当时存在着很大的争议，但恰如春风，给冰冻的文物艺术品市场带来了暖意，当时中国书店也送了几部古籍参与拍卖。也就是在这次拍卖之后的第二年，中国书店与北京拍卖市场联合举办了新中国成立以来的首次古旧书拍卖会——北京首届稀见图书拍卖会。

我记得特别清楚，前期准备时要给上拍的古旧书定一个最低保留价，大家都拿不准，几位老师傅相互商量着来定，有人说这本定1000吧，另一个说1000有点儿高吧，定500如何？再有人说要不就取中间，定800吧。下一部书定多少，两万吧，两万低了点儿？那就三万吧。那会儿完全没有市场标准，倒真有些“蒙着定”的感觉。所以如果你今天打开当年的拍卖图册，就会发现有的拍品定价比较合理，有的则偏高，甚至在今天都达不到那个价位。比如有一部贝叶经，因为那时在国内很少见到，非常具有稀缺性，而且我们对国外市场也不了解，所以定的是全场拍品的最高价——人民币80万。可实际上，经过这么多年的拍卖，到现在别说80万，可能10万都卖不出去。

当时整场拍卖会，我们上的拍品只有167件，经过拍卖成交了36件，成交额是36万元。虽然成交率仅为21.5%，成交额也不高，但我感觉还是非常成功的，确实是给古旧书今后如何销售、怎么定位，找到了一个新的渠道。当然也有很多不同意见，有记者在报纸上评论此次拍卖就用了“拍场斗富”的词汇；还有很多买书人，包括一些专家、学者、教授，他们以前是古旧书店的主要客户，也不认可这种拍卖的形式，认为会让他们买不起书。尽管这个新鲜事物在当时带来了一些争议，但是通过拍卖，古旧书确实实现了本身应有的经济价值，所以我就跟他们解释，今天通过拍卖，古籍的价钱确实很贵了，但您家里存的古籍、您以前在我们这儿买的古籍是不是也同样得到了升值呢？

后来的几年，中国书店也一直在坚持拍卖方面的尝试，并于1996年获得拍卖资质，成立了拍卖部。而在中国书店获得拍卖资质之前的1994年秋季，中国嘉德拍卖公司举办了首场古籍善本专场拍卖。当时嘉德公司刚刚成立不久，无论是工作人员还是拍品资源都比较紧缺，因此包括中国书店在内的一些古旧书店都给他们送去了拍品，中国书店还派了我去帮忙，直接参加了嘉德公司1994年秋季、1995年春季、1995年秋季的拍卖活动。通过这种直接的参与，学到了很多东西，为以后的拍卖生涯积累了不少的经验。

经过一段时间拍卖市场的培育，古旧书的经济价值不仅得到了真正的体现，而且社会价值也同样得到了认可和提高。在嘉德帮忙时，我听到最多的就是：书还能拍卖？我们家都当废纸给卖掉了。还有很多人说，我们家也有古书，明天也拿过来看看。所以说，是拍卖让人们提高了对古籍图书的认识，让人们认识到这是文物，是文化，是宝贝，是非常值钱的，这种影响是非常巨大的。

也就是从那儿以后，文物，当然也包括古籍图书，受到了社会的广泛重视，提高了全民的保护意识。以前无论怎么宣传，多少人说这部书是“国宝”，可搁在那儿一分钱不值，你说能叫“国宝”吗？对于公众来说，一本书搁在那儿，有什么更深层次的价值和意义，他可能并不感兴趣，或者不能很快理解，但如果标个真实的市场价格，他可能就得想想，这书怎么能值10万呢？其实这何尝不是一种古籍文化的普及与推广呢！

中国书店拍卖预展现场

从凤毛麟角到不胜枚举，从少数派到大众化，亲历其中，他坚信拍卖会影响越来越多的人。

书刊资料的拍卖从规模上说，一直是在向前发展的。刚开始时，做古籍拍卖的只有中国嘉德、北京瀚海、中国书店等几家，后来北京德宝、上海朵云轩、上海博古斋、北京泰和嘉成等也加入了进来，现在匡时国际、中贸圣佳等拍卖公司也陆续开始增加了这项业务。拍卖公司的纷纷参与，正是由于古籍图书已经在文物市场上占有了重要的地位，可以说，没有古籍这一项，这个公司的文物拍卖是不完整的。虽然有些曾经参与过古籍拍卖的拍卖公司，由于种种原因没能坚持下去，但是从整体上看，参与的拍卖公司还是呈上升趋势的。

不可否认，从2013年以后，面对着全国经济增速放缓，市场竞争格局调整等大环境的变化，文物拍卖市场也进入了调整时期，年成交额出现了不同程度的下降。但是就书刊资料拍卖来说，我觉得这个调整是回归理性的调整，是挤出泡沫的调整，是让拍卖市场更加成熟的调整，是让买家收藏理念更加成熟的调整。我在做了近五年来一些数字分析之后，可以明显看到，无论是在拍卖市场的高峰期，还是现在，古籍图书的拍卖成交总额在整个文物艺术品拍卖市场中所占比例一直是5%左右，基本上是持平的。其实，拍卖本身是一种商业行为，市场上的成交有高有低也是很正常的。

（下转第11版）

宝”，可搁在那儿一分钱不值，你说能叫“国宝”吗？对于公众来说，一本书搁在那儿，有什么更深层次的价值和意义，他可能并不感兴趣，或者不能很快理解，但如果标个真实的市场价格，他可能就得想想，这书怎么能值 10 万呢？其实这何尝不是一种古籍文化的普及与推广呢！

从凤毛麟角到不胜枚举，从少数派到大众化，亲历其中，他坚信拍卖会影响越来越多的人。

书刊资料的拍卖从规模上说，一直是在向前发展的。刚开始时，做古籍拍卖的只有中国嘉德、北京瀚海、中国书店等几家，后来北京德宝、上海朵云轩、上海博古斋、北京泰和嘉成等也加入了进来，现在匡时国际、中贸圣佳等拍卖公司也陆续开始增加了这项业务。拍卖公司的纷纷参与，正是由于古籍图书已经在文物市场上占有了重要的地位，可以说，没有古籍这一项，这个公司的文物拍卖是不完整的。虽然有些曾经参与过古籍拍卖的拍卖公司，由于种种原因没能坚持下去，但是从整体上看，参与的拍卖公司还是呈上升趋势的。

不可否认，从 2013 年以后，面对着全国经济增速放缓，市场竞争格局调整等大环境的变化，文物拍卖市场也进入了调整时期，年成交额出现了不同程度的下降。但是就书刊资料拍卖来说，我觉得这个调整是回归理性的调整，是挤出泡沫的调整，是让拍卖市场更加成熟的调整，是让买家收藏理念更加成熟的调整。我在做了近五年来一些数字分析之后，可以明显看到，无论是在拍卖市场的高峰期，还是现在，古籍图书的拍卖成交总额在整个文物艺术品拍卖市场中所占比例一直是5%左右，基本上是持平的。其实，拍卖本身是一种商业行为，市场上的成交有高有低也是很正常的。

重要的是，经过了这些年的调整，藏家的收藏理念更加趋于成熟。最早的时候，藏家追求的都是宋元本、精善本、珍稀本等，经过多年的发掘，现在这类藏品在拍场上已经越来越少了，即便出现，也不是一般藏家可以拿到的了。但是近几年又有一些拍品，如方志、名人手稿、碑帖、地图等开始成为新的收藏热点。这跟我们现在强调的文化自信是分不开的，也与新藏家的加入有关。拿地图来说，过去重视的人并不多，主要原因是民国以前地图一般都是官方绘制，数量不多，能够流到民间的则更稀少，但是地图对于疆域变动、区域管理、经济税收、军事战争等都有极为重要的作用。去年我们在民间发现了数百张清晚期绘制的舆图，其中包括中法战争期间中国军队与法国军队在台湾岛的交战图，图上详细标注了中法军队交战的地点以及战争中伤亡的人数等；而浙江宁波等地的海岸布防图上详细标注了炮台的炮位、构建材料、大炮数量、不同大炮的射程以及工事暗道等。我认为这些地图有非常重要的文献价值，马上与国家图书馆取得联系，经过专家审验，最终分两批全部入藏国家图书馆。

过去搞收藏需要有雄厚的经济基础，只有少数人参与，但现在收藏面广了，普通的工薪阶层也一样能参与进来，每个人都可以根据自己的情况、喜好、研究和经济状况，选择不同的专题来收藏。据我的了解，有很多普通人通过多年的专题收藏与研究成为某方面专家的案例。当然拍卖和收藏是互通的，我们在观察市场，藏家也希望通过拍卖公司找到可以收藏的东西，所以近些年来我们也有意地推出了一些新的专场。

拍卖是一种商业行为，但沾染了书香的古旧书拍卖，更是一份文化事业，在大义面前要保持清醒的头脑。其实，从事古籍拍卖这么多年，我最深的感受就是通过拍卖，推动了古旧书事业的发展，促进了古旧书市场的繁荣。另外，就是想通过自己的工作，力所能及地为丰富国家的馆藏品，为国家公共文化事业付出自己的一份力量。

在自己二十多年的拍卖工作中，我感到最自豪的就是从境外为国家图书馆购回了300余册宋版《思溪藏》；记录1945年重庆谈判的重要资料《参政员毛泽东在渝市之动态》被重庆红岩纪念馆收藏；记录日军暴行的《镇江沦陷记》经过拍卖引起了社会各界对抗战文献的关注，并最终走进了镇江博物馆；周绍良先生珍藏的2000多张唐墓志，经过我的牵线搭桥被国家图书馆和天津市图书馆收藏。

在我认识的很多客户里，有一位旅美华侨招思虹女士，也是经过我的牵线介绍，她把数百件有关海外华侨抗战的实物与资料无偿捐赠给了中国人民抗日战争纪念馆。今年9月25日，抗战纪念馆将举办一个海外华侨与抗战的专题展，其中很多东西是招思虹女士和她的《金山之路》读者团队捐赠的。她这次也受邀从美国专程到北京，参加展览的开幕式和新中国成立70周年的观礼活动。

虽然我从事的是拍卖工作，是一种商业行为，但是我一直把它看作一种文化事业，所以不能以纯经济利益为唯一目标。当然作为企业，追求利益的最大化是无可厚非的，但是在国家的大义面前，还是应该保持清醒的头脑，以国家、民族的利益为重。

本文刊登于《藏书报》，2019年9月30日第38期

后跋

十年前的2013年2月，我刚刚办理完毕退休手续，山西三晋出版社原副社长原晋便找到我说，师兄，你在古旧书拍卖界干了二十年，一定有不少的经历与故事，抽时间写写吧，我负责出版。同时还说到，过去琉璃厂的孙殿起著有《贩书偶记》，你写的书就叫《拍书偶记》吧。但是，由于业务繁忙，我总也静不下心来，一拖又是数年。2018年1月，张东晓接任中国书店出版社社长后，他见到我便说，彭师傅，你在这二十多年的拍卖工作中一定经历过很多事情，你把其中的一些事写一写，编本书，出版社负责出版。我便同他说了此前三晋出版社的事，他听后说到，你是中国书店的人，还是在中国书店出吧。这真让我有些左右为难了，思考再三，最终抱着深深的歉意向原晋诉说了原委，他听后深表理解，并祝愿能够早日见到本书的面世。

2020年1月，受疫情影响，大部分时间我开始在家办公，有了空余时间，于是便将拍卖生涯三十年中自己亲身经历的一些事与拍品，如：改革开放以来古旧图书拍卖的起始、有关宋版《思溪资福藏》进入国家图书馆的经过、有关文渊阁本《四库全书》的发现、与李大钊有关档案资料的最终归属等细细道来。经过中国书店出版社编辑陈小莉选编，集成此书，以告慰诸多藏家与友人多年来对我的关爱与帮助。

今天，此书得以面世，期间得到了中国书店、中国书店出版社以及北京海王村拍卖有限责任公司诸位领导以及诸多同事的大力协助。藏书家、芷兰斋主人韦力先生，国家博物馆图书馆原主任黄燕生先生特为此书作序。著名藏书家傅增湘孙傅延年先生特为本人绘漫画插图。书中部分文章还得到上海藏书家王德、中国书店李泽明、中国台湾友人曾德宜先生的大力协助。在此仅表深深感谢！此外，我还要向特为此书编写书名的原晋先生，中国书店出版社陈小莉、袁瀛二位编辑的辛勤付出表示深深的谢意！

在此，我也要向我挚爱的妻子张代萍女士表示诚挚的谢意！感谢她多年来对我工作的支持与帮助，也正是在她的关心下，我才得以完成此书的编写。

2024年2月15日